国际教师教育研究书系

眭依凡/主编

澳大利亚政府优质教师计划研究

Research on
Australian Government
Quality Teacher Program

俞婷婕/著

教育科学出版社

·北京·

内容提要

    20 世纪 60 年代以来，世界上众多国家都将开展教师专业发展实践、提高教师专业化水平作为提升本国师资队伍质量的主要举措。尤其是80年代至今，教师专业发展不仅成为许多国家教师教育改革的潮流与趋势，还是诸多西方学者热衷于探讨的研究热点。澳大利亚联邦政府从80年代末开始陆续斥资制定专门的教师专业发展举措以提升本国中小学教师的专业化水平，这些举措的实施获得了较大的影响与成效。了解并探究澳大利亚政府在教师专业发展政策与实践方面所取得的经验与教训，可以为健全和完善我国教师职后培训体系提供宝贵的借鉴与启示。

    本研究采取"专业化"的分析视角，对迄今为止澳大利亚联邦政府所推出的累计投入经费最多、实施时间最为长久、内容覆盖面最为系统与全面、影响波及范围最为广泛的教师专业发展政策——澳大利亚政府优质教师计划（英文缩写为 AGQTP）进行深入的探究。全文选取纵向与横向两条逻辑主线：纵向的逻辑主线是指基于时空的维度，对澳大利亚教师专业发展政策的产生与发展脉络进行梳理并着重对近年来澳大利亚教师专业发展的"旗舰"举措——澳政府优质教师计划进行描述与分析；横向的逻辑主线是指将澳政府优质教师计划列为分析对象，基于"专业化"的视角，分别选取"教师专业素质"、"教师专业地位"这两个分析要素来对计划的目标、内容与影响做进一步的剖析与解读。

    除绪论和结语之外，研究的主体部分主要由五章内容所构成：首先，从历史的角度来回顾澳大利亚教师专业发展政策的酝酿、产生与发展脉络；其次，对澳教师专业发展的"旗舰"举措——澳政府优质教师计划的出台背景、目标、经费、内容及其实施方式、评估等因素进行阐述与分析；再次，基于"专业化"的视角，分别以"教师专业素质"和"教师专业地位"为分析要素，来深究澳政府优质教师计划的预设目标与实际影响之间究竟是存在着偏差还是实现了统一，造成这种结果的内在原因何在；最后，立足于前文的分析，总结并得出澳政府优质教师计划的功能、特点与存在的问题。

ABSTRACT

Policy inititiaves for promoting teacher professional development and enhancing their professionalization level have been taken by many governments as the main strategies to improve teachers' quality. Teacher professional development has become the tendency in the field of teacher education as well as the reseach concern that has been discussed by many western scholars. Australian Commonwealth Government has funded and established teacher professional development policies to improve the professionalization level of Australian school teachers ever since the late 1980s. Such policies have resulted in great impact and effection. Enlightenment for building and improving teacher in-service training system in China can be found by discussing Australian governments' experience and lesson on teacher professional development policies and practices.

This research, which takes the perspective of "professionalization", shows a deep study of Australian Government Quality Teacher Program (hereafter AGQTP). AGQTP is the most important teacher professional development policy iniative in Australia because the total funding is the highest, it has been implemented for the longest time, and its content is systematic and comprehensive, and the incidence of it is also very wide. The paper chooses two logical main lines: the longitudinal direction main line is based on space-time dimensionality, it reviews the history of teacher professional development policies in Australia and focuses on demonstrating and analyzing the "flagship" policy called AGQTP; the landscaper orientation main line makes AGQTP as the key study object, it analyzes the objectives, content, implementation and impact of AGQTP from the perspective of "professionalization" by adopting two analyzing factors "teacher professional quality" and "teacher professional status".

The main body of this research contains five parts except the introduction and epilogue. Firstly, the history of teacher professional development policies in Australia had been showed. Secondly, establishing context, purpose, funding, content, implementation ways and evaluation etc. of the "flagship" policy—AGQTP is been illustrated and analyzed. Thirdly, the relationship between objectives and impacts is been demonstrated and the reasons are also been discusssed by adopting two analyzing factors "teacher professional quality" and "teacher professional status" from the perspective of "professionalization". Finally, function, characteristics and problems of AGQTP are concluded based on the former analysis.

目　　录

绪　论

一、选题缘由与问题提出

（一）选题缘由

近年来，随着实践的开展与研究的深入，人们对"教师专业发展"的理解越来越宽泛。尽管学者们倾向于给出各自不同的理解与定义，但他们基本倾向于认同：教师专业发展强调的是终身学习的理念，它是教师不断成长、不断接受新知识、提高专业能力的一种过程，这种过程贯穿在职前培养、入职教育和在职培训等教师职业生涯的各阶段。（卢乃桂等，2006）[72] 就传统而论，提及教师专业发展，人们更多关注的是教师在职教育阶段，部分国外政府（如澳大利亚）甚至用"专业发展"（Professional Development）这一术语来取代"在职教育"（In-service Education）等说法，以此来适应时代发展与理念更新的需要。（McRae et al., 2001）

追溯历史，现代教师专业发展的源头文献是国际教育大会于 1935 年发表的两份建议书——《小学教师的专业培训》《中学教师的专业培训》。自 20 世纪 60 年代以来，尤其是 80 年代后，世界上众多国家都将开展教师专业发展实践、提升教师专业化水平作为提升本国师资队伍质量的主要举措，（教育部师范教育司，2003）[12] "教师专业发展"也成为诸多西方学者热衷于探讨的研究热点。近些年来，各国的教育改革更是越来越关注教师专业发展，并将教师与学校管理者的专业发展置于所有教育改革与教学改进活动的中心位置。（Elmore et al.，1997）[1]

自 20 世纪 90 年代以来，我国相关法律的相继出台不断为教师专业地位的树立予以了制度层面的保障。1994 年开始实施的《中华人民共和国教师法》中指出："教师是履行教育教学职责的专业人员"（中华人民共和国教育部，1993），这意味着我国第一次从法律角度认可了教师的专业地位。1995 年，我国颁布了《教师资格条例》，并于 2000 年开始实施《教师资格条例实施办法》。以上法令条文及其实施细节规范并推动了教师资格制度在全国范围内的实施。1999 年，我国出版了第一部对职业进行科学分类的权威性著作《中华人民共和国职业分类大典》，指出教师属于"专业技术人员"。迈入 21 世纪以来，我国官方开始正式引入教师教育（Teacher Education）的概念与说法，并明确提出了推进教师专业发展的任务。

然而，与一些发达国家相比，我国教师的专业化水平仍较为落后。从教师的社会地位来看，民众对于教师职业的不可替代性仍未达成共识，或者认为其至多只能算作"准专业的水平"（连榕，2007）[29]。就教师群体自身的专业素质而论，我国广大教师中所存在的"知识面狭窄"、"教学方法及手段落后"、"创新意识和研究能力不强"、"教育观念陈旧落后"（连榕，2007）[29] 等问题不容回避。

在教师专业发展政策与实践领域，与一些发达国家相比，我国也存在着一定的差距。我国的教师专业发展体制还不甚健全。就当前情况来看，专门的教师专业发展标准与框架并未出台，相关培训机构和教师专业发展机构的标准也没有建立。长期实施的教师培养和教师培训分离的二元模式（朱旭东，2009）[8] 使得教师的职前、入职、职后教育难以实现真正意义上的衔接与一体化，职后培训与职前培养相割裂的做法与当今国外教师专业发展的成功实践也格格不入。

在教师教育和教师专业发展问题上，澳大利亚是一个较具典型性的国家。20 世纪 70 年代以前，该国中小学教师的主要培养机构是独立设置的三年制州立师范院校，致使许多老师只拥有大专文凭。然而，在1979—1999 年的 20 年间，中小学教师的整体学历水平不仅获得了很大的提升，接受过在职培训的各科目任课教师的人数也有了显著增长。(Australian College of Education，2001）究其原因，笔者认为政府为在职教师们所制定、推行的教师专业发展政策功不可没。

1985 年，澳大利亚教育质量评论委员会出台的《澳大利亚教育质量》预测：政府未来会对教师教育事业有更多的参与和投入，在未来的5—10 年内，教师在职教育会获得优先发展权。(Quality of Education Review Committee，1985）[458] 自此以来，澳大利亚联邦政府出台了一系列旨在加强教师在职培训、专业发展等方面的报告，并拨款用于改进教学、帮助在职教师提高其专业水平。为改进师资力量的素质、提升教师的学历水平，澳大利亚联邦政府更是与州级政府、私立教育管理机构、高校、相关教师教育管理机构开展合作，相继实施了一系列的教师培训计划与方案。联邦政府、州政府、私立教育权威机构、高校、中小学及教师培训机构等利益相关主体共同参与促进相关举措的落实，政策的实施收获了较大的影响与效果。

20 世纪 90 年代以来，澳大利亚政府更是以制定与实施教师专业发展政策作为其提升该国师资质量、推进教师教育改革的重要途径。处在世纪之交，联邦政府斥巨资创立了"面向 21 世纪的教师——开创不一样的未来"（Teachers for the 21ˢᵗ Century：Making the Differences）计划①。该计划下设的澳大利亚政府优质教师计划（Australian Government Quality Teacher Program，缩写为 AGQTP，中文简称为澳政府优质教师计划），是一项大规模的面向全国中小学教师的教师专业发展举措。澳政府优质教师计划并不是一项单一的政策，而是涵盖众多举措的复杂、多维的政策群，其主要目的之一在于革新与提升全国中小学教师的知识与技能，从而改善学生的学习情况，(Commonwealth Department of Education，Science and Training，2000）该计划被视为澳大利亚政府提升中小学教师素质的

---

① "面向 21 世纪的教师"计划的目的就是要提高和改善教师的专业素质，使越来越多的学校朝着高效化的方向发展，从而尽可能地来提高学生的学业成绩。为了实现这一目标，该计划主要致力于推动以下四方面的工作：通过推动教师的专业发展和提升其专业水准从而提高教学质量；促进学校管理人员专业技能的发展；支持高效化的学校管理；对优秀的学校教师及管理人员进行鉴定与奖励。该计划的主要构成部分有：优秀的教师；优秀的学校领导；优质的学校管理及质量的认证。(Department of Education，Science and Training，1999）

最为重要的政策举措。(Department of Education, Science and Training, 2007) 纵观澳联邦政府历来所制定、实施的全国性教师专业发展举措，该计划无疑是实施时间最长、内容最全面、经费累计投入最多、影响力最广泛的。澳政府优质教师计划等教师专业发展政策的实施在提升澳大利亚各地中小学教师的专业能力与理解力方面取得了极为显著的成效，并极大地满足了包括从新教师到资历较深的老教师在内的广大教师的专业发展需求。(Department of Education, Science and Training, 2005)

基于教师专业发展问题之于当今时代的重要性，基于健全、完善我国教师职后培训制度体系的迫切性，更考虑到澳大利亚在教师专业发展实践方面所取得的成功经验及可为我国提供的启示，笔者认为，选取澳大利亚的教师专业发展政策作为研究对象，尤其将现今该国在该领域最为重要的政策——澳政府优质教师计划列为重点分析对象，是具有一定的意义和必要性的。

(二) 问题提出

在对相关文献进行搜集和阅读的过程中，澳政府优质教师计划等澳教师专业发展政策及与之相关的疑问就已经引起了笔者的好奇。作为一项教师专业发展举措，是怎样的国内外背景因素催生了澳政府优质教师计划？计划的主要构成内容及其实施方式是什么？计划的开展是实现了预设的目标还是与目标存在一定偏差？造成这种结果的内在原因何在？这一系列问题激发了笔者的研究兴趣。

而在将澳大利亚教师专业发展政策，尤其是澳政府优质教师计划确定为研究对象后，又有一个问题引发了笔者的思考：选取什么样的视角才能合理、深入地开展本项研究？通过已有文献进行进一步的检索与阅读，笔者发现：澳本国学者的研究多涉及实践的层面，较为常见的是介绍该国教师专业发展政策的活动开展，以及探讨教师专业发展政策的实施影响与效果；我国学者对于该主题的研究很少，现有为数不多的研究常止步于大体介绍澳教师专业发展实践的整体概貌。

考虑到现有研究的特点与不足，结合笔者对研究对象所产生的一系列疑问，本研究将选取"专业化"的视角来对澳政府优质教师计划进行分析，原因如下：澳政府优质教师计划的根本目的在于提升澳教师的专业化水平，从计划的产生动因到预设目的，从内容实施到实际影响，都必然与教师专业地位、教师专业素质等因素存在着千丝万缕的联系。只有立足专业化的视角，提炼出核心分析要素，从而对计划进行深入的解读，才能探究到该计划的本质属性与价值所在。

基于上述考虑，笔者选取澳大利亚教师专业发展政策作为研究范畴，尤其将澳政府优质教师计划列为重点研究对象，从"专业化"的视角来对相关问题进行诠释与探究。研究拟回答的主要问题有：

① 从历史的角度进行回顾，自 20 世纪 80 年代以来，澳大利亚教师专业发展政策的演变脉络是怎样的？

② 作为澳大利亚当今最为重要的教师专业发展政策，澳政府优质教师计划的各部分构成与实施情况是怎样的？

③ 从"专业化"的角度深入探究，澳政府优质教师计划的出台源自哪些动因？以教师专业地位和教师专业素质作为本研究的重点考察对象，澳政府优质教师计划的目标与影响之间都有哪些联系？是存在一定差距还是实现了一致？造成这种结果的内在原因究竟是什么？

④ 基于"专业化"视角的解读，澳政府优质教师计划的功能、特点与问题究竟何在？

二、研究意义

就理论层面而言，本研究的开展丰富了教师教育政策的国别研究，并拓宽了同类比较教育研究的分析视野；就实践层面而论，本研究的开展为我国教师在职培训政策的制定与推行提供了参考依据。本研究具体的研究意义如下文所述。

(一) 理论意义

1. 丰富了教师教育政策的国别研究

通过文献检索，笔者发现，我国国内学者对澳大利亚教师专业发展政策的研究数量比较少，深度也不够。多数国内研究仅就澳大利亚教师专业发展的实践及其概貌进行了介绍与评述。目前，几乎没有国内研究对澳教师专业发展政策的历史演变脉络及现行主要政策进行梳理与介绍。

而澳大利亚本国学者的研究多为基于某一角度的探讨，如就该国教师专业发展的形式进行介绍，或就该国相关政策实施后的效果与影响进行总结与分析。澳已有文献中也几乎没有研究能全面、系统地对该国教师专业发展政策进行梳理与分析。

本研究从弥补现有研究在以上这些方面的不足这一考虑出发，着力分析澳大利亚教师专业发展政策所涉及的深层次问题。研究不仅梳理了澳联邦政府推行的教师专业发展政策的历史演变脉络，还就该国现今主要政策——澳政府优质教师计划进行了系统描述与深入解读。如此全面、系统的分析不仅丰富了关于澳大利亚教师教育政策的研究，还弥补了现有国内外研究的缺陷与不足。因此，可以说，本研究的开展丰富了关于教师教育政策的国别研究。

2. 拓宽了同类比较教育研究的分析视野

"不同方法范式的存在是现代比较教育研究的一个突出特点"。（王长纯，2009）笔者认为，其他学科及分支学科的介入对于比较教育研究的开展而言，有着重要的意义与价值。本研究选取了"专业化"的视角来对研究对象进行分析，实际上反映了教师教育等学科之于本研究的介入与影响。以国内外现有相关文献来看，没有研究能够基于"专业化"的视角，来对澳教师专业发展政策的相关问题进行较为全面的诠释和深入的探究。因此，从一定意义上来说，本研究的开展拓宽了同类比较教育研究的分析视野，也为后续研究提供了一个可供参考的分析框架。

（二）实践意义

世纪之交，我国政府所制定、推行的"中小学教师继续教育工程"、"跨世纪园丁工程"等相关政策，多为面向全国中小学教师的基础普及性培训政策，设定的目标较为笼统、不够细化，政策的实施有专项活动而无专项拨款，没有专门的评估活动而只有过于强调工程普及百分比的督导活动。（国家教育督导团，2003）这些方面与澳大利亚政府实施的举措相比，显得徒有形式而内容匮乏，两者之间存在较大的差距。

自20世纪80年代末至今，澳大利亚教师专业发展政策的制定与实施已形成了一套比较完整的运作规范。以澳政府优质教师计划为例，澳教师专业发展政策的目标制定与设计是具体且具针对性的，其内容的设计与安排涉及了不同层次的诸多问题领域。例如，既有提升教师学科专业知识与能力的活动，又有提升教师特殊专业知识与能力（如针对土著学生、天才儿童、残障及有学习困难的学生的教学知识与能力）的活动；既有对教师专业发展的实践活动进行研究的活动，又有提升教师专业地位的活动。在经费投入方面，政府设计了一套规范的分配依据以保证计划能在公平、合理的基础上有效运行。在活动的开展与管理上，联邦教育部、州教育部、私立教育权威机构和跨部门委员会①在分权制的制约下各司其职。联邦教育部还通过开展专业的教育评估活动来调查政策的影响与成效，从评估数据和信息的搜集、数据处理及评估报告的最终呈现，都可显现评估活动本身的科学性与系统性。

澳联邦教育部的评估数据显示，澳政府优质教师计划等教师专业政策的实施在提升该国各地区教师的专业能力与理解力方面取得了极为显著的成效，并极大地满足了从新教师到资历较深的老教师在内的广大中小学教师的专业需求。（Department of Education, Science and Training, 2005）此外，澳大利亚政府制定、实施教师专业发展政策来提升本国教师素质的过程，吸引了联邦政府、州政府、相关教育权威机构、高校、中小学及教师培训机构等的广泛参与，并逐渐建立了这些利益相关主体间的良好合作关系，也引起了全社会的关注。

以上这些方面对于我国而言，都是非常具有参考价值的。本研究试图通过对澳教师专业发展政策进行描述与探究，以期发现值得我国借鉴和参照的具体做法，从而为我国教师在职培训政策的制定与推行提供参考依据。

三、文献综述

笔者依据本研究的选题及研究的侧重点，围绕本研究拟回答的问题展开了对现有文献的检索。通过对 ProQuest、ERIC、Springer Link、

---

① 在澳大利业政府优质教师计划的实施过程中，联邦政府希望在经费使用合同的制约下，由各州和地区专门设置一个跨部门委员会（Cross-sectoral Committee），该机构将与州级政府、天主教会、独立学校权威机构、教师专业协会及各教育学院的院长相互协作，从而进行计划具体任务的分配与落实。（俞婷婕 等，2007）[14]

Science Direct On Site、中国学术期刊网、Google 学术搜索等数据库和搜索引擎进行检索，对国家图书馆、北京师范大学图书馆的馆藏资源和学位论文库进行搜索，并对有关研究报告、会议总结报告等进行搜索，笔者所检索到的现有文献的载体大致可以分为：中英文学术论文、中英文专著及英文会议总结报告、研究报告等。所检索到的文献的时间跨度为"二战"后到现在，而由于西方社会对教师专业发展的研究热潮主要兴起于 20 世纪 80 年代，因此检索到的文献绝大多数都是 80 年代及之后的。

立足于国内外关于教师专业发展的已有研究，追踪澳大利亚国内对教师专业发展的热点研究与研究新进展，同时考虑到本研究的特点与侧重点，笔者将与本研究有关的现有国内外文献分为以下五大类：关于教师专业发展基础理论的研究；教师专业发展与学生学习间关联的研究；关于教师专业发展实践所应遵循的原则的研究；关于各国教师专业发展政策与实践的研究；关于澳大利亚教师专业发展的政策与实践的研究。以下将对这五类文献作逐一述评。

（一）关于教师专业发展基础理论的研究

通过搜集与阅读国内外的相关文献，可以发现，在有关教师专业发展的现有各类研究中，当代学者所关注的重点主要是理论层面的探讨（McRae et al. , 2001）[14]。立足于本研究的特点与侧重点，依据所搜集到的文献，笔者将有关"教师专业发展"理论层面探讨的研究进一步细分为以下几个方面予以评述：教师专业发展的内涵、教师知识的构成、教师专业发展的内容，以及教师专业发展的阶段论。

1. 教师专业发展的内涵

从广义上来说，专业发展涉及一个人的专业角色。（Villegas-Reimers，2003）[11] 而在究竟何谓"教师专业发展"（Teacher Professional Development）这一问题上，国内外学者持有各自不同的见解与观点。北京师范大学的朱旭东教授（2007）[68] 认为，现有研究分别从个体和群体这两个角度来对教师专业发展的内涵予以理解。

从个体角度对"教师专业发展"予以定义的，如葛拉提尼（Glatthorn，1995）认为，教师专业发展是教师个体在以下方面所获得的专业提升：

专业经验的增长及对其教学系统的审视。也就是说，从本质上来说，"教师专业发展是教师个体专业不断发展的历程，是教师不断接受新知识，增长专业能力的过程"（教育部师范教育司，2003）[50]。在何谓"教师专业发展"这个问题上，基于个体角度的理解在目前学术界是较为普遍的。

从群体角度来理解"教师专业发展"定义的，则倾向于将"教师专业发展"等同于"教师专业化"（Teacher Professionalization）。专业化是一个社会学的概念，其含义在于一个普通的职业群体在一定时期内，逐渐符合专业标准、获得相应的专业地位，并使其职业成为专门职业的过程。（张淑芳 等，2009）[4] 因此，教师专业化更强调的是教师群体性的、专业性的提升。从群体角度来理解"教师专业发展"的，认为教师专业发展就是"教师这个职业群体符合专业标准的过程"。（朱旭东 等，2007）[68]

此外，还有学者从社会学的角度对教师专业发展进行了解释，香港中文大学的卢乃桂教授综合前人的认识与观点，提出教师专业发展就是教师不断成长、不断接受新知识、提高专业能力的过程，它包含教师在生涯过程中提升其工作能力的所有活动。（卢乃桂 等，2006）[72]

相比起学者们给出的较为宽泛的定义而言，官方的解释则显得更为具体与实际。例如，美国国家教师发展委员会（National Staff Development Council，2001）指出"教师专业发展"就是全面、持续、深入地改进教师的效力以提升学生成绩的方式。而澳大利亚联邦教育、培训与青少年事务部（Commonwealth Department of Education, Training and Youth Affairs，2001）更是直接指出，教师专业发展就是教师入职后与其专业成长相关的教育、培训活动。

2. 教师知识的构成

教师的知识结构是关于教师研究中较早出现的研究领域。至 20 世纪 70 年代末 80 年代初，研究者一致倾向于认为，教师的知识结构在一定程度上决定了教师教学开展的有效性。（杨翠蓉，2009）[21] 厘清教师知识的构成与分类无疑也是了解教师专业发展内容的前提。笔者通过阅读文献总结了几种在学术界较为权威的教师知识构成理论，在此，通过表格的形式予以呈现。如表 0-1 所示。

表 0-1　关于教师知识构成的几种权威分类方式

（瞿葆奎，1991）[419,582]；（教育部师范教育司，2003）[56]；

（连榕，2007）[11]；（杨翠蓉，2009）[22-24]

研究者	教师知识的分类
舒尔曼（Shulman）	1. 学科内容知识；2. 一般教学法知识；3. 课程知识；4. 学科教学法知识；5. 有关学生的知识；6. 有关教育情境的知识；7. 其他课程知识。
埃尔贝兹（Elbaz）	1. 关于自我的知识；2. 关于教学环境的知识；3. 学科知识；4. 课程发展的知识；5. 教学知识。
伯利纳（Berliner，1994）	1. 学科专长；2. 课堂管理专长；3. 教学专长；4. 专断专长。
斯腾伯格（Sternberg）	1. 内容知识；2. 教育法的知识（具体的）；3. 实践知识（外显的，缄默的）。
格罗斯曼（Grossman，1994）	1. 学科内容知识；2. 学习者和学习的知识；3. 一般教学法知识；4. 课程知识；5. 情境知识；6. 自我知识。
博科（Borko）、帕特南（Putnam）	1. 一般教学法知识；2. 教材内容知识；3. 学科教学法知识。
加涅（Gagne）	1. 概念性知识；2. 基本技能；3. 教学策略。
考尔德黑德（Calderhead）	1. 学科知识；2. 机智性知识；3. 个人实践知识；4. 个案知识；5. 理论性知识；6. 隐语和映像知识。
申继亮、辛涛（1996）	1. 本体性知识；2. 实践性知识；3. 条件性知识。
甄德山（1991）	1. 教育理论知识；2. 所教专业科学知识；3. 普通文化知识。
默里（1991）	1. 广泛的普通教育；2. 所要任教的学科内容；3. 教育文献；4. 反省的实践经验。
傅道春	1. 原理知识（学科原理、一般教学法知识）；2. 案例知识（学科教学的特殊案例、个别经验）；3. 策略知识（将原理运用于案例的策略）。
陈向明（2003）	1. 理论性知识（包括学科内容、学科教学法、课程、教育学、心理学、一般文化等原理性知识）；2. 实践性知识（包括教师在教育教学实践中实际使用和表现出来的显性、隐性的知识）。

以上关于教师知识构成的理论被认为是传统的分类方式（姜勇，2005）[54]，近年来这些所谓传统的教师知识构成论受到了后现代主义学者的批评，他们认为这种知识体系的见解与教师的课堂教学实践缺乏紧密联系。后现代主义学者认为应当更多地关注教师的个体知识（Connelly et al.，1991；Elbaz，1991；Britzman，1991）。其中布里茨曼（Britzman，1991）[50] 提出，教师在每天的课堂实践会经常运用教学与学习的理论，这种理论可能是内隐的，它们构成了教师的个体知识。德里尔等人（Driel et al.，1998）则认为，个体知识是教师由以往经验所形成的对教育的各种主张，它联结着教师的过去、当前与未来。尽管后现代主义学者们对何谓教师的个体知识均持有不同的观点，但他们都一致肯定并强调了知识的经验性与实践性。（姜勇，2005）[54]

3. 教师专业发展的内容

不同的学者对于教师专业发展应该注重哪些内容均持有不同的看法。

学术界关于教师专业发展内容的观点可以划分为三类取向：教师专业发展的理智取向（Intellectual Approach）、实践—反思取向（Practical-Reflective Approach）及生态取向（Ecological Approach）。（连榕，2007）[39]

持有教师专业发展的理智取向的学者有利特尔（Little，1992），他认为教师专业发展就是要促进教师知识、技能及与课堂有关的判断力的增长，进而提升整个社会的专业化水平。霍伊尔等人认为，通过教师专业发展，教师获得新知识、技能，以及各种价值，这会改进他们所提供的教育服务的质量。（Hoyle et al.，1995）

在教师专业发展的内容问题上持有理智取向的还有利思伍德（Leithwood，1992），他认为教师专业发展应该关注教师在以下方面的成长：

① 生存技能的发展；

② 基础教学技能更具竞争力；

③ 教学灵活度得以提升；

④ 获取一定的教学专业技能；

⑤ 促进同事间的专业能力的提升；

⑥ 实践其领导能力，参与决策制定过程。

与持有理智取向的学者重视教师的知识、能力结构所不同的是，持有实践—反思取向的学者（如 Schon 等人）强调"教师作为一个'人'

的独特性，强调教师个人生活与其专业生活的关联，更为注重教师'个人的'（Personal）、'实践的'（Practical）专业知识在专业活动中的作用。"（连榕，2007）[41] 持有这种理论取向的学者认为，教师通过对教学实践进行反思，便能更为清晰地理解自己的实践，通过一系列循环往复、不断上升的"反思"过程，教师的教学实践能力就能得以提升，其教学质量也能得以提高。（蒋竞莹，2004）

持有生态取向的学者认为，教师的专业发展环境是由自然、社会、规范和生理与心理四种环境相互交叉渗透形成的一个复合型的生态环境。（古立新，2004）因此，持有这种取向的学者认为不仅要关注教师自身，更应关注教师专业发展所发生的环境，"发展的种子再好，若撒在石头上也不会生根发芽"（Hargreaves et al.，1992），应当创建一个支持教师专业持续发展的良好环境。

以上三种理论取向都从各自的视角强调了教师专业发展内容的不同方面，其中持理智取向来理解教师专业发展内容的研究是较为普遍的，而综合以上三种取向来对当今教师专业发展的内容作全新的诠释是值得后续研究去尝试的一个做法。

4. 教师专业发展的阶段论

美国学者弗朗西斯·富勒（Frances Fuller）是教师专业发展阶段论的先驱人物，其于 1969 年在《教师关注问卷》（*Teacher Concerns Questionnaire*）中开创了教师专业发展阶段的理论研究，提出了"关注"阶段论，认为教师专业成长包括以下四个阶段：任教前关注阶段、早期求生存阶段、关注教学情境阶段、关注学生阶段。（Fuller，1975）

基于富勒的"关注"阶段论，后来又产生了教师职业生命周期阶段论、心理发展阶段论、教师社会化发展阶段论等相关理论。（教育部师范教育司，2003）[68-70]

教师职业生命周期阶段论的代表人物有伯顿（Burden）、纽曼（Newman）、彼得森（Peterson）、弗洛拉（Flora）、卡茨（Katz）、费斯勒（Fessler）、斯特菲（Steffy）等。这类教师专业发展阶段论以作为人的生命的衰老过程与周期来看待教师的职业发展过程与周期。（教育部师范教育司，2003）[69] 比如，斯特菲依据人文心理学派的自我实现理论建立的教师生涯发展模式认为，教师的发展分为以下五个阶段：预备生涯阶段、专家生

涯阶段、退缩生涯阶段、更新生涯阶段、退出生涯阶段。(Steffy, 1989)

心理发展阶段论的代表人物是利思伍德,基于心理学的认知理论、概念发展和道德判断等理论,他提出教师的发展分为四个阶段:① 世界观简单、坚持原则、信仰权威的阶段;② 墨守成规阶段;③ 具有自我意识、责任心阶段;④ 较有主见、更灵活且明智阶段。(Leithwood, 1992)

教师社会化发展阶段论的代表人物有莱赛(Lecey)及我国台湾学者王秋绒。以王秋绒所提出的理论为例,他将教师的专业发展划分为:师范生的专业社会化(包括探索适应期、稳定成长期、成熟发展期);实习教师的发展阶段(包括蜜月期、危机期、动荡期);合格教师的专业化(包括新生期、平淡期、厌倦期)。(连榕, 2007)[185] 即将教师作为一个"社会人"来对教师专业发展的阶段予以划分。

以上几类理论皆从一个角度来划分教师专业发展的过程,但其视野都不大广阔,具有一定的局限性。贝尔(Bell)和格里布里特(Gillbrert)等学者为更如实反映教师专业发展复杂、综合的过程,提出了自己的观点,即由于教师专业中遇到三种情境(确认与渴望变革、重新建构、获得能力),因此他们不提倡使用阶段划分。(Bell, 1996)

总体而论,现有关于教师专业发展基础理论的研究还是比较丰富的,虽然在内涵、教师知识构成、专业发展内容与阶段论等问题上,学者们尚难以达成一致性的定论,但这在某种程度上不失为好事,因为这种纷争激发了新一轮的探讨与进一步的研究。

(二) 关于教师专业发展与学生学习间关联的研究

国内学者冯大鸣在其研究中指出,自 1996 年美国"教学与美国未来全国委员会"(National Commission on Teaching & America's Future)发表《至关重要:为美国的未来而教》(*What Matters Most: Teaching for America's Future*)以来,美国、英国和澳大利亚等国的教师专业发展政策着力强调的是教师专业发展与学生学习改进之间的关联,教师专业发展研究产生了阶段性的转折。(冯大鸣, 2008) 近年来,欧美国家以教师专业发展为主题的研究中,最重要的一支便是探究教师专业发展与学生学习两者间相互关系的研究。

如前文所述,教师专业发展越来越被各国所重视并日益成为教师教育改革的一种潮流与趋势。而它为何被许多国家的政府所重视和推崇?

这里便涉及开展教师专业发展活动的目的何在这个问题。通过对澳大利亚出台的相关政府报告进行搜集与阅读，笔者发现，澳联邦政府之所以斥巨资制定、实施教师专业发展计划，其中很大的一个原因是基于这样一种事实：大量研究认定教师专业发展能提升学生的学习成绩。（Australian Department of Education, Employment and Workplace Realtions, 2010）于是，笔者对现有相关文献进行了检索，发现相当数量的研究，尤其是国外研究，都将开展教师专业发展活动的初衷直指学生学习效果的提升。也就是说，许多研究普遍认为教师专业发展之所以重要，是因为它能够提升学生的学习成绩。

基于该类研究的重要地位，同时考虑到这类研究对本研究的研究对象国所产生的重要影响，以下专门就这类研究作述评。

西方学者们于近年来越来越倾向于这样一种观点：影响学生成绩的诸多因素中，最重要的就是教师的专业知识。（Sparks, 2002）相当数量的研究认为教师所拥有的专业知识越丰富，其学生的学业成绩就越高（US National Commission on Teaching and America's Future, 1996, 1997; Guzman, 1995; McGinn et al., 1995; US Educational Testing Service, 1998; Tatto, 1999; Grosso de Leon, 2001; Falk, 2001）。

那么，教师专业发展能对教师专业知识产生影响吗？同时能对学生学习结果产生影响吗？国外学者苏泼维茨（Supovitz）建构了一个分析路径试图解释上述问题。通过这个分析路径，他指出了教师专业发展实践是如何影响学生学习的：高质量的教师专业发展实践可以提升教师的专业知识，从而提升教师课堂教学的质量，进而有可能提高学生的学习成绩。（Supovitz, 2001）[81-98]

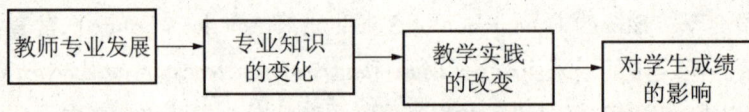

教师专业发展 → 专业知识的变化 → 教学实践的改变 → 对学生成绩的影响

图 0-1　苏泼维茨所建构的分析路径

苏泼维茨建构的分析路径虽然包括了教师专业发展对学生成绩产生影响的这一过程中所牵涉的因素，但毋庸置疑，每个因素都很复杂而且都受多种因素的影响，各种因素之间的关系也很复杂，具体的论证和解释工作也非常复杂且烦琐。

　　许多研究都指出，教师专业发展与学生学习之间存在紧密联系。例如，1997 年，科恩（Cohen）和希尔（Hill）通过研究提出，教师专业发展实践的改进与学生成绩的提升之间存在紧密联系。（Cohen et al.，2000）同年，琳达·达林–哈蒙德（Linda Darling-Hammond）在其研究中指出，"对于教和学了解甚多的教师及有条件对学生进行充分了解的教师，对学生学习产生至关重要的影响"，并认为"教师素质这一变量和学生学业成就之间的联系"比其他任何因素都更为紧密，"质和量上的分析都表明了制定提升教师素质方面的政策可能会改善学生的表现"。（Darling-Hammond，1997）这项研究对美国、澳大利亚等国的教师专业发展政策的制定产生了重要影响。

　　近年来，美国相关教育机构出台的系列国家报告中都强调了教师专业发展与学生学业成绩之间的联系，并由此强调教师专业发展的重要性。例如，2000 年，美国教育考试服务中心（Educational Testing Service）发布的哈罗德·翁林斯基（Harold Wenglingsky）的研究报告——《教学如何起作用：将课堂带回关于教师素质的探讨中》（*How Teaching Matters：Bring the Classroom Back into Discussion of Teacher Quality*）指出：教师专业发展能够提升学生的学业成就，报告还提供佐证以说明教师专业发展的具体形式与学生科学、数学学习改进这二者之间存在联系。（Wenglingsky，2000）美国国家教育目标审查小组（National Education Goals Panel）在报告《带领所有学生达到高标准》（*Bring All Students to High Standards*）中，同样提及教师专业发展与学生成绩提升这两者之间的联系。此外，该审查小组还强调充分、持续的专业发展能帮助教师更有效地提升学生学业成绩。（National Education Goals Panel，2000）

　　虽然以上述研究为例的大多数研究都认定教师专业发展能促进学生学习成绩的提升，但是也有部分研究指出，现有研究中很少能以事实和数据为基础来证明教师专业发展和学生成绩之间确实存在紧密联系。比如，奥尔森等人（Olson et al.）通过对现有大量文献进行详细阅读后指出，就美国的情况而论，绝大多数现有研究并未能拿出有关的全国性数据来证明教师专业发展和学生成绩之间确实存在关系。该项研究进一步指出，为更好地评价和改进美国教师专业发展政策，就应该充分了解教师专业发展如何对教学实践产生作用、是否对学生成绩提升产生了作用。

(Olson et al., 2002) 此外，另一些西方学者也指出，目前鲜有研究能拿出依据来证明教师专业发展和学生成绩之间确实存在联系 (Supovitz, 2001; Cohen et al., 2000; Thompson, 2003)。

古斯基 (Guskey) 和斯帕克斯 (Sparks) 则认为，尽管对教师专业发展负责的机构和人员都以教师专业发展和学生成绩提升存在联系为基本假设，但是很少有人能够清晰地描述与阐释二者之间这种关系的精确本质到底是什么。(Guskey et al., 2002)

澳大利亚政府同样重视探究教师专业发展与学生学习之间的关系。由澳大利亚联邦教育、科学与培训部 (Australian Department of Education, Science and Training) 资助的一项研究——"教师专业发展与学生学习结果间联系之调查" (Investing the Links Between Teacher Professional Development and Student Learning Outcomes) 试图弥补现有研究在上述方面的不足，它通过个案研究试图给出质和量上的证据，从而证明教师专业发展确实促进了学生学习的提升。(Meiers et al., 2005) 国内学者认为尽管这项研究试图解释"教师专业发展如何影响教师专业知识，进而影响课堂教学实践，最终影响学生学习成绩"这一系列复杂机制，但其中每个环节都是相当复杂的，揭示一个环节到另一个环节的步骤更是难上加难，这项研究虽有突破但仍未获得成功。(冯大鸣，2008)[94]

除探究教师专业发展与学生学习是否存在关系这个本源问题之外，相关研究在充分肯定两者间紧密联系的基础上，还提出了该如何基于并运用这种联系从而更好地开展教师专业发展实践。例如，赛克斯 (Sykes) 建议，遵循以下四条主线可以有效巩固教师专业发展：

① 将教师专业发展与学生成绩间的紧密联系作为一种标准，以该标准来选择并设计教师专业发展实践；

② 将教师专业发展"植入"学生所学课程的具体内容中；

③ 在有关课程实施和教学创新的教师专业发展活动中，重点关注学生学习状况；

④ 将学生的学习情况作为教师专业发展的形成性、总结性评价的判断参考。(Sykes, 1999)

自20世纪90年代开始，"教师专业发展与学生学习间的关联"成为欧美国家教师专业发展研究的热点探讨主题。该类研究的兴盛对西方国家教师专业化政策的制定、实施乃至评估都产生了重要影响。然而，十多年过去了，能提供证据从而清晰诠释教师专业发展究竟如何影响学生学习的研究还是没有出现。就该问题，国内有学者指出"教师专业发展—学生学业成就改进"的黑箱至今仍未打开。（冯大鸣，2008）[97]

（三）关于教师专业发展实践应遵循的原则之研究

如果说提升学生的学业成就是教师专业发展政策与实践的目的的话，那么，成功的教师专业发展实践应遵循的原则应该是教师专业发展途径的守则。通过文献检索，笔者发现，教师专业发展的实践开展所应遵循的原则是学者们，尤其是美国、英国和澳大利亚等国的学者们，在对教师专业发展进行研究时热衷于探讨的话题。

早在 1988 年，澳大利亚《联邦学校委员会报告：教师的学习》（*Commonwealth Schools Commission Report：Teachers Learning*）（*National Board of Employment，Education and Training*，1988）就指出成功的教师专业发展活动必须遵循包括成人学习、传输模式、领导力、课程问题、环境氛围、评估等在内的原则，这些条目至今仍适用。如表0-2 所示。

表0-2 成功的教师专业发展实践应该遵守的原则
（National Board of Employment，Education and Training，1988）

成人学习	有效的教师培训与发展活动认可这样的教师，即能将所学新知识与其职业和课堂教学经验相联系的，能在自己所处的环境中应用新技能并做批判与评价的，能在专业发展过程中提出自己是需要支持与鼓励的。
传输模式	有效的教师培训和专业发展认可"创新为本"和"行动研究"的传输模式，并支持这些模式。
情境与重点	有效的教师培训与发展将提供一个有益的情境，并以学校为本，因为学校在理念的拓展与应用、技能的实践与形成、课程的评价等方面起到关键作用。
领导能力	有效的教师培训与发展应直接取得校长的承诺与支持，并由领导阶层通过开展合作从而取得成功。
控 制	有效的教师培训与发展包括合作规划及对项目安排的共同管理，利益相关者必须对活动的结果予以承诺，由此实施活动。

续表

承　诺	有效的教师培训与发展，通过创造周期性或长期参与专业学习的机会和动机，来鼓励教师承诺。
科目问题	有效的教师培训与发展活动能够应用关于各学科及新知识领域的教育研究成果。
环境氛围	成功的教师培训与发展应在如下的时刻开展，即系统、机构和个人能完全投入自身，以及自己所拥有的资源去参与个人或集体的学习活动。
评　估	有效的教师培训与发展，能切实评价活动对于学生及其学习的影响，对于教师及其教学的影响，以及对于教育事业本身的影响。

1993 年，弗兰克·克劳瑟（Frank Crowther）和迈克·加夫尼（Mike Gaffney）接受澳大利亚联邦教育部的委任，基于"教师领导力"的视角来进行研究，进而总结了一套最佳专业发展实践应具有的特点。之后，劳登（Louden）在前人的基础之上又发表了一份更为深入的研究报告，并总结得出成功的教师专业发展实践应在制定、准备、实施、应用四方面遵循以下原则。如表0-3 所示。

表0-3　劳登（Louden，1994）总结的成功的教师专业发展实践应遵循的原则

制　定	1. 建立在教师和其他教职员工需求的基础上 2. 与教师的兴趣和经验相关 3. 提供足够的灵活度来适应教师的个体需求 4. 清晰地定义目标、方法和结果 5. 参与者能遵守承诺 6. 不考虑其所处地理位置和学校类型，为所有教师提供平等的机会 7. 汇集任课教师队伍 8. 需要参与者的提前准备 9. 处理各种各样层次的需求（如教师的、学校的及教育系统的需求）
准　备	1. 让组织者充分了解专业知识与实用诀窍 2. 在让人舒适和愉悦的情境中开展活动 3. 参与的教师有来自相似专业背景的，也有来自不同专业背景的 4. 提供高质量的使用便利的材料与资源 5. 能得到学校执行管理层的支持

续表

实　施	1. 清晰地阐述理论、研究与实践之间的关系 2. 提供参与活动的机会 3. 定期或者不定期地让参与者反思其专业发展实践的意义 4. 最佳的合理运用时间 5. 模仿模范性实践 6. 随时间推移安排好活动开展的顺序 7. 通过行动研究来建构知识与自主权 8. 广泛运用各种展示方式
应　用	1. 应有设计好的后续活动跟进 2. 让教师有机动、自主的情绪体验 3. 将从专业发展活动中获得的转化为实践知识与技能 4. 论证关于学生学习结果的问责制 5. 支持教师关于学生学习成绩的问责制 6. 通过给学分、领导奖励、升职或报酬等形式来奖赏教师的参与和取得的成绩 7. 鼓励跨学校系统、跨科目的专业发展学习

基于研究，霍利（Hawley）和瓦利（Valli）于1999年提供了一系列有效的专业发展的设计原则。美国国家卓越与绩效教学伙伴计划（US National Partnership for Excellence and Accountability in Teaching）提供了关于这些原则有用的详尽细节。下文所陈述的这些原则反映了其研究的主要成果。

① 专业发展的内容应关注学生正在学什么，以及怎样去解决学生在学习有关资料时可能出现的问题。

② 专业发展的驱动力应当立足于对学生实际表现与学生学习目标、标准这两者的差异性分析。

③ 专业发展应包括鉴定教师需要学习的内容，以及教师将会遇到的学习经验的拓展。

④ 专业发展主要应该是以学校为本位的，然后被内化为日常的教学工作。

⑤ 专业发展应围绕协作解决问题来开展。

⑥ 专业发展应当是持续不断的，能涉及后续的学习，并且可以支持未来的学习——包括得自学校外部来源的能提供所需资源和新视角的支持。

⑦ 专业发展应并入学生学业成绩各类信息源的评估，并考虑之前专业发展实践活动所吸取的各种教训。

⑧ 专业发展应该提供机会以获取对正在学习的知识与技能的基本理解。

⑨ 专业发展应当与学生学习的整体变化过程相联系。（Hawley et al. ，1999）

除上述研究之外，弗兰（Fullan）也就该问题进行了探讨，并认为，四个关键要素使教师专业发展实践获得成功，分别是：

① 将教职员工发展重新定义为一个学习的过程；

② 学校领导所扮演的角色；

③ 学校所拥有的组织文化；

④ 外部机构（尤其是本地和州级机构）所扮演的角色。（Fullan，1987）

科克伦（Corcoran）于1995年指出，有关专家和机构在设计和实施专业发展项目之时必须遵循以下原则，即：

① 促进并支持校本专业发展举措；

② 立足于教学知识开展活动；

③ 模仿建构主义的教学模式；

④ 通过提供理念、材料和同事间的交流使教师获得智力、社会和情感方面的参与；

⑤ 将教师视为专业人员和成人学习者，并予以尊重；

⑥ 提供充足的时间和后续支持；

⑦ 既有便利性又具包容性。（Corcoran，1995）

2003年，汤普森（Thompson）在基于以往研究的基础上，总结出对改善课堂实践和学生表现有积极影响的教师专业发展活动应该具备的几条主要特征，即：

① 关注课程本身的学习；

② 使专业发展同课程材料和评估相联系；

③ 致力于实现"一致性"和"自主学习"；

④ 拓展活动以准许更多的自主学习，推动教师的集体参与从而增强"一致性"。（Thompson，2003）

而澳大利亚教育研究委员会在立足于以往研究的基础之上，归纳得出结论：有效的教师专业发展实践应该具有这些特征，包括：关注课程和教学内容；为教师提供持续的支持与帮助；强调教师的自主学习；教师能得到反馈；对学生学习的协作式检查。（Ingvarson et al.，2003）澳大利亚联邦政府和相关教育机构也较为认可以上特征。

有学者认为，以上这些关于教师专业发展实践所应遵循的原则已经比较全面，在短期内，新的研究想要提供更多适当的原则来取代上述原则是不太可能的。（McRae，2001）当然，原则本身不可能完全指向绝对的成功，而这些具体的原则与教师专业实践结果之间的关系，尤其是与学生学习之间的关系，尚无人知晓。后续研究需要去做的是，将上述原则运用于实践，然后来评估其效果究竟如何。笔者认为，可以借鉴此类关于"原则"的研究，将这些"原则"与各国政府制定教师专业发展政策时的理念与指导方针进行对比，这样将有助于从更多维的视角去观察政策本身。

（四）关于各国教师专业发展政策与实践的研究

通过对已有相关文献进行搜索，笔者发现，关于各国教师专业发展政策与实践的国内外研究多是涉及专业发展实践的研究。现有文献中很少有专门涉及各国教师专业发展政策的研究，这些为数不多的研究多为就某一国家或多国的教师专业发展政策进行整体介绍或描述。例如，瑞典学者顾丽敏（Limin Gu）和欧拉·林德伯格（Ola Lindberg）对瑞典政府的关于ICT的教师专业发展政策进行了阐述。（Gu et al.，2009）又如，我国学者王敏就澳门教师专业发展政策的历史发展脉络进行了梳理并提供了关于未来政策发展的相关建议。（王敏，2009）

而现有关于各国教师专业发展实践的研究多为针对教师专业发展实践模式的研究。不同国家教师专业发展的实践模式具有很大的差异性。而所谓教师专业发展模式，是指从教师准备入职开始，相关部门和人员为教师接受专业发展所提供的具体的方式。（Villegas-Reimers，2003）[16]通常情况下，多数国家教师专业发展所采取的并不是单一的模式，而是同时采用一系列模式，并随着环境的变化而改变具体的操作模式。依据联合国教科文组织下属国家教育规划所（Institute for Educational

Planning）对各国教师专业发展实践的总结，所有的教师专业发展模式都可以划分为以下两大类：第一种模式需要一定的组织或机构间合作伙伴的参与；另一种则能在小范围内运行（如学校或课堂）。这两种模式具体包括的教师专业发展形式如表0-4所示。

表0-4　两种模式所涉及的教师专业发展形势（Villegas-Reimers，2003）[70]

机构合作模式	小范围或个人模式
专业发展学校	监督：传统的与具前瞻性的
其他高校及中小学间合作	学生成绩评估
其他机构间合作	研讨班，研讨会，课程等
校园网络	个案研究
教师网络	自我导向的发展
远程教育	合作或同事间合作的发展
	参与新的任务
	技能—发展模式
	反射模式
	项目本位模式
	档案袋
	行动研究
	教师叙述的运用
	代际或级联模式
	训练/指导

在第一组模式中，专业发展学校（Professional-Development Schools）是学者们进行重点研究的对象。专业发展学校作为教师、相关管理者及高校院系合作创设的机构，主要致力于改进教学，提升学生学习成绩，同时也致力于将教育理论与实践相结合。目前，教师专业发展学校几乎遍及美国各州。

斯托林斯（Stallings，1995）、柯布（Cobb，2000）、罗华玲（2007）

等学者就专业发展学校的起源、出现及其时代动因和演变历史进行了梳理。琳达·达林-哈蒙德则在其主编的著作《美国教师专业发展学校》①里，对美专业发展学校的历史与背景、变革与现状、特征与问题、面临的挑战等进行了系统研究，并就具体学校进行了专门的个案研究。（Darling-Hammond，2006）另外，有研究专门探讨了专业发展学校存在的作用与价值，认为它对教师专业发展经验的提升起到了积极的作用，并提升了学校教育的水准（Frankes，1998；Chance，2000；Levine et al.，1999）。我国的一些学者就美国教师专业发展学校之于我国的启示进行了阐述（易森林，2010；于利萍，2010；李素娟，2009；喻浩，2008；罗华玲，2007；任智霞，2007；刘洁，2006；孙元涛，2004）。

在表 0-4 所述的第二组教师专业发展模式里，研讨会、研讨班和短期课程是欧美许多国家较常见的教师专业发展形势。苏珊·罗德里格斯（Susan Rodrigues）在其著作《一种教师专业发展模式：小学科学项目中的合作》（*A Model of Teacher Professional Development：The Partnership in the Primary Science Project*）中指出，多年以来，教师专业发展的常见形式就是组织教师参加会议、参与研讨会和研讨班及短期课程，基于这些形式能够从根本上对课堂实践和学生学习经验产生影响，各国政府在制定新政策时常引入这些形式。（Rodrigues，2004）

与上述观点不同的是，联合国教科文组织国际教育规划所指出，在过去，教师可以获取的专业发展就是"职员发展"或者"在职培训"，其方式通常包括研讨会或与其工作有关的短期课程。但该机构认为，这些教师在过去获得的培训形式，常常与教师的工作无关。（Villegas-Reimers，2003）[11-12] 我国学者刘红就澳大利亚教师专业发展实施的主要形式进行了介绍，其中最流行的专业发展形式就是各种研讨会，参加这种形式学习的人很多，另外一种较常见的形式就是短期课程班，其设计的内容有特定的课程活动、教学方法、学习策略和其他内容，但由于其效果令人质疑，因此，澳大利亚部分州的政府所指定的教师专业发展政策不支持这种学习方式。（刘红，2004）[23]

---

① 英文原著名为 "Professional Development Schools：Schools Developing a Profession"，该书名直译为 "专业发展学校：形成专业的学校"，中文名被改译为 "美国教师专业发展学校"。

事实上，随着时代的变迁，人们对教师专业发展的认识也在发生改变，越来越多的人认为，教师专业发展是一个持续性的提高与学习的过程，仅仅通过研讨班、短期培训课程等形式来进行教师专业发展已经不能满足时代和社会的需求。基于此，一些研究探讨了一些实例，即教师在参与研讨会、研讨班和课程学习的同时，再为其提供其他的专业发展机会，这样的举措被证明可以有效推动专业的发展。（Villegas-Reimers，2003）[78] 举例来说，博科（Borko）和帕特南（Putnam）曾介绍了一项名为"面向教师的暑期数学项目"（The Summer Mathematics for Teachers Programme）的教师专业发展计划，该计划与化学教育研讨班学会（Institute for Chemical Education Workshop）一样，为教师提供了研讨班、研讨会、演示、讲座和讨论组等一系列综合的专业发展形式，前者注重提升教师的数学教学技能，后者关注改进教师的化学教学技能。通过评估，以上两种专业发展形式都很有效。（Borko et al.，1995）

从现有文献中关于此类主题研究较为丰富，而了解与掌握当今各国教师专业发展的模式与形式，有助于本研究更深入地理解与探讨澳大利亚教师专业发展政策在基层的具体实施方式及效果。

（五）关于澳大利亚教师专业发展政策与实践的研究

1. 国外关于澳大利亚教师专业发展政策与实践的研究

澳大利亚教师专业发展政策与实践的国外研究文献可分为西方学者针对该主题而撰写的学术论文或研究性著作，以及由澳大利亚相关政府部门或教育研究机构出台的研究报告。

（1）国外的学术论文及著作

西方学者们对澳教师专业发展政策与实践的探讨，多见于以下三类研究：在观察澳教师教育整体状况的同时，简要梳理该国的教师专业发展的历史与现状；就澳教师专业发展的开展形式进行介绍与探讨；对澳教师专业标准的制定历程进行阐述与讨论，对某些州现行的教师专业标准作分析与评述。

部分西方学者在对澳大利亚教师教育发展历程或概貌进行研究的同时，探讨了澳政府所制订的部分教师专业发展计划。例如，有研究在介绍澳教师教育演变与发展历程之时，重点介绍了自20世纪90年代开始的全国性教师专业发展项目，如"教学质量的全国计划"（National Project on the Quality of Teaching and Learning，缩写为 NPQTL）、"全国校园网络"（National Schools Network，缩写为 NSN）、"新教师教育的全国标准与指导方针"（National Standards and Guidelines for Initial Teacher Education）等。（Dyson，2005）又如塔妮娅·阿斯普兰德（Tania Aspland）在介绍澳大利亚教师教育模式的演变之时，也指出政府、相关教师管理机构和高校应携手共同推进教师的专业化发展，帮助中小学教师应对巨大的时代挑战，进而对传统的工作方式进行重塑。（Aspland，2006）

部分国外研究就澳大利亚教师专业发展政策的开展形式进行了介绍与探讨。比如，萨克斯（Sachs）介绍了在澳大利亚成功开展的教师专业发展形式——学校网络，相关的一项创新之举就是"全国校园网络"，旨在使其成为教育系统改革的工具。这项计划是一项全国性的行动研究，政策制定者的初衷是通过该计划来确定究竟是哪些障碍阻碍了学校改善教学举措的实施。该计划为澳 400 余所学校提供了援助，并同与校本研究举措相关的教师专业发展有着紧密联系。萨克斯还就另一项澳全国性教师专业发展计划——创新联系计划（Innovative Links Project）进行了介绍。该计划通过开展中小学与高校的合作，从而致力于推动相关研究、实践，进而推动中小学和高校教师的专业发展。该计划有效推动了教师学习、参与、合作、行动、研究等诸项能力的提升。（Sachs，2000）

有研究就澳大利亚教师专业标准的制定历程进行了介绍与探讨。威廉·劳登（William Louden）对澳大利亚教师专业标准的发展进行了描述，并指出：在澳大利亚，州公立学校系统首次掀起了教师专业标准制定的浪潮，第二次教师专业标准制定的浪潮由一些教师专业协会掀起，并受到美国国家专业教学标准委员会（America National Board for Professional Teaching Standards）的影响。劳登对上述内容进行了回顾，并就澳大利亚一些州的教师专业标准进行了阐述与分析。（Louden，2000）

从笔者搜集到的国外现有研究来看，罗琳·M. 林（Lorraine M. Ling）和诺利亚·麦克肯齐（Noella MacKenzie）对澳大利亚教师专业发展实践所作的研究是最为系统的，该项研究对澳教师专业发展产生的背景进行了介绍，并描述了澳目前教师专业发展的主要形式，进而评估了专业发展的效力，最后还引入了澳中小学教师对专业发展所持有的态度，

并提出了两个有效的专业发展模式。(Ling et al. , 2001)

(2) 澳相关政府部门或教育研究机构出台的研究报告

由澳大利亚相关政府部门或者教育研究机构出台的研究报告，主要关注的是澳教师专业发展计划的实施情况与评估结果，也就是说这些研究报告更为关注的是澳教师专业发展政策本身及其实施效果。

例如，由澳大利亚联邦教育、培训与青少年事务部 (Commonwealth Department of Education, Training and Youth Affairs) 发布的《专业发展2000：澳大利亚学校教师专业发展的全国图景》(PD 2000 Australia: A National Mapping of School Teacher Professional Development)，描述了全国性的教师专业发展政策，该报告特别关注联邦政府发起的相关举措及其发展趋势。(McRae et al. , 2001)

此外，澳大利亚联邦教育部 (Department of Education, Science and Training) 和澳大利亚教育研究委员会 (Australia Council for Educational Research) 分别出台了针对澳政府优质教师计划的评估报告。

联邦教育部于 2005 年出台了一份针对澳政府优质教师计划的整体评估报告——《澳大利亚政府优质教师计划的评估：1999—2004》(An Evaluation of the Australian Government Quality Teacher Programme 1999 – 2004)。报告对该计划自出台以来的实施情况进行了评估。依照计划制订之时的目标设定和政策规划，该评估报告对以下三方面主要内容进行了评定：计划在实现"教师技能、理解力的改进，教师地位的提升"等预定目标方面所取得的效果；计划本身与教师需求和政府优先发展领域的适宜性；计划在资源水平、资助金额，活动的传递与发展、监测与汇报等方面的效率。(Department of Education, Science and Training, 2005)

澳大利亚教育研究委员会发布的由马里恩·梅耶尔斯 (Marion Meiers) 和劳伦斯·因格瓦森 (Lawrence Ingvarson) 完成的报告《教师专业发展与学生学习结果间联系之调查》(Investigating the links between teacher professional development and student learning outcomes) 以澳政府优质教师计划为蓝本，集中探讨了教师专业发展和学生成绩之间的关系。(Meiers et al. , 2005) 澳教育研究委员会于 2003 年出台的研究报告《教师与学校领导的专业发展：评估专业发展计划的质量与影响》(Professional Development for Teachers and School Leaders: Evaluating the quality and impact of *professional development programs*），就该委员会实施的针对教师专业发展计划的评估方法及其特征进行了阐述，还介绍了该评估方法在澳政府优质教师计划这一项目中的具体运用与有关评估结果。（Ingvarson et al.，2003）

综上所述，国外关于澳大利亚教师专业发展政策与实践的研究不少，这些研究多侧重于一个角度或某一方面，如澳教师专业发展的形式，或者如何对专业发展政策的实施结果进行评估。目前，还鲜有研究能够全面、系统地对澳大利亚政府的教师专业发展政策进行梳理与介绍。

2. 我国学者关于澳大利亚教师专业发展政策与实践的研究

目前，国内学者关于澳大利亚教师专业发展的研究虽有但数量很少。现有研究中，多数就澳大利亚教师专业发展实践的概貌进行了介绍与述评。

一些学者对澳教师专业发展的背景、专业发展的形式、各种专业发展计划、理念与效果等进行了探讨（刘红，2004；朱凌洁，2007）。也有学者将探究视角具体到州一级的范围，选取在澳大利亚比较具有代表性的州来探讨澳中小学教师专业发展的机制，主要从教师专业发展的管理机制、核心机制、配套机制来逐一作介绍（刘辉，2004）。

国内现有文献中很少有专门针对澳政府优质教师计划进行深入探讨的。虽有研究以该计划作为专门的研究对象，但该项研究的内容仅对计划在几年前的实施情况进行了整体性的描述与介绍，缺乏深层次的分析。（俞婷婕 等，2007）有研究在探讨国际教师教育发展趋势之时，简要提及了澳政府优质教师计划，但并未对计划本身作进一步的介绍与描述。（杨天平 等，2009）

有一些国内研究重点关注的是澳大利亚教师专业标准的制定历程及其发展过程。例如，《澳大利亚"教育专业标准运动"研究》 文以始于20世纪80年代末、90年代初的"教育专业标准运动"为研究对象，该运动的主题之一就是为澳中小学教师制定专业标准，该研究探讨了澳教育专业标准运动的兴起、发展过程，并对其宗旨、效果、影响、意义等内容进行了评述。（凌朝霞，2007）还有研究探究了州一级的教师专业标准甚至具体到某一学科的教师专业标准。例如，王炜、黄黎茵介绍了澳大利亚昆士兰州于2002年制定的教师专业标准，并就该专业标准实施的特征、存在的问题，其对我国的借鉴意义与启示进行了阐述。（王炜 等，2008）又如，熊建辉以科学教师专业标准为例，介绍了澳大利亚维多利亚州科学教师专业标准的制定背景、框架与内容及主要特色。（熊建辉，2008）

总的来说，国内现有关于澳大利亚教师专业发展政策的研究还很少，尚处在初期的引入介绍阶段，针对澳政府优质教师计划的研究更少。现有国内外文献中，几乎没有研究选取"专业化"的视角来对澳教师专业发展政策进行分析，也鲜有研究能全面、系统地对澳教师专业发展政策的历史演变脉络、政策制定的背景、出台动因、政策运行特点、政策实施的影响与成效等作具体、深入的剖析。本研究将试图弥补现有研究在上述方面的不足。

四、核心概念界定

（一）"专业"与"专业化"（Profession and Professionalization）

1. 专业（Profession）

从词源上来看，专业（Profession）一词最早由拉丁语演化而来，最初的意思是公开地表达自己的观点或信仰，与之相对的是行业（Trade），蕴含着中世纪手工行会所保留的对其行业的专门知识和技能控制只能传授给本门派的人的神秘色彩。德语中，"专业"一词是 beruf，其含义是指具备学术、自由、文明的特征的社会职业。（教育部师范教育司，2003）[32]

我国《后汉书·献帝纪》初平四年诏："今者儒年逾六十，去离本土，营求粮资，不得专业。"此处"专业"的含义与现代所谓"专业"的意思已大相径庭。一般来说，现在的"专业"更多地指根据社会需要而分设的专门职业或学业门类。生产的社会化水平越高，社会分工就越细，相应的专业门类也越多。在某一生产领域内，分工的程度往往与专业划分密切相关。（苑茜 等，2000）[605-606]

较早系统对"专业"进行研究的社会学家卡尔·桑德斯（A. M. Care-Saunders）认为，"所谓专业，是指一群人在从事一种需要专门技术的职业。专业是一种需要特殊智力来培养和完成的职业，其目的在于提供专门性的服务。"（台湾师范教育学会，1992）日本学者石村善助认为，所谓专门职业，是指通过特殊的教育或训练掌握了已经证实的认识（科学的或高深的知识），具有一定的基础理论的特殊技能，从而按照来自非特定的大多数公民自发表达出来的每个委托者的具体要求，从事具体的服务工作，借以为全社会利益效力的职业。（日本筑波大学教育学研究会，1986）[441]

目前，为国际教育界所广泛使用的是利伯曼（Lieberman）关于"专业"的定义，利伯曼认为，"专业"应当满足如下条件：① 范围明确，垄断地从事社会不可缺少的工作；② 运用高度的理智性技术；③ 需要长期的专业教育；④ 从事者无论个人、集体均具有广泛的自律性（autonomy）；⑤ 专业的自律性范围内，直接负有作出判断、采取行动的责任；⑥ 非营利，以服务为动机；⑦ 形成了综合性的自治组织；⑧ 拥有应用方式具体化了的伦理纲领（Code of Ethics）。（日本筑波大学教育学研究会，1986）[442-443]

在综合以上各种关于"专业"的定义的基础上，笔者认为"专业"一词之于现在而言，即为专门性职业，指一群人经过特殊的教育或者培训后掌握了完善、成熟的专门知识与技能，从事一定的专门性职业，从而为社会效力。笔者较为认同关于专业必须具备的五大基本特征的看法，即专业：

① 具有不可或缺的社会功能；

② 具有完善的专业理论和成熟的专业技能；

③ 具有高度的专业自主权和权威的专业组织；

④ 具有不可替代性；

⑤ 专业人员需经过长期、严格的专业培养与发展。（连榕，2007）[3-4]

2. 专业化（Professionalization）

专业化（Professionalization）实际上是一个社会学的概念。教育社会学家霍伊尔（Hoyle E）认为，职业专业化（Occupational Professionalization）是指"一个职业（群体）经过一段时间后成功地满足某一专业性职业标准的过程"；"它涉及两个（一般是同时进行并可独立变化的）过程，就是作为地位改善的专业化和作为专业发展、专业知识提高及专业实践中技术改进的专业化"。（邓金，1989）[542] 由此可见，可以将专业化理解为一个职业群休逐渐符合专业标准、获得相应专业地位并使其职业成为专门职业的一个过程。

一个真正被大众认可为专业的职业群体一定承担着不可或缺的社会功能，而这个职业群体也必将花费时间用于掌握该专业特需的知识、技

能，并将由此而拥有一定的社会地位。霍伊尔曾提出专业化的过程中应该具有以下特点：（教育部师范教育司，2003）[45]

① 能清楚地定义专业功能何在；

② 掌握相关的理论知识；

③ 具有解决问题的能力；

④ 能够运用知识；

⑤ 为了维护自身职业前途而进行所谓超越专业的自我提高；

⑥ 在基本知识和技术方面接受正规教育；

⑦ 对能够胜任实践工作的人员授予证书或者其他称号；

⑧ 创建专业亚文化群；

⑨ 通过法律手段来强化专业的特权；

⑩ 公众承认该专业具有独特作用；

⑪ 处理道德问题的道德实践和程序；

⑫ 对于不符合标准的行为加以惩处；

⑬ 建立与其他职业间的关系；

⑭ 建立对用户的服务关系。

"教师专业化"更多的是从社会学角度加以考虑的，它强调教师群体的、外在的专业性提升。"教师专业化"是指"教师个人成为教学专业的成员，并且在教学中具有越来越成熟的作用这样一个转变过程。"（邓金，1989）[542]霍伊尔曾将"教师专业化"这个概念剖析为两个方面的内容：首先是关注教师作为一种职业成为专门职业并获得应有的专业地位的过程；二是关注教学行业的品质、职业内部的合作方式。（邓金，1989）[542]

笔者认为经由专业化的进程，教师这一职业群体通过专门的教育和培训从而收获教学工作所需的特殊知识、技能与理解力，进而逐渐使得教学行业成为一种专门性的职业并获得社会舆论的认可，取得应有的社会地位。基于此，笔者认为，教师群体的专业化进程涉及两个核心要素，即教师专业素质的提升和教师专业地位的提升，由此，本研究"专业化"视角解读部分将选取这两个因素来对澳政府优质教师计划进行深入探析。

（二）教师专业发展（Teacher Professional Development）

从广义上来说，专业发展涉及一个人的专业角色（Villegas-Reimers，

2003）[11]。在过去，教师专业发展经常被人们狭隘地理解为以研讨班、短期课程、会议等为主要形式的教师在职培训。而现在，一些国外政府还是倾向于用教师专业发展来指代新时期被注入新理念（如终身学习理念）的教师在职培训。近年来，尽管不同的学者给"教师专业发展"下了各种不同的定义，但人们基本认同的是，教师专业发展即教师的专业知识与能力及专业地位能获得提升的过程。

例如，葛拉提尼认为教师的专业发展就是"教师个体在以下方面所获得的专业提升：专业经验的增长及对其教学系统的审视"（Glatthorn，1995）。

又如，我国香港地区学者卢乃桂指出，教师专业发展是"教师不断成长、不断接受新知识、提高专业能力的过程。它包含教师在生涯过程中提升其工作的所有活动。在这一过程中，教师通过不断的学习、反思和探究来拓宽其专业内涵、提高专业水平，从而达到专业成熟的境界。教师专业发展强调教师的终身学习和终身成长，是职前培养、新任教师培养和在职培训，直至结束教职为止的整个过程。教师专业发展不仅包括教师个体生涯中知识、技能的获得与情感的发展，还涉及与学校、社会等更广阔情境的道德与政治因素"（卢乃桂　等，2006）[72]。

在澳大利亚的不同地区，人们常用"培训与发展"（Training and Development）、"在职教育"（In-service Education）、"专业学习"（Professional Learning）、"培训与专业发展"（Training and Professional Development）等词汇来替代"教师专业发展"（McRae et al.，2001）。澳大利亚联邦教育、培训与青少年事务部认为，教师专业发展就是教师入职后与其专业成长相关的教育、培训活动。（McRae et al.，2001）因此，与上文所述的定义不同，基于澳大利亚的背景，该国的教师专业发展可理解为教师在职阶段旨在促进其专业成长的教育活动（Ling et al.，2001）。

受到世界整体发展趋势的影响，也基于提升我国教师专业水平的迫切性，国内学者近年来也越来越关注教师专业发展。一些国内学者参考并引入了诸项国外研究并对其进行了　定的调整与综合，人们对教师专业发展的理解日益深入。部分国内学者认为，教师专业发展是指教师提升其专业水准，进而成为成熟的专业人员这一系统的过程。（朱旭东　等，2007）国内学者日益倾向于强调上述系统的过程应包括教师的职前教育和在职教育。然而，当谈到教师专业发展之时，人们更多地仍在探讨教师的在职培训而非职前培养。

需要特别指出的是，近年来，国内外学者在对"教师专业发展"进行理解之时，越来越强调突出其本质，即"自主内在性"，并认为，自主是教师发展的核心与本质，它保证教师持续、自觉地促进自我更新与专业成长，它是教师发展的内在主观动力。（姜勇 等，2009）[13] 传统的"教师继续教育"、"教师在职培训"等概念与"教师专业发展"的区别更多在于观念的不同，后者更为强调"终身学习"、"自主发展"等不同于以往的教师成长观。

基于以上分析，本研究所指的教师专业发展仅涉及中小学教师的在职教育阶段。它是指教师提升其专业水平，获得新知识，提升其专业地位的系统、持续的过程，它重视且强调在教师的专业成长过程中激发其主体意识与主观能动性。

（三）政策（Policy）

从词源上来看，在英文中，最初没有政策（Policy）这个词，只有政治（Politic）。伴随着近代资本主义国家和政党的出现，才从"Politic"逐渐演变出"Policy"。

国内外学者对何谓"政策"持有不同的见解。政策科学的倡导者和创立者——哈罗德·拉斯韦尔（H. D. Lasswell）和亚伯拉罕·卡普兰（A. Kaplan）认为，政策是"一种含有目标、价值与策略的大型规划"。（Lasswell et al.，1970）卡尔·弗里德里希（Carl J. Friedrich）认为，政策是"在某一特定的环境下，个人、团体或政府有计划的活动过程，提出政策的用意就是利用时机、克服障碍，以实现某个既定的目标，或达到某一既定的目的"（Friedrich，1963）。由此可见，许多西方学者对于政策的定义更为强调的是，它是一种计划或规划，并突出了政策的过程性、目标性与方向。

国内学者陈振明认为政策是"国家机关、政党及其他政治团体在特定时期为实现或服务于一定社会政治、经济、文化目标所采取的政治行为或规定的行为准则，它是一系列谋略、法令、措施、办法、条例等的总称"。（陈振明，2003）[43] 孙光认为，"政策是国家和政党为了实现一定的总目标而确定的行动准则，它表现为对人们的利益进行分配和调节的政治措施和复杂过程"。（孙光，1988）由此可以看出，国内学者对于政策的理解更重视政党的地位，且强调政策是一种行动准则。

而笔者较为认同的有关"政策"的概念是由克鲁斯克（Kruschke）和杰克逊（Jackson）提出的，他们认为，政策是"政治制度的产品，其主要形式是规则、规章法律、命令、法律案例裁定、行政决定等，是一系列持续和重复的行为模式，是一种动态过程"。（Kruschke，1987）

基于这一定义，笔者认为，本研究所指的"教师专业发展政策"是指澳大利亚政府为了提升本国教师的专业知识、能力及提升其专业地位而制定、推行的面向全国中小学教师的专业学习计划及其他举措，包括与之相关的理念与规划、法令法规条例、内容构成、实施办法等。

（四）澳大利亚政府优质教师计划（Australian Government Quality Teacher Program）

Australian Government Quality Teacher Program，英文缩写为 AGQTP，本研究将其翻译为澳大利亚政府优质教师计划，简称为澳政府优质教师计划。

为数有限的国内研究对于该计划的译法存在着差异，有将其翻译为"澳大利亚政府高质量教师计划"（杨天平 等，2009）的，也有研究将其译为"澳大利亚政府优秀教师计划"（俞婷婕 等，2007），还有将其翻译为"澳大利亚政府高品质教师计划"（台湾教育部，2010）的。"Quality"一词在作形容词解时，有"优质的"、"高质量"的意思。综合现有研究对于 AGQTP 的译法，考虑到中文语法习惯与翻译的流畅性，本研究将 AGQTP 翻译为澳大利亚政府优质教师计划。

该计划出台、实施至今，几经名称的变更。计划刚出台之时的全称为优质教师计划（Quality Teacher Program），2003 年开始计划名称改为联邦优质教师计划（Commonwealth Quality Teacher Program），2004 年计划名称又被调整为澳大利亚政府优质教师计划（Australian Government Quality Teacher Program），这个名称一直沿用至今。

澳大利亚联邦教育、科学与培训部于 1999 年出资创建了"面向 21 世纪的教师——开创不一样的未来"（Teachers for the 21st Century：Making the Difference）计划，计划四大组成部分有：通过开展有针对性的专业发展活动及提升专业标准来提升教学的质量；拓展学校领导的能力；支持高质量的学校管理；优质的学校、学校领导及教师的认证。

作为该计划下设的子计划，优质教师计划（Quality Teacher Programme，缩写为 QTP）于 1999 年被联邦教育部制定推出并于 2000 年正式启动。该计划的主要目的有三：① 帮助教师获取 21 世纪教学所需的技能与知识；② 领导并规划全国教师专业学习的优先发展事宜；③ 提升学校教师与领导的专业地位。（Department of Education，Science and Training，2006）[2] 依据计划操作指南的更新及计划的变化情况，联邦教育部将计划的实施划分为以下几个时间段：2000—2003 年间的阶段；2003—2004 年间的阶段；2004—2005 年间的阶段；2005—2009 年间的阶段及 2010—2013 年间的阶段。（Department of Education，Science and Training，2005）[2-3]

在 2004—2005 年的阶段之前，澳政府优质教师计划的两大组成部分为：州一级的专业发展举措，全国性的战略举措。在 2004—2005 年期间，计划新增了一项组成部分，即澳大利亚教学与学校领导学会（AITSL）所开展的活动。

本研究提及的澳政府优质教师计划是指从 1999 年出台的优质教师计划（QTP）到至今仍在实施的澳大利亚政府优质教师计划（AGQTP）；其内容构成则包括州一级的专业学习项目、全国性的战略举措、澳教学与学校领导学会开展的活动。

五、研究的思路与方法

（一）研究的基本思路

本研究的基本思路是将分析的重点聚焦到澳政府优质教师计划这项政策上，选取“专业化”这个分析视角，来对其进行研究。

之所以将研究的重点聚焦到澳政府优质教师计划这项政策，首先是因为该计划是澳大利亚联邦政府所推出的实施时间最久、投入经费最多的教师专业发展政策，计划本身的影响力也是澳大利亚其他教师专业发展举措所无法相比的。从 1999 年出台并于 2000 年正式施行至今，该计划的实施已经历时 10 年，但其依然仍是澳政府最为重要的教师专业发展政策（Department of Education，Science and Training，2007）。除了因为该计划本身所具有的典型性和特殊地位之外，本研究将澳政府优质教师计划作为研究的重点对象，也是因为基于研究本身开展的需要。若将澳大利亚政府现今所推行的所有教师专业发展政策通通列为研究对象，虽然全面但易产生泛泛而谈之嫌，不利于合理的诠释与深入的探究。选取一项具有典型性和重要地位的政策进行重点剖析与解读，将有助于采纳视角以更为清晰地去了解当今澳大利亚的教师专业发展政策，并有助于探索、发现与之相关的诸多疑问，也有助于研究者将问题研究得更为具体与透彻。由此，出于对以上两点原因的考虑，本研究特别将分析的重点聚焦到澳政府优质教师计划这项澳大利亚最为重要的教师专业发展政策上。

选取"专业化"的视角来对该项政策进行解读，是本研究的重点所在。如前文所述，"教师专业发展"的内涵直至教师知识、能力的提升与专业地位的提升，澳政府优质教师计划最为主要的目的也就是改进该国中小学教师的知识与技能及提升教师的专业地位（见图 0-2）。因此，本研究选取教师专业地位和教师素质这两个重要因素，来深入探究与之相关的催生澳政府优质教师计划的动因是什么，在提升教师的专业地位与改进教师的素质这两点上，计划的预设目标与实际影响是存在着偏差还是实现了统一，导致这种结果的内在原因是什么。

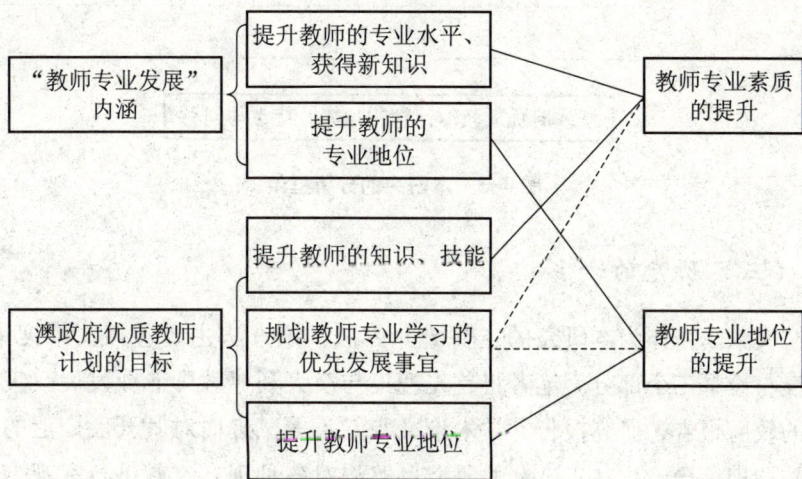

图 0-2 本研究"专业化视角的解读"部分两个分析要素的来源

（二）研究的分析框架

本研究的分析框架如图0-3所示。

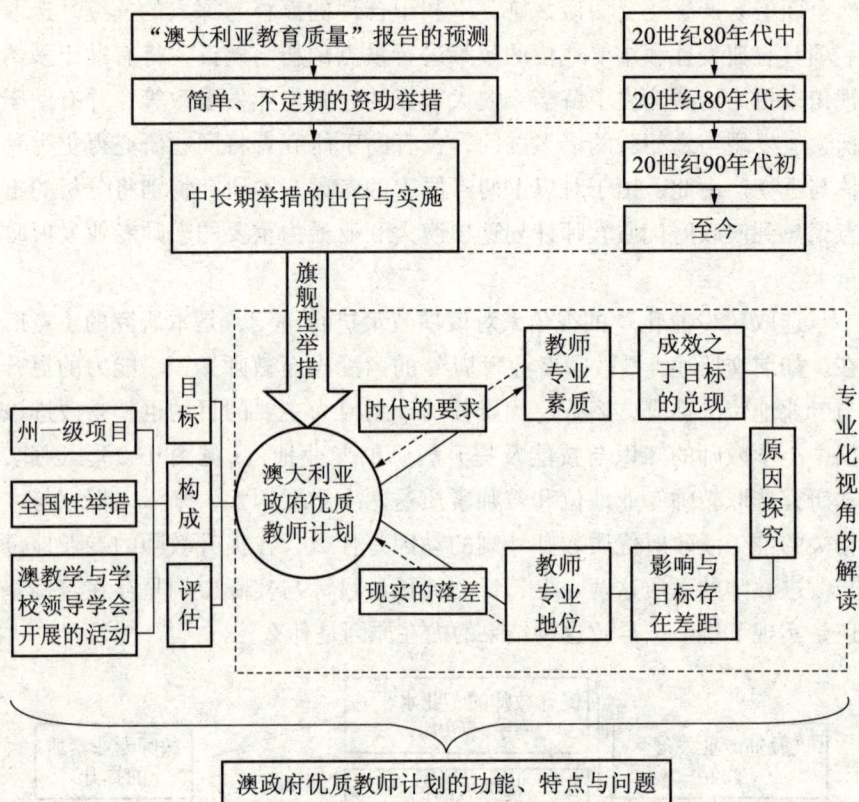

图0-3 本研究的分析框架

（三）研究的方法

文献法：作为本研究的主要研究方法，该方法主要包括文献搜集、阅读与诠释三个部分。笔者将首先搜集与澳大利亚教师专业发展政策有关的政府报告、研究报告、学术论文与专著等，进而对其开展广泛的阅读与梳理，最后，基于已有的研究思路将对各种现有文献进行客观、准确的引证与分析。

历史法：除文献法之外，本研究还将采取历史法这一人文社会学研究的重要研究方法。即对澳大利亚联邦政府所推行的面向全国中小学教师的专业发展政策进行历史脉络上的梳理，从而归纳总结出不同历史阶段的不同特点，进而厘清澳教师专业发展政策的历史演变脉络。

六、研究的创新与不足

（一）研究的创新之处

研究梳理了澳联邦政府推行的教师专业发展政策的历史演变脉络，还对该国该领域的"旗舰"政策——澳政府优质教师计划做了深入解读。如此全面、系统的分析丰富了关于澳大利亚教师教育政策的研究，弥补了现有国内研究的不足。

目前几乎没有研究基于"专业化"的视角对澳教师专业发展政策进行探究。本研究选取"专业化"的视角来剖析澳教师专业发展的旗舰型政策，这不仅拓宽了同类比较教育研究的分析视野，也为后续研究提供了可供参考的分析框架。

本研究对教师教育的相关理论进行了梳理与提炼，以教师的专业素质、专业地位为核心分析要素来深入解读了澳政府优质教师计划的预设目标与实际影响间的关系、造成这种结果的内在原因等问题并由此总结得出了该计划所具有的功能、特色与问题，如此的分析架构与内容正是已有研究所匮乏和需要的。

（二）研究的不足之处

澳政府优质教师计划实施至今只有10年的时间，计划的某些影响与效果、特色与问题可能还未彻底、充分地显示出来，本研究仅依照其几年的实施来就计划的影响与效果、特色与问题等作深层的探究与判断，可能涉及结论是否准确这一问题。

研究的另一项不足之处在于，未能选取澳政府优质教师计划下设的某一项具体举措或项目的实施案例来作进一步的分析。计划在各个不同时间段都下设众多举措与项目，其实施时间基本为一年多至几年，这些举措与项目又涉及诸多不同的活动与实践。为从整体角度来把握计划10年以来的总体开展情况，研究没能就实施时间仅为一年或几年的个案作具体探究。而如果能够作具体的个案分析无疑将使研究本身更具说服力，内容更为全面、充实。

第一章

澳大利亚教师专业发展政策的
历史演进脉络

笔者之所以将研究的目光投向澳大利亚，主要是因为：正如前文所述，在教师教育和教师专业发展问题上，该国是一个比较特殊的国家。澳大利亚联邦成立至今不过百余年的历史，而在 20 世纪 70 年代之前，该国中小学教师的主要培养机构是独立设置的三年制的师范院校（Teachers' College），这使得绝大多数的教师只拥有大专文凭，然而经由澳大利亚联邦教育、培训与青少年事务部（Department of Education, Training and Youth Affairs）调查：在 20 世纪 70 年代末至 90 年代末的 20 年间，澳大利亚全国中小学教师的整体学历水平获得很大的提升（Australian College of Education，2001），如表 1-1 所示。

表 1-1　澳大利亚 1—12 年级教师学历及文凭变化情况

(Committee for the Review of Teaching and Teacher Education，2003)

最高学历	1979 年（百分比）	1999 年（百分比）
高学历（博士或硕士）	2	8
研究生文凭或证书	21	21
学士学位	19	44
师专文凭或证书	32	21

续表

最高学历	1979 年（百分比）	1999 年（百分比）
肄业证书（非师范院校）	6	4
其他	5	1
无学历	16	0

除此之外，澳联邦教育部于 1999 年针对全国各地的中小学教师进行抽样调查，结果显示：只接受过在职培训和同时接受职前培养与职后培训的中小学教师人数及其所占比例在各个学科领域中都相对较高，如表1-2 所示。

表1-2 澳大利亚中小学教师在职接受教育状况（1997—1998 年）

（Australian College of Education，2001）

优先领域	作 答								总计
	只接受过职前培养		只接受过在职培训		同时接受职前职后培训		无作答		
	人数	比率	人数	比率	人数	比率	人数	比率	
文学	732	7.3	3 388	33.8	1 875	18.7	4 024	40.2	100.0
算术	848	8.5	2 106	21.0	1 493	14.9	5 572	55.6	100.0
英语作为第二语言教学	602	6.0	1 197	11.9	345	3.4	7 875	78.6	100.0
土著和托雷斯海峡教育	500	5.0	1 206	12.0	256	2.6	8 057	80.4	100.0
本土研究	372	3.7	808	8.1	194	1.9	8 645	86.3	100.0
信息技术	462	4.6	3 189	31.8	718	7.2	5 650	56.4	100.0

笔者认为，澳中小学教师的整体学历水平之所以获较大提升，且接受过在职培训的各科目教师人数之所以较多，究其原因，政府为在职教师所制定、推行的教师专业发展政策绝对功不可没。

第一节 澳教师专业发展政策产生前
教师教育的发展脉络

若要深入考察澳大利亚联邦政府于 20 世纪 80 年代开始推行的教师专业发展举措，就需先简要梳理并追溯该国教师教育系统的发展历史。该国的师资培训始于殖民地时期，从 19 世纪 50 年代至今已有 150 余年的历史，这期间可谓"变革少而周期长"（谷贤林，2001）[100]。笔者认为澳大利亚教师教育的历史发展脉络可以按时间划分为：20 世纪中期前、20 世纪六七十年代至 80 年代、20 世纪 80 年代至今三个主要阶段。

一、20 世纪中期之前：师范院校开展简单职业技术培训

纵观澳大利亚教师教育的发展史，该国最早的师资培训始于 19 世纪 50 年代初，其开展的方式即模仿英国的"模范学校"（Model School）与"导生制"（Monitorial or Apprenticeship Scheme）（Chadbourne，1997）。在接下来的 40 年间，以上两种形式相结合的师资培训方式在澳东部人口最多的三大殖民地（新南威尔士、维多利亚、昆士兰）一直并存。（Aspland，2006）[144]

1901 年，澳大利亚联邦政府成立①。该国分权制的教育行政管理体制赋予联邦政府和州一级政府以不同的职责和权限，两级政府在教师教育系统的管理方面扮演着各自不同的角色。就教师教育的管理体制而论，联邦政府主要负责制定统一的教师专业标准和评估体系，州一级政府则根据自身的情况制定适合本地区的教师教育管理措施和方法，负责师资

---

① 1770 年，英国的詹姆斯·库克（James Cook）船长带领船队登陆澳洲东海岸并于此后宣布：该被命名为"新南威尔士"（New South Wales）的地区为"大英帝国"所有。此后，英国殖民者开始陆续涌入，澳大利亚这片土地上先后建立起 6 个由殖民政府统治的区域，这些区域各自为政、相互独立。在 20 世纪之前，澳洲并不存在一个统一的中央一级的政府对这些殖民区域进行统辖。直至 1901 年，澳大利亚联邦政府（Australian Commonwealth Government）成立，之前"各自为政"的殖民地区分别成为了 6 个州（新南威尔士州、维多利亚州、昆士兰州、西澳大利亚州、南澳大利亚州、塔斯马尼亚州）和 2 个地区（北部地区、澳大利亚首都地区），澳大利亚的"州"和"地区"的行政区域级别相当于我国的"省"。

培养的高校教育院系对师范生的课程设置等承担主要的责任，而全国各教师教育机构和组织对师资管理也发挥着一定的影响与作用。（肖甦，2010）[245]

直到 20 世纪初，澳大利亚联邦一些州的教育部陆续开始设置师范院校（Teachers' College），该机构成立初始为准中小学教师颁发两年制的文凭，自此，澳大利亚的师范教育体系逐步形成。（肖甦，2010）[236]

由于各州和地区的教育部直接负责管理本地区的教师教育相关事宜，这致使澳大利亚不同州和地区的师范院校的教师培训课程完全相互独立，而课程的设置则主要取决于该州或地区公立教育系统的实际需求。一般而言，课程设置最为强调的重点在于引导教师帮助孩子达到基本的学业标准。尽管在 20 世纪三四十年代，课程已经逐渐开始引入更多关于教学理论、心理学及教学方法的内容，（Turney，1964）澳大利亚各州和地区师范院校的课程大致上还是带有保守的特点。

"二战"结束后，澳大利亚全国师资培养的职责仍主要由各州和地区的教育部来承担，联邦政府并不参与相关运作。在这一时期，培养教师的时间大约为 1 年或 2 年，课程所涉及的知识面较为狭窄，主要集中在教学法、学科知识、实践体验及部分教育心理学知识与常识内容等。（肖甦，2010）[236-237]

二、20 世纪六七十年代至 80 年代：高等教育学院实施专业的职前教育

20 世纪 70 年代，师范院校最为常见的为期两年可获得的文凭被延长为三年，延长的课时主要为在公立中小学校的教学实习，其目的在于使学生们在正式步入教学行业之前重复模仿一些优秀的教学实践活动。师范院校当时的课程除了传统的以教学方法和心理学为基础的科目以外，还涉及了一些学科选修课，如社会学等。然而，一如师范院校重实践而轻学术的传统，这些机构仍没能采纳更趋于学术的形式来开展职前教师教育，也几乎没有调整自身的课程设置以向高校靠拢。（Aspland，2006）[147]

20 世纪六七十年代之际，澳大利亚的教师教育体制发生的巨大变革莫过于高等教育学院（Higher Education Institution）的诞生。最初出现的

三所高等教育学院分别坐落于新南威尔士州的巴瑟斯特岛、堪培拉及塔斯马尼亚州的霍巴特。所谓高等教育学院，实为接受联邦政府资助的自治性质的院校，它保持着传统的大学形式，主要提供各种应用操作知识、技能，以及行业所需的培训，而负责教师培养的教育学院（College of Education）则是其组成部分之一。（肖甦，2010）[237] 该机构的出现，标志着澳大利亚的职前教师教育由先前简单的职业培训向专业的职业教育过渡。

正如前文所述，在高等教育学院产生之前，澳大利亚中小学教师的培养任务主要是由师范院校来担负的，20 世纪 70 年代初，原本由各州和地区的教育部建立与管制的这些师范院校纷纷开始实行自治，联邦政府逐渐开始介入相关领域并为师范院校提供一定的资助。从 1972 年开始，澳大利亚的州级政府陆续将师范院校并入高等教育学院中，并由独立于州政府的相关委员会或理事会对高等教育学院进行管理。可以说，跨越整个 70 年代，澳大利亚几乎所有的学前和小学教师及绝大多数的中学教师都是由高等教育学院来进行培养的。教师职前培养的年限被延长至 3—4 年，课程的范围较先前有所拓宽，课程设置标准也有所提升。与此同时，普通大学也承担了培养师资的任务，主要为准中学教师提供为期一年的教育学位课程。（牛道生，2004）[246] 联邦政府自此开始逐渐对师范教育加大关注与投入，这也使得澳大利亚的教师教育日趋走向成熟与专业化。

值得一提的是，在这个时期，尽管开展职前教育的机构逐渐由师范院校转变为高等教育学院，所开展的职前培养的确也由简单的方式向日趋专业化的方向转变，然而师资培养的方式却依然着眼于培训的论调及教学技能的习得。因此，以研究为基础的实践，或者是深层次内涵型知识与教学知识之间需要平衡的观点也就未得到认可。

在这一阶段，澳大利亚人几乎不认可教学是一种专门的职业。（Aspland，2006）[149] 但不得不注意的是，部分州政府自 20 世纪 70 年代以来就通过一系列努力来规范教学行业及教师专业资格标准，从而提升教师的职业地位。比如，昆士兰州政府资助创办了澳大利亚第一所跨系统的教师注册与认证的权威机构——教师注册理事会（BTR），该机构主要致力于提升教师教育的质量及教学行业的地位，主要负责监控该州新教师的入职并检查教师的注册事宜。澳大利亚其他的一些州和地区花费了很长时间（部分州甚至耗费长达 30 年的时间）去学习昆士兰州的这一做法。

三、20 世纪 80 年代至今：职前教师培养成为大学教育的分支

事实上，早在 1914 年的时候，澳大利亚的一些高校就已承诺将承担教师的职前培养工作，当时甚至有人提议将师范院校吸纳到大学中去。（Hyams，1979）然而，这一举措直到半个多世纪后的 80 年代才得以正式付诸实践。该举措之所以历经多年才真正得以落实，主要是因为大学所秉持的重理论的价值观与师范院校对教学实践的集中关注，这两种理念之间一直存在很多的冲突与纷争。

自 20 世纪 80 年代开始，许多普通高校纷纷引入了教育的文凭，相关专业的毕业生已进入中学并成为某些科目的任课教师。部分高校开始探讨一个问题，即如何让教师习得各学科深层次的内涵型知识，从而提升中学的教学质量。在该阶段，高校所培养的主要是中学教师，高校的固有观念是中学教师比起小学教师而言拥有更高的社会地位，小学教师的入职标准低而且师资水平差。

如前文所述，自 20 世纪 70 年代以来，部分州政府逐渐将师范学院并入高等教育学院，而自 80 年代初以来，更是掀起了兼并师范学院的高潮，越来越多的州和地区政府将师范学院并入由联邦政府资助的较大的高等教育学院或者是普通大学，成立教育系。职前教师教育的毕业制度也由师范学院的 3 年制文凭改为 4 年制的大学学士学位制。（牛道生，2004）[749] 联邦政府鼓励普通大学积极参与并开展职前教师培养，增设专门的教育类专业。这一变化直接导致了师范学院的消亡，也导致了高校教育院系所设教师教育课程的重新调整。

以昆士兰州为例，从立法的角度来说，布里斯班高等教育学院（由几所师范学院合并而来）在法律上或与昆士兰理工学院合并，从而成立昆士兰理工大学，或成为格里菲斯大学内部的一个教育系。教育系则必须设置新的教师教育课程以符合四大关键性标准：高校认证过程的严谨度，教师注册权威机构的规则，身处威胁中的教学行业所面

临的新需求，以及在教师教育中引入越来越多的研究所带来的成果。（Aspland，2006）[150] 以上这些因素的融合作用呼唤着创新型的教师教育课程，这些课程应该摒弃过去的技术官僚及技艺型导向，并更加注重在中小学进行有效专业实习所需的深层次科目知识与教师知识之间的合并。

1988 年，澳大利亚全国高等教育统一体系建立，所有的教师教育课程都由高等院校来举办，开展职前教师培养已经成为大学教育系（学院）的独有责任，三年制的文凭证书已经被四年制的学士学位证书取而代之，职前教师培养成为大学教育的一个分支。

通过联邦政府和州政府的努力及师范学院兼并改革的实施，20 世纪 80 年代以后，澳大利亚的中小学教师队伍已基本饱和，教师队伍的整体素质也获得了较大提升。80 年代初澳中小学的师生比如表 1-3 所示。

表 1-3　20 世纪 80 年代初澳大利亚中小学师生比（以 1981 年、1983 年为例）

（牛道生，2004）[248]

年　份	在职小学教师（单位：人）	小学师生比	在职中学教师（单位：人）	中学师生比	中小学师生比（总比率）
1981 年	92 000	1：20.3	8 600	1：12.9	1：16.8
1983 年	88 000	1：20.5	92 000	1：13.1	1：16.7

由表 1-3 可知，1981 年、1983 年的中小学生师生比分别为 1：16.8、1：16.7，这比 1970 年的 1：23.2 有了显著的提高。

20 世纪 80 年代期间，澳大利亚经历了经济领域的重大变化，政府推动了一场公共部门的改革，这种变化与改革对于教育领域而言有着深远的影响。（Aspland，2006）[151] 经济理性主义对于澳大利亚所产生的影响日趋重要，包括健康、教育、商业等领域在内的政府干预论正在形成并发挥作用，政府的改革直接引起了教育领域的变化。（Dawkins，1987；Dawkins，1988）当时执政的工党政府在全国范围内掀起了一场整体性的经济改革，而这种整体性经济改革的完成必须依靠微观经济改革来实现。（Knight et al.，1994）[457] 工党政府认为，教育是微观经济改革的重心（Marginson，1993），并发表了一系列直指教师专业准备的报告（Finn，1991；Mayer，1992），要求拓展学生将来从事普通及特殊工作所需的全部技能。1985 年，教育质量审查委员会（Quality of Education Review Committee）出台了一份报告，报告预测：政府会对教师教育事业进行更多的参与，职前教师培养无疑有空间得以改进，但是未来的五年到十年间，教师在职教育的发展将会获得优先权。（Quality of Education Review Committee，1985）[458]

至此，澳大利亚的教师教育体系由单一的职前教师培养向融合职前、入职和职后的专业发展转型，这已成为一种不可阻挡的趋势。

第二节　澳教师专业发展政策的酝酿：经济理性主义与社会改革的作用

20 世纪 80 年代初，工党政府①对澳大利亚全国中小学校的发展状况进行了一系列的审查，受到经济理性主义的影响，政府始终将教育置于经济改革过程中的关键地位。政府认为，为了避免澳大利亚公共部门改革及整体性经济改革所带来的过多的社会波动与不稳定因素，就必须先重点了解与审查全国各地区教育的发展情况。（Aspland，2006）[153]　其中，教师的素质问题及其职业地位问题等显然引起了政府和社会各界的强烈关注。

在此次改革的影响下，政府和相关教育机构相继推出了一系列要求提升师资水平的报告，比如联邦第三级教育委员会的 1984 年、1986 年报告，就业、教育与培训部的 1988 年报告等，其中 1985 年澳大利亚教育质量审查委员会的报告——《澳大利亚教育质量》还预测教师的在职教育将在未来的五年到十年内获得优先发展权，（Quality of Education Review Committee，1985）该报告在教师专业发展举措的酝酿出台中起到了前瞻性的预测作用。

一、理论思潮：经济理性主义的绝对影响

20 世纪 80 年代，澳大利亚的经济与社会改革几乎与英美等国家同步，而新自由主义对这场改革产生了非常重要的影响，澳大利亚人则更

———————

①　工党政府（Labor Governments）为澳大利亚 20 世纪 80 年代初至 20 世纪 90 年代中期的执政政府。

喜欢用"经济理性主义"（Economic Rationalism）的说法来取代"新自由主义"（Neoliberalism）的话语。在当时，"澳洲的新自由主义最初由执政的工党政府引入"（杰夫·惠迪 等，2003）[10]，经济理性主义对该国政治、经济及教育等诸多领域产生了非常重要的影响。

新自由主义作为一种经济学理论与思潮产生于 20 世纪二三十年代的英国，它是相对于古典经济主义而言的。古典自由主义由亚当·斯密（Adam Smith）等人在 18 世纪创立，新自由主义则依据新的历史条件对古典自由主义加以改造，它更为强调的是市场化、自由化和私有化。

新自由主义的经济理论在两个重要方面与古典自由主义完全一致：私有制原则与高度评价"看不见的手"的作用，它只是将凯恩斯的国家干预主义作为对抗目标，强调自由主义的作用，其主旨在于放松市场。（余洁鸥，2010）[251]20 世纪七八十年代，新自由主义思潮对"凯恩斯革命的反革命"使其理论发展处于兴盛的阶段。

1983 年，鲍勃·霍克（Bob Hawke）任澳大利亚总理，当时的工党领导层认为，该党之前的惠特拉姆（Whitlam）① 政府之所以会垮台，归根结底在于政府试图做得"太多、太快"，从而导致了一系列的经济问题。（阿什利·拉韦勒，2006）[28]惠特拉姆政策的核心部分是庞大的，包括卫生、教育、城市发展在内的联邦政府公共开支，政府的管理超出负荷使其陷入窘境，负担过多还导致资源的增长不够所需。（阿什利·拉韦勒，2006）[29]而霍克上台当即便面临全国经济恶化的状况，政府如何做到开源节流成为一项不容回避的议题，严峻的现实直接促使霍克政府与惠特拉姆政府采取完全不同的执政理念。由此可见，国内的经济状况是工党采纳经济理性主义的直接原因。

霍克于 1983 年就任后就深受经济理性主义的影响，"尽管其在理论上强调兼顾公平与效率，但在实践上相对重视效率问题"（钟连发，2005）。依据经济理性主义，霍克政府制定了许多政策，如"削减关税、澳元汇率的浮动、主要政府设施的私有化、财政紧缩、国外投资制度的自由化和对获得福利的严格控制"等。（贺武华，2010）

---

① 爱德华·高夫·惠特拉姆（Edward Gough Whitlam），澳大利亚工党政治家，第 21 任澳大利亚总理，其任总理的时间为 1972—1975 年。

二、社会背景：全国公共部门改革的有力推动

以霍克为首的工党政府在 1983 年大选获胜后，连续执政三届，维持了长达 7 年的政权。在上任后，工党政府即展开了一场大刀阔斧的公共部门改革。

（一）改革的国内背景：极端恶化的经济状况

极端恶化的经济状况最初是霍克政府获取选举胜利的直接原因，当然也是其掀起整体性经济改革及全国公共部门改革的根本原因。

在霍克政府上台前，由弗雷泽（Fraser）[1] 领导的自由党、国家党联盟长期以来奉行的是保护主义，这使得澳大利亚的经济对初级产品具有高度的依赖性，也使该国的产业逐渐丧失国际竞争力。（曹海科，1990）进入 20 世纪 80 年代初期，通货膨胀、失业率激增、出口萧条、高利率及国际收支恶化等因素促使澳大利亚的经济走向更为恶劣的境况。

以霍克为领导的工党政府临危受命，他们要面临的不只是如此低迷的国内经济大环境，还要面对公共部门结构膨胀、开支增加及压力增大等一系列问题。单独解决其中的任何一个问题可能都很不易，工党政府要基于经济恶化的大前提来提升公共部门的社会服务质量与效率，更是难上加难。但对于霍克政府来说，掀起一场全国性的公共管理改革已经势在必行。

（二）改革的国际背景：英美等国的"新公共管理"改革

20 世纪 70 年代末 80 年代初，一场声势浩大的行政改革浪潮由英美等西方发达国家掀起，并在全球范围内蔓延开来。在西方，这场改革运动被视为"重塑政府"、"再造公共部门"的"新公共管理"（New Public Management）改革。（潘顺恩，2005）[60] 各国在改革的发展过程中及改革的各发展阶段都必然存在一定的差异，但这些国家的政府大多都热衷于推行如下举措：

---

[1] 约翰·马尔科姆·弗雷泽（John Malcolm Fraser），澳大利亚自由党与国家党联盟的政治家，第 22 任澳大利亚总理，其任总理的时间为 1975—1983 年。

① 减少政府职能，尽可能地将现有公共服务部分"私有化"，或者改为由市场指导的私营机构来提供；

② 将原先由政府监督的一些公用事业"非管制化"，开放市场；

③ 对于那些仍需政府提供的服务和产品，也通过"准市场机制"，如"使用者付费"等原则，依次调整供求关系，从而实现资源的有效配置。（潘顺恩，2005）[60]

20世纪80年代，时任英国首相的玛格丽特·撒切尔（Margaret Thatcher）和时任美国总统的罗纳德·里根（Ronald Reagan）由于都提倡新自由主义而使其意识形态达成共鸣。澳大利亚作为英联邦成员国，加之历史上又曾是英国殖民地，其政府所推行的各项政策向来受到英国的影响。而澳大利亚联邦成立后，政府所推行的政策又日益受到美国的影响。

此时，奉行经济理性主义的澳大利亚霍克政府所开展的经济及社会改革几乎与英美国家同步，更有国外学者曾评论：霍克政府所推行的改革思路与撒切尔的保守主义或里根的共和主义有着诸多的共同之处。（杰夫·惠迪 等，2003）[10]

（三）改革的主要内容：系统、全面与激进并存

由于国内经济大萧条的问题十分紧迫，霍克政府重点关注的是推动经济可持续增长的结构性改革，并将此作为其全面推行社会民主的先决条件。基于此，霍克政府描绘了一幅联邦政府关于机构改革的蓝图，其目标在于实现更高的效率及更为紧密的政治掌控。为了达成这一目标，政府利用分权化、私有化、市场化等途径，从而实施了一系列的举措和一场社会民主改革。（Knight et al.，1994）[457] 事实上，早在20世纪70年代末80年代初，澳大利亚政府就曾组织专家进行评估，并提交了《国家功能评估报告》和《国家行政评估报告》。霍克政府于1983年上台后在政府白皮书中提出了有关公共服务的改革议程，并于1984年通过了《公共服务改革法案》，此后，工党政府对公共部门和公共服务进行了大刀阔斧的改革。本次改革几乎涉及所有公共部门及公共部门的组织、过程、角色和文化等方面；改革的具体措施包括结构变革、分权化、商业化、公司化、私有化等。（高小平 等，2005）工党政府所开展的公共部门改革所涉及的三项主要内容为：财政改革、优化政府职能、公务员制度改

革，具体如图 1-1 所示。

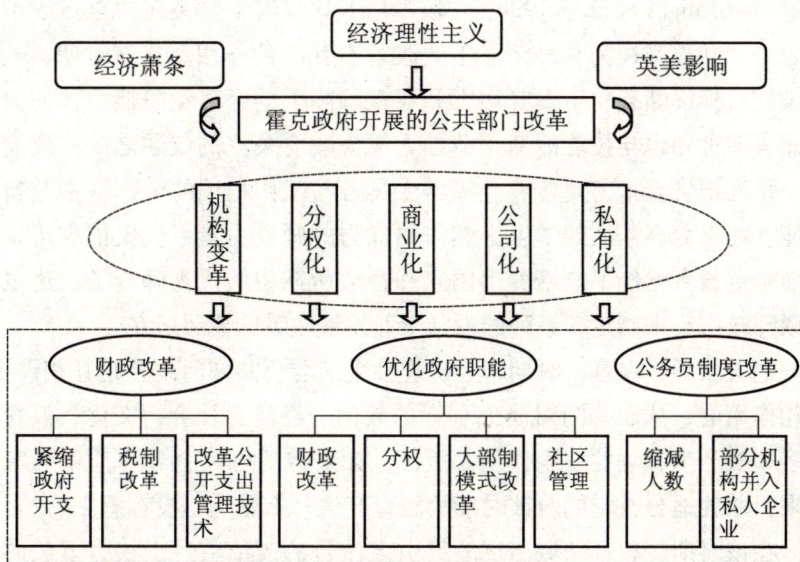

图 1-1　霍克政府开展的公共部门改革

　　从图 1-1 可知，霍克政府开展的公共部门改革主要涉及：财政改革，即紧缩政府开支，进行税制改革，借鉴英美等国的经验改革公共支出的管理技术；优化政府职能，即将澳大利亚为数不多的国有企业私有化，重新划分联邦和州政府的权限并提倡分权，建立所谓的大部制，也就是说把联邦政府的部委合并，将其数量从 28 个减少到 18 个（潘顺恩，2005）[62]，提倡提供社区服务；公务员制度改革，即缩减公务员人数，将原来某些政府部门并入私人企业实行商业化管理，减少政府的经费支出。

　　综上所述，澳大利亚的改革重视通过政府的财政政策来抑制国内需求并减少通货膨胀，同时大规模地精简政府机构、缩减公务员人数并致力于提供优化的社会服务。在 20 世纪 80 年代，澳大利亚、新西兰和英国的公共部门改革被视为最系统、全面和激进的。

三、"思潮"与"改革"之合力：政治价值"席卷"教育领域

　　联邦政府认为，身处经济困难时期，澳大利亚应该努力成为"更睿

智"、"更有能力"的国家,而不是如以往那样仅仅只安于成为"幸运的国家"。(Knight et al.,1994)[457] 教育是工党政府十分关注的重点改革领域之一,并被其视为与经济、工业改革有互补的作用。在该时期,教育政策的目标逐渐趋向于提升澳大利亚在国际上的经济竞争能力,如何培养兼具多种知识与技能的新型劳动力成为政府关注的议题之一。政府出台一系列报告直指需要培养全体学生具备与工作相关的全部基本及特殊技能。而培养高素质的学生必然需要优秀的师资力量,仅仅依靠传统的职前师范教育已经不能培养出国家和社会所期望的优秀师资了。这也成为联邦政府后来制定一系列的教师专业发展政策的原因所在。

笔者认为,在这一时期,经济理性主义与公共部门改革是互相渗透、互相作用的,从而共同对澳大利亚的政治、经济、社会、文化、教育等诸多领域产生影响并发生作用。因此,如果将"思潮"和"改革"割裂开来,单独地分析它们对该时期的教育产生什么影响是没有意义的。

在该时期,教育领域出现的最引人注目的改革莫过于权力下放的实践,这种权力下放的理念与政治领域"分权"的价值观念如出一辙。此外,许多州政府跟随联邦政府的教育政策制定步伐并秉承联邦政府的政策制定理念也值得关注。最后,回到本研究的关注重点,20 世纪 80 年代,在经济理性主义和国内改革的背景下,联邦政府对与"教师"及"教师教育"等相关问题的意识与观念和之前相比发生了较大变化。

(一) 教育领域的分权与权力下放实践

在经济理性主义的影响下,政府掀起的公共部门改革引起了教育领域的极大变化。霍克政府上台后,由苏珊·瑞安(Susan Ryan)在 1983—1987 年间任联邦教育与青少年事务部(Department of Education and Youth Affairs)部长,在她任职期间所强调的全国教育发展重点基本基于工党社会民主改革的议程,而非直接基于经济改革的相关问题。联邦政府此时试图通过席卷性的政治价值变革来影响包括教育在内的公共部门。(贺武华,2010)[232]

政府公共部门改革所提倡的分权、私有化、市场化、效率等理念与话语彻底被渗透到教育领域中去了。20 世纪 80 年代,教育领域最引人注目的现象莫过于权力下放实践,它主要是指各州和地区的教育权力被下放至地方政府和基层学校。

以西澳大利亚州为例，20 世纪 80 年代中期，州政府向学校下放了许多管理权责。而真正被视为"领头羊"的则是维多利亚州，整个 80 年代，它一直被视为教育领域权力下放的开路先锋地区。（Angus，1995）经由 80 年代的放权改革，至 1992 年，所有的学校都拥有除了教师工资以外的所有项目的预算权，这为后来准市场机制的引入提供了一片沃土。（杰夫·惠迪 等，2003）[30]

（二）州政府秉承联邦政府的教育政策价值理念

该时期，联邦政府最重要的教育政策文献莫过于由教育质量审查委员会出台的《澳大利亚教育质量》这份报告，报告预测联邦政府势必会在未来对教师教育领域发挥更大的影响与作用，并指出在未来，教师在职教育将享有优先发展权。该报告深受经济理性主义的影响，与当时欧美政治改革的意识形态如出一辙。（Thomas，1998）

由于工党当时在多数州和地区担任当地执政政府，这使得很多州和地区政府在教育政策的制定与实施上跟随联邦政府的思路与步伐。在《澳大利亚教育质量》公布之后，以西澳大利亚州为例，该州执政的工党政府相继发表了《西澳大利亚的教育》（*Education in Western Australia*）、《"公共部门的管理变革"之白皮书》（*Managing Change in the Public Sector*）、《西澳大利亚州更出色的学校：一项改进计划》（*Better School in Western Australia：A Program for Improvement*）等诸多报告，这些报告大多秉承联邦政府公共部门改革的原则并突出强调效率、效力等政府改革的目标。

（三）教师教育领域政策理念的变迁

20 世纪 80 年代被澳大利亚国内学者视为该国教师教育发展的一个转折点，自该时期以来，联邦政府对于教师教育的表述及相关政策的制定与之前相比产生了较大的不同，具体的对比如表 1-4 所示。

从表 1-4 可以发现，自 20 世纪 80 年代以来，澳大利亚联邦政府对于中小学教师的定位与之前相比有了较大的提升，政府对教师关注的中心逐渐由职前教育转向在职教育、继续教育。联邦政府这一系列意识形态的转变，与澳大利亚当时所处的环境、经济理性主义的绝对影响及公共部门改革的推动等因素都有着非常紧密的联系。联邦政府的这种意识形态的改变直接导致了后来教师专业发展举措的出台。

表1-4　澳大利亚联邦政府之于教师教育政策理念的主要变迁（Knight et al.，1994）[454]

	"二战"后至20世纪80年代早期	20世纪80年代早期至今
政策变化的背景	从20世纪70年代中期开始，联邦政府大力强调教育公平的概念。按新多元及包括自上而下和自下而上在内的两种办法来进行政策的制定与实施。建立了学校委员会，并制定了如弱势学校计划等在内的项目。	从20世纪80年代早期开始，联邦政府开始强调培养灵活的、拥有多项技能的新型劳动力。由于政府对学校效力提出了新的期望，这给学校或多或少地带来了压力。联邦政府仍将追求社会公正和平等视为努力的目标，此外还提出了重质量的新要求。多方合作和自上而下的方法被用于政策制定与执行的过程中。联邦政府建立了教学质量的全国计划，并成立了澳大利亚教学委员会。
政府对教师的定位	受过教育的专业人员	能够胜任工作的专门人才
有关"教师"的基本观念	教师就是为社会提供基本服务的一种职业。政府对教师工作的管理不应采取检查的方式，而是要把重点放在校本课程的开发和部分（有教师资格证）教师的自治方面。	政府迫切需要专门的教师技能并需要了解问责制作用的结果。政府关注全国性目标与框架下的学校课程结构的设置，全国教师资格认证事宜及规定过的教师自治。

续表

	"二战"后至20世纪80年代早期	20世纪80年代早期至今
有关"教师教育"的基本观念	教师教育最好由高校来开展而非师范院校。应该尽量减少各州的教育部对教师教育事宜的直接掌控。应该尽可能地将职前教师教育的年限延长至3—4年。职前教育应由最初的文凭获取转向学位或证书资格的获得。扩大教师教育课程的范围并提升其层次，包括涉及特殊课程或教学领域的学习与关注等。持续关注结构性的在职继续教育，并注重师资队伍的整体发展。开展教师教育工作的人员应具有更高的学历水平。	实践重于理论。应该关注教师的能力与技能而不是文凭。教师应该花更多的时间待在学校。提倡校本模式。强化工作本身而不是长时期的准备。将教师教育的重点由职前教育向在职教育转变。强烈要求更好的教师资格、职前教育、继续教育的标准化，强调管理的合理化。各州和地区之间应该实现教师资格的互相认可。教师教育工作者和大学教育院系应该有更完善的问责制。高校应该逐渐边缘化，并由教师教育工作者与政府、学校雇用方和教师工会面对面地多多交流。

四、教师专业发展政策的前瞻性预测：《澳大利亚教育质量》报告

尽管国家致力于推进全国整体性的经济改革，时处20世纪80年代，澳大利亚的经济状况依旧持续下滑，此时，教育质量审查委员会出台了一份十分重要的报告——《澳大利业教育质量》(*Quality of Education in Australia*)，该报告为后来政府制定、推行教师专业发展举措起到了前瞻性的预测作用。

从总体上来看，该报告仍然重提工党政府对特殊及弱势群体的政策倾斜及强调推动实现教育公平的论调，该报告的关键词集中在"质量"、"有针对性"、"成绩"、"能力"、"为少数人提供更多服务"[①]。这些都是

---

① 为少数人提供更多的服务，即 doing more for less，当时工党政府提倡为弱势群体提供更多的教育服务。

处在经济困难时期，政府试图通过经济理性主义的方式来开展教育改革的体现。但细究报告的内容，便可以发现，该报告就教师教育与教师专业发展的相关领域所提出的两项预见性观点，即教师的在职培训将会享有优先发展权及联邦政府将对教师教育发展进行更具影响力的干预，这都在后来得到印证。

必须指出的是，从文字上来看，在 20 世纪 80 年代联邦政府出台的此类文件中，更为常见的字眼是"在职教育"（In-service Education）、"在职培训"（In-service Training），而非"专业发展"（Professional Development）。从 20 世纪八九十年代之交到 90 年代之后，联邦政府逐渐以"在职培训与发展"（In-service Training and Development）和"专业发展"的说法来取代上述的表达。

（一）报告关于教师在职教育的优先发展观点

1. 开展教师在职教育源于学校课程变革

该报告指出这样一种事实，当前发达国家的很多学校系统都开始积极参与教师的在职教育活动。而自 20 世纪 60 年代末 70 年代初以来，澳大利亚政府的观念日趋出现一种新的转变，即其越来越意识到：学生的课程设置已经产生了非常巨大的变化，这当然需要新的教学大纲、新的材料甚至新的教学仪器来予以配合，而事实上，对传授课程的教师进行培训则是最根本的。在此之前，政府几乎没有认识到教师培训之于新课程的意义是如此重要。以联邦政府为例，1964 年，它已经实施了为全国的中小学校专门设置更新科学教学设备的相关举措，而在当时，却并未给教师提供在职培训的经费。（Quality of Education Review Committee，1985）[126]

由于教师在职培训对于新课程的落实具有十分重要的作用，从而也将直接影响到澳大利亚全国中小学生的学业成绩。根据教育质量审查委员会的观点，教师在职教育至关紧要，在接下来的五年到十年时间内，在职教育一定会获得优先发展权。（Quality of Education Review Committee，1985）[125]

2. 开展教师在职教育存在多重目的

政府致力于开展中小学教师的在职教育将会有多重目的，主要有：

① 帮助教师更好地引入新的教学大纲或课程指导；

② 帮助新教师更好地入职；

③ 帮助教师提升自己较为欠缺的技能与知识；

④ 提升教师在特殊课程领域的学科知识；

⑤ 针对有特殊需求的学生群体，拓展教师新的教学方式；

⑥ 提升教师自身的学历资格。（Quality of Education Review Committee, 1985）[125]

3. 开展教师在职教育可借助多种方式

20 世纪 80 年代，澳大利亚绝大多数的教师在职教育课程都是短期的，从几个小时到两三天不等。而部分机构（如高校）在建立全日制可授予文凭的培训课程方面所作的尝试，包括研究生学习等，常常会因教师个人经济能力有限而失败。

报告认为应该通过多种方式来实施教师在职教育。教师个人可以在高等教育机构注册文凭授予或非文凭授予的课程，也可以参加由学校和其他一些机构举办的课程。教师还可以参加由学科或其他专业协会开展的研讨班和会议。教职员工可以团体性或全体性地参与学校内部的在职培训活动，学校的教师也可专门邀请校外专家来担任培训领导。（Quality of Education Review Committee, 1985）[125]

4. 开展教师在职教育需处理多对矛盾

《澳大利亚教育质量》这份报告值得推崇之处不仅在于它准确地预测到了接下来澳大利亚教师教育的发展趋势，还在于它指出要平衡和处理好未来可能出现的诸对矛盾。就教师在职教育的发展而言，必须平衡、处理好的一系列矛盾是：

① 教师个体需求和学校员工整体需要之间的矛盾；

② 学校系统的要求与学校或教师个体之间的矛盾；

③ 教师在校时间的利用与校外时间的分配之间的矛盾；

④ 联邦政府和州或地区政府所关注的优先发展领域之间的矛盾。（Quality of Education Review Committee, 1985）[128]

（二）报告关于教师在职教育的联邦政府干预观点

1. 联邦政府增强干预源于系列因素共同作用

如前文所述，20 世纪 80 年代，职前教师教育逐渐并最终完全成为大学教育的分支，而澳大利亚联邦政府为高校提供主要的经费资助，即联邦政府为高校开展的所有职前教师教育提供了资助，但它却在教师教育的课程制定过程中几乎没有发挥任何作用。联邦政府一贯认为，这一局面是由教师的用人部门、专业协会、高校及州协调机构的安排所造成的。

事实上，这与澳大利亚教师教育机构运行的传统相关，更与澳分权制的教育行政管理体制相关。由于联邦政府不断为高校开展职前教师教育提供经费，它必然要求在教师职前教育领域扮演一定的角色。时至 20 世纪 80 年代，教师在职教育日趋引起政府的关注，联邦政府必然对教师在职教育领域进行干预也是可预见的。

由此，《澳大利亚教育质量》预测：在未来，联邦政府将会对教师教育（包括职前、职后教育在内）政策的制定、执行与评估进行越来越多的干预。（Knight，1994）[457]

2. 联邦政府实施相关举措将面临一系列复杂问题

报告认为，联邦政府会在将来越来越多地资助其优先发展领域的教师专业发展活动，但其将要面临以下一系列的困难：

① 联邦政府政策的突然变化所造成的脱位效应，由新的优先发展领域的叠加所造成的混乱，以及由于改革建议出现得不合时宜而带来的混乱；

② 部分相关机构一直持有的固有观念，即联邦政府本来就应该对资助教师在职教育负责；

③ 由于联邦政府的预算情况而造成资助波动，这有可能会成为敏感的问题；

④ 由于联邦政府的具体政策是由独立于学校系统之外的具广泛代表性的一些委员会来进行管理的，学校系统可能很不情愿去设置专门的管理机构来配合在职教育政策的落实；

⑤ 联邦政府所强调的当务之急与学校系统管理当局所注重的内容之间的冲突；

⑥ 关于联邦政府的优先发展领域这一问题，缺少机会来让各方进行有效的咨询、协商。（Quality of Education Review Committee，1985）[127]

20 世纪 80 年代，以霍克为首的工党政府所奉行的经济理性主义及所开展的公共部门改革，都对包括教师教育在内的教育领域产生了重要的影响。而正如《澳大利亚教育质量》所预测的那样，在将来不久的时间内，教师在职教育即引起了联邦政府的高度重视。政府开始为全国中小学教师的在职教育、专业发展实践提供一系列简单的、不定期的资助。

第三节　澳教师专业发展政策的产生与发展：话语、目标与形式的转变

在 20 世纪八九十年代联邦政府相继斥资制定举措并正式涉足教师职后教育领域之前，澳大利亚中小学教师接受的所谓"在职教育"，基本上以学历提升为目的的教师在职进修和由学校开展的与课堂教学相关的非文凭授予型的在职教育活动这两种形式为主。

根据联邦教育部下设的学校委员会（Schools' Council）的一项调查，在 1987—1988 年间，有 22.8％的教师在职进行学历提升进修，他们当中有 45％的人在修学士学位的课程，30％的人在修研究生文凭的课程。其他的教师则在完成硕士学位和博士学位的学习。根据调查，天主教学校①的男性教师接受在职教育的比率最高，为 34％。绝大多数接受在职进修的中小学教师都是兼职学生或走读生。（Schools Council，1990）[38]

另一种类型的教师职后教育即多为由学校开展的在职教育活动，这些活动基本上都在本校开展，除了本校之外，邻近学校、教师中心、高等教育机构及会议中心等也成为开展非文凭授予型的教师在职教育活动的地点。这些活动的内容与主题基本上都与课堂教学相关：科目问题（26％），课程设计与发展（20％），教学过程（19％），评估与评价等。其中，一半以上的此类活动都在教师在校工作时间内开展。（Schools Council，1990）[39]

如上文所述，基于 20 世纪 80 年代初期、中期澳大利亚的特殊国内

① 澳大利亚的学校系统由公立和私立两部分组成。私立中小学校多为基于某种宗教信仰和特殊教育需求、理念而创办的非营利学校，主要由两部分构成：天主教学校（Catholic Schools），又称为系统学校（System Schools）；基于其他宗教信仰和特殊教育需要、理念而建立的私立学校，又称为独立学校（Independent Schools）。

背景及全球化的时代背景，政府越来越意识到教师教育，尤其是教师在职教育、教师专业发展实践的重要性。而在当时，联邦政府正面临着国内窘迫的经济环境，在霍克执政的多数时间内，澳大利亚经历了经济回升与低迷的反复阶段。笔者认为正是由于澳联邦政府受到经济困难的影响，所以，在相关文件（《澳大利亚教育质量》等报告）出台伊始，政府并未立即资助教师在职教育、专业发展举措的实施。直至20世纪80年代末，澳大利亚的国内经济终于逐渐好转并开始进入令人看好的阶段，联邦政府方才开始陆续地为全国中小学教师进行在职教育、专业发展实践而提供一系列简单、不定期的资助。

一、话语的转变：从"在职教育"到"专业发展"

一个值得关注的现象是，澳大利亚政府关于"职后教师教育"的话语在逐渐发生改变。在20世纪八九十年代以前，在联邦政府政策文件中更常看到的是"在职教育"（In-service Education）、"在职教育与培训"（In-service Education and Training）。而进入80年代末期尤其是在90年代之后，政府常将"专业发展"（Professional Development）的说法与"在职教育"等字眼交替使用，并逐渐以"专业发展"取代传统的"在职教育"。

联邦政府自20世纪八九十年代开始制定、推行教师专业发展举措至今，伴随着这种话语的转变，笔者认为，了解与理解这种"转变"能从宏观角度更好地了解教师专业发展举措产生、发展的轨迹。

（一）20世纪80年代末之前的"在职教育"、"在职培训与教育"

如前文所言，在20世纪八九十年代以前，澳大利亚中小学教师在职教育的目的多以提升教师学历水平和课堂教学质量为主，其形式比较单一、不灵活，内容覆盖面较窄。这些活动主要由中小学校亲自来组织，地方政府和相关的教学与课程行业协会则较少开展教师在职教育项目。

在20世纪80年代末，当联邦政府开始出资来帮助中小学教师实现学历提升时，它也几乎不将自己的行为称为是在推行"教师专业发展"

举措，而更多的则是描述为资助开展教师在职教育或培训。

关于教师"在职教育"、"在职教育与培训"的比较权威的概念是联邦教育部于 20 世纪 80 年代末提出的。澳大利亚联邦教育部下设的学校委员会曾这样来定义教师的"在职教育与培训"："它是由教师、学校、高等教育机构或者教育领域的其他利益相关者所发起的成人学习活动。它的主要目的在于改革教学行业，尤其是提升教学质量。"（Inservice Teacher Education Project Steering Committee，1988）

从联邦政府关于"在职教育与培训"的这一权威定义中，可以发现这样一个事实：在 20 世纪八九十年代以前，教师在职教育的发起者主要是教师、学校和高校，政府发挥的作用微乎其微，而传统教师在职教育通常与课堂教学相关，教育质量的提升一直是一个最受重视的目标。

（二）20 世纪 90 年代初以来的"专业发展"

澳大利亚较早以"专业发展"的表述来取代"在职教育"这一说法的是鲍尔（Power），他曾于 1981 年作过这样的诠释："专业发展"的"专业"（Professional）是基于这样的假设，如果一所学校能够改善它自身的服务质量，它的教师员工就可以成为更有效率的技术型人员。为了提升教师的效率，就必要推行所谓"3C"（Competence，Conceptualization，Commitment）原则，即所谓的"能力"、"概念化"及"承诺"。"专业发展"的"发展"（Development）意味着长期的提升与改变。鲍尔对"专业发展"作了一个拆解式的语义分析，但他并未给出关于这一名词的完整阐释。（Power，1981）

进入 20 世纪 90 年代，特别是 90 年代中期以后，澳大利亚政府越来越倾向于频繁地使用"专业发展"和"专业学习"的说法，并以此来取代之前的"在职教育"、"在职培训"等字眼。在澳大利亚的不同地区，人们也常将"培训与发展"、"在职教育"、"专业学习"、"培训与专业发展"等词汇与"专业发展"进行交替使用。（McRae et al.，2001）

2001 年，澳大利业联邦教育、培训与青少年事务部（Commonwealth Department of Education，Training and Youth Affairs）发布的一项政策报告《专业发展 2000：澳大利亚学校教师专业发展的全国图景》中指出："专业发展"就是经由专门设计的与教师职后专业教育和培训相关的过程与

活动，它涉及广泛范围的活动与目的。（McRae et al.，2001）

单从这个定义来看，似乎解读不出澳大利亚教师的"专业发展"与"职后教育"有何区别，它的外延与"职后教育"是一样的，区别可能在于它并未对所涉及的内涵做限定，其中明确指出其活动与目的是"广泛"的。笔者发现，这似乎也体现出政府观念的一种转变，即不拘泥于以往的形式与方式，而是将能促进教师发展的实践通通囊括其中。

笔者认为，话语的转变不仅是政府单方意识形态的转变，从深层次来剖析，更是源自澳大利亚中小学教师职后教育在理念，尤其是在目的及形式上的一种变化。随着 20 世纪八九十年代联邦政府对该领域的涉足，澳大利亚传统的教师"在职教育"日趋发生变化，原来的理念与活动开展形式也随时代的发展而不断更新。

二、目标的变化：从笼统到聚焦

（一）20 世纪 90 年代中期以前：笼统且脱离实际

自 20 世纪 80 年代出资帮助教师提升其学历水平之后，联邦教育部曾于 1990 年指出，开展教师在职教育与培训活动，其目的主要在于：

① 更好地将技能传授给学生；
② 适应不同的学生群体的需要；
③ 满足社会广泛的不同兴趣与需要；
④ 提升自身的专业知识基础；
⑤ 适应社会发展的新需求。（Schools Council，1990）[39]

事实上，在 20 世纪 80 年代末 90 年代初，澳大利亚政府尚未制定、推行全国性的、长期的、系统的举措，而只是提供一些经费资助教师提升学历，并积极鼓励学校开展校本培训，因此，单凭开展"拿文凭"和"重课堂教学"的活动方式来实现上述目标，似乎有点不切实际。此外，由于这些目标设定得较为笼统，自然缺乏相应的评估、考核方式，这样一来就使目标本身显得更为空洞。

总的来说，在 20 世纪 90 年代中期之前，联邦政府关于教师在职教育、专业发展举措的目的较多也比较笼统，不够聚焦，而以当时澳大利亚国内开展教师专业发展的实际水平来实现如此多重的目标，显然不太可能。

（二）20 世纪 90 年代中期至今：逐渐聚焦到提升学生学业成绩

自 20 世纪 90 年代中期以来，随着中长期的教师专业发展举措的制定与推行，政府所设置的相关目的则越来越聚焦，越来越具有针对性。

1999 年由澳大利亚联邦教育部、各州和地区的教育部部长共同签署《关于 21 世纪国家学校教育目标的阿德莱德宣言》(*The Adelaide Declaration on National Goals for Schooling in the Twenty-first Century*)（下文简称为《阿德莱德宣言》），表明了澳政府在 21 世纪初关于国家教育战略的大体构想，该宣言中所指出的"学校教育目标"大多集中于提高学生学业成绩这一问题上。澳大利亚联邦和州政府都将高效率的学校和优异的学生学业成绩视为其追求的重点战略目标。(Ministerial Council on Education, Employment, Training and Youth Affairs, 1999) 这一重点战略目标，即提升学生的学业成绩对联邦政府推行教师专业发展举措来说，意义非凡。政府直接将长期的、系统的、综合性的教师专业发展政策的目的设定为提升学生学业成绩。

澳大利亚联邦教育、培训与青少年事务部出台的《专业发展 2000：澳大利亚学校教师专业发展的全国图景》中，就以往关于教师专业发展与学生学习间的关联研究进行了一系列的综述。关于教师专业发展与学生学习关联的问题已逐渐成为欧美国家教师专业发展研究的热点探讨主题，但是直到澳大利亚联邦教育部的这份报告出台为止，乃至现在，仍没有一项研究能够准确地用质和量的证据来说明教师专业发展政策与实践究竟是如何影响学生学习的。即便如此，联邦政府仍指出，教师专业发展政策的实施与实践开展就是为了提升学生学业成绩。(McRae et al., 2001)

2000 年由联邦教育部启动的澳大利亚政府优质教师计划是迄今为止联邦政府斥资较多、实施时间最长的一项教师专业发展举措。尽管该政策不是一项单一的政策，而是容纳多阶段、多项举措的政策群，但它的主要目的却依旧非常单一与聚焦，即通过提升教师的专业素质最终达到提升学生学业成绩的国家教育战略目标。

由此可见，较 20 世纪 90 年代中期之前的笼统且不切实际的目标设定，自 90 年代中期以来，联邦政府所设置的教师专业发展政策的目的显得比较聚焦，而提升学生学业成绩则是其非常关注的重点战略目标。

三、形式的改变：从不定期的资助到中长期举措

自 20 世纪八九十年代之交至今，澳大利亚联邦政府推行的教师专业发展举措的形式经历了改变与调整。早期的举措只是政府对教师提供的一些简单的、不定期的资助，目的在于促进教师的学历提升和特定科目（如科学、数学等）教师课堂教学水平的提升。而进入 90 年代之后，尤其是在霍华德政府上台后，教师专业发展举措的投入经费越来越多，涉及内容也越来越全面及系统。

（一）20 世纪 90 年代初之前：简单、不定期的资助

20 世纪 80 年代末 90 年代初，澳大利亚联邦政府已经将教师教育视为其政策议程的重点关注主题之一。在这一时期，联邦政府陆续出台了一系列关于教师教育的重要报告。在这一系列教师教育报告接连出台的热烈"氛围"之下，联邦政府开始采取相应的手段来推动教师在职教育、专业发展事宜的发展。

1. 20 世纪 80 年代末 90 年代初的系列教师教育报告

20 世纪 80 年代，澳大利亚国内对学校教育质量及相关问题展开了广泛的争论，由联邦教育部及其相关机构所出台的一系列关于教师教育的报告都基于这一社会现实基础。这些报告中的绝大多数都指出联邦政府要对包括在职教育、专业发展在内的教师教育事业承担资助的职责，并提供了从全国性的角度该如何来提升师资水平的方法。80 年代末 90 年代初，由联邦教育部及其下设机构所出台的重要教师教育报告如图 1-2 所示。

（1）1989 年出台的两份教师教育报告

1989 年较为重要的教师教育报告是由学校委员会出台的《教师素质：一份议题文件》，以及由联邦教育部发布的《关于数学和科学课程教师教育的学科评估报告》。

1989 年，为了响应联邦教育部出台的文件——《强固澳大利亚的学

校》（*Strengthening Australia's Schools*）①（该报告强调要优先改善教师的培训），联邦教育部下设的学校委员会采取了行动。该委员会认为教师质量和教学本身是提升澳大利亚学校教育质量的重要影响因素，从而以此为前提展开了一系列的调查并最终出台《教师素质：一份议题文件》（*Teacher Quality：an Issues Paper*）。该报告指出，为了提升教师的素质和教学的质量，澳大利亚应该同世界其他国家一样采取相应的措施。委员会认为，澳大利亚应该在教师教育活动开展的数量、职前教育课程、专业发展、研究与数据搜集及合作等诸多方面投入更多的努力，联邦政府的作用有待进一步发挥与加强。（Schools Council，1989）

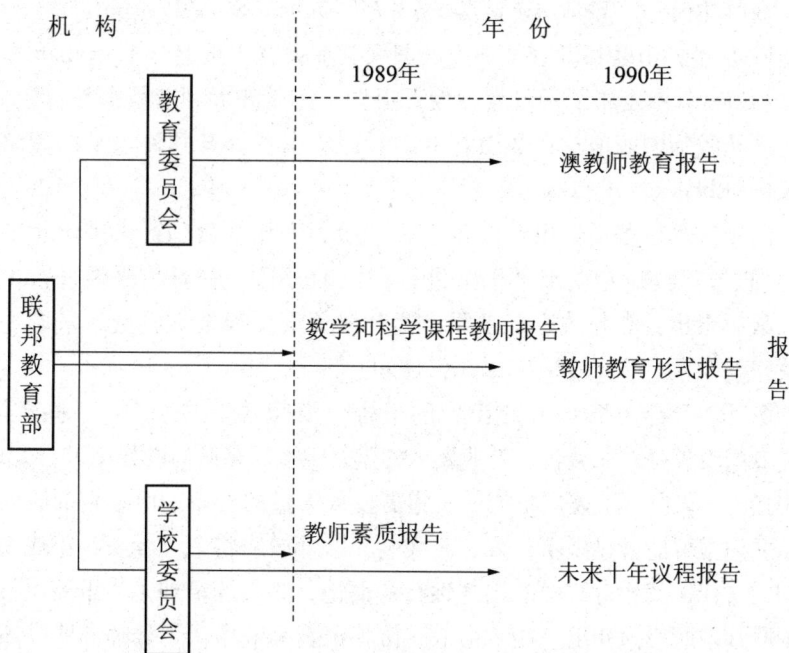

图 1-2　联邦政府于 20 世纪 80 年代末 90 年代初出台的系列教师教育报告

同年，联邦政府出台《关于数学和科学课程教师教育的学科评估报

---

① 《强固澳大利亚的学校》于 1988 年由当时的澳大利亚联邦教育部部长约翰·道金斯（John Dawkins）发布，报告指出澳大利亚学校改进所包括的六大领域分别为：一个统一的课程框架，一项统一的评价方法，优先改善教师的培训，增加后义务教育的入学率，提升教学过程中的平等，增大教育的投资。（Thomas，1998）[76]

告》(*Discipline Review of Teacher Education in Mathematics and Science*)。该报告表明政府越来越关注教师教育质量的态度与立场，并指出政府尤其关注数学和科学等科目的任课教师的素质。联邦政府通过此项报告对数学和科学教师的在职教育进行了审查。(Department of Employment, Education and Training, 1989)

(2) 1990 年出台的三份教师教育报告

1990 年出台的较为重要的教师教育报告有《澳大利亚教师教育》(*Teacher Education in Australia*)、《澳大利亚的教师：未来十年的议程》(*Australia's Teachers: an Agenda for the Next Decade*) 及《教师教育的形式：一些建议》(*The Shape of Teacher Education: Some Proposals*)。

1990 年，由联邦教育部下设的澳大利亚教育委员会 (Australian Education Council) 发布了一份教师教育报告——《澳大利亚教师教育》，该报告涉及教师的职前与在职教育，同时还给出了提升师资水平的策略与建议。(Ebbeck, 1990)

同年，学校委员会出台报告——《澳大利亚的教师：未来十年的议程》。报告就教师专业水平下滑进行广泛的评述，并对其原因进行了归纳，最后指出：联邦政府有必要为提升教师素质和教学质量而采取一定的策略与手段。(Schools Council, 1990)

联邦教育部在于 1990 年出台的报告《教师教育的形式：一些建议》中，专门就教师在职教育、专业发展的重要性及联邦政府的作用进行论述，其中指出：教师专业发展举措的实施需投入大量的经费，而且它的收效在短期之内很可能会显现不出来。澳大利亚联邦政府将 20 世纪 90 年代视为培训的年代，就教育这样的服务性行业而论，人员的培训尤为重要。报告认为联邦政府应该作出一些承诺，应该将经费有效地用于教师专业发展举措的实施方面。(Minister for Employment, Education and Training, 1990)

以上这些报告都表明了联邦政府高度重视教师在职教育、专业发展活动的立场，并暗示政府会为教师专业发展活动的开展而设置专项举措、投入专属经费。

2. 教师教育关注热潮中的不定期资助

事实上，经费问题一直是影响当时澳大利亚教师专业发展活动顺利开展的重要制约因素。由上文可知，在 20 世纪 80 年代末以前，政府，尤其是联邦政府，很少或几乎没有涉足教师在职教育领域，绝大多数的专业发展活动都是由教师的雇用方——学校来开展的。而开展相关的活动与实践需要投入大量的经费，学校想获得更多的活动开展经费，政府却很少甚至几乎没有提供任何资助。

事实上，在《教师素质：一份议题文件》《关于数学和科学课程教师教育的学科评估报告》《澳大利亚教师教育》等报告中都反映了这样一个问题：在过去，政府为教师在职教育的开展所投入的资助是远远不够的。而20世纪80年代初中期，澳大利亚联邦政府所面临的经济窘境又不允许其拨款来用于提高教师专业水平。进入80年代末以后，经济出现好转的态势，在一系列教师教育报告陆续出台的情况下，在全国上下对教师教育予以强烈关注的氛围中，联邦政府正式开始为中小学教师的在职教育、专业发展提供简单的、不定期的资助。

1989年，联邦政府为鼓励教师提高其毕业后的专业水平，特为全国的中小学教师提供了4 000个奖学金名额（牛道生，2004）[249]，这些奖学金的发放使教师在职后进修时可以不用自己缴纳相关费用。

1991年，霍克卸任，由同属工党的政治家基廷（Keating）①任澳大利亚总理。基于《关于数学和科学程教师教育的学科评估报告》等报告所提出的需要改进中小学教学质量，尤其是数学、科学任课教师的素质等建议，以基廷为首的联邦政府于90年代初拨款200万澳元，将其作为联邦各教育中心的基金，用于改进全国中小学教师的自然科学、技术等课的教学质量，并帮助教师提高其专业水平。（牛道生，2004）[249]

（二）20世纪90年代初至今：日趋系统的中长期举措

自基廷政府以来，澳大利亚联邦政府逐渐开始推行中期及长期的教师专业发展举措。从下文所述的各时期的重要举措来看，澳大利亚的教师专业发展举措重视开展各类实证研究，通过研究来确定专业发展实践的原则与有效方法。而如今教师专业发展举措经费投入已非其最初能同日而语了。举措的内容涉及了与专业发展相关的方方面面。尤其是随着

---

① 保罗·约翰·基廷（Paul John Keating），澳大利亚工党政治家，在霍克卸任后任澳大利亚总理，其任职时间为1991—1996年。

时代的发展与进步，联邦政府不断调整并出台新的举措来适应教师的需求。

1. 基廷政府时期的主要举措

在霍克和基廷的工党政府执政期间，他们重视通过国家最高团体（National Peak Bodies）（谷贤林，2001）[102] 来管制全国教师教育的发展，各类在全国教育领域由联邦教育出资创立或资助运行的及自筹经费的最高机构，成为对全国的教师教育事业进行管理的国家最高团体。

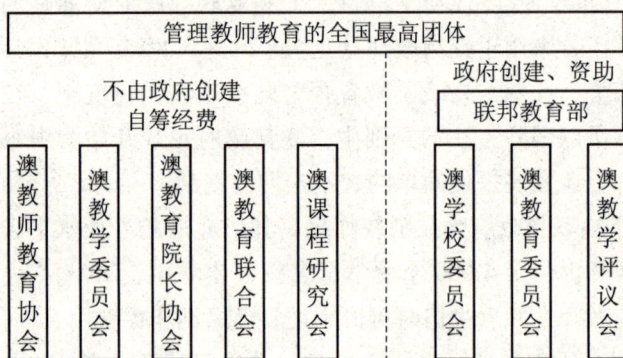

图 1-3　20 世纪 80 年代末 90 年代初管理教师教育的国家最高团体

基廷的任职时间为 1991—1996 年，在这段时间内，联邦政府为在全国范围内开展教师专业发展实践而制定了一些为期 2—3 年的举措，其中较具影响力的教师专业发展政策有教学质量的全国计划、全国专业发展计划、创新联系计划、全国学校项目等。这些教师专业发展政策注重通过研究来促进教师专业素质的拓展，其中的一些举措还开展了教师专业发展的行动研究。

（1）教学质量的全国计划（1991—1994 年）

教学质量的全国计划，英文全称为 National Project on Quality of Teaching and Learning，是由澳大利亚教育委员会发起的，由联邦教育部、各州和地区的教育部及公私立的教师工会所共同合作的一个项目，项目经费由联邦政府提供。

根据当时澳大利亚联邦教育部部长道金斯的观点，该项目主要致力于解决一些与教学行业及专业相关的问题，包括不同地区、不同学校系统的教师流动问题，以及教师的地位与权利的相关问题。与教师教育相关的问题都有所涉及，包括教师的在职发展及评价活动。

尽管该项目是由多方合作开展的，但由于联邦政府提供了经费，所以资金掌控权由联邦政府牢牢地把握着。联邦政府的基本立场是：在符合公共利益的基础上，要通过"重建"教师教育来培养教师，从而使这些教师能将学生培养为工业和商业社会中拥有多种技能、可以胜任工作的人。

该举措的第一步即由项目理事会成立一个工作小组，并由这个小组通过鉴别、确定全国中小学教师的能力素质的方式，来提升教师的地位与专业素质。1991 年"关于专业准备与职业发展的全国工作小组"成立，该小组马上就以下三大问题展开了审查：

① 能不能用全国性的能力标准框架来"承载"教学这项工作所需的技能？

② 如果能的话，这些能力与技能都包括什么呢？

③ 这些能力能带来怎样的结果？又有哪些好处？（NPQTL，1992）

这些举措的目的都在于为教学质量的提升扫除障碍，并最终为新教师们拟定一系列的能力标准。

1994 年，项目结束，其影响却以其他的形式延续了下来，包括全国学校项目（National Schools Project）及由教学质量的全国计划为教师教育发展所制定的一系列教师专业标准，这对后来政府赞同国家教师专业标准的制定而言，起到了重要的奠定与推动作用。

（2）全国专业发展计划（1993—1996 年）

全国专业发展计划，英文全称为 National Professional Development Program，它是由联邦教育部发起并承担经费，由教师、教师工会、高校、教师用人单位共同开展的一项计划。

该计划注重教师教育课程的多样化与质量，提倡中小学校和高校间的合作。此外，计划还主张理论联系实践，注重根据教师工作的实际需要而改变理论与实践相结合的教师专业发展形式。联邦教育部认为高校、教师和教师教育工作者的联系应当更为紧密，这样才能让教师教育课程的设置更接近并符合教师专业发展的需求。此外，项目还提倡让大学去认可及回应雇用教师的校方的需求。

令人遗憾的是，1996 年，由于该项目经费耗尽，以及自由党、国家党联盟又在选举中战胜了工党，该项目的实施也宣告结束。

(3) 大学与中小学为教师专业发展而建立的创新联系之计划
(1994—1996 年)

大学与中小学为教师专业发展而建立的创新联系之计划，简称为创新联系计划，其英文全称为 Innovative Links Between Universities and Schools for Teacher Professional Development Project。该举措实际上是全国专业发展计划下设的项目，每年的经费由联邦教育部通过全国专业发展计划下拨，为 100 万澳元。(Phelps et al.，1996)

该计划的出台，意味着政府将中小学和高校的合作视为革新教师专业发展的关键因素。高校教育院系与中小学间的关系第一次被提到政府关于学校改革与重建议程的高度。计划关注的重点是如何设计与协调高校与中小学的关系，从而能更好地推动高校师范生和在职教师专业水平的提升，计划所开展的活动都围绕着这个主题而展开。(Day，2000) 该计划以行动研究作为主要活动方式，从而推动教师专业水平的提升及课程与学校的改革。

澳大利亚的 14 所大学的 16 个校区参与了该计划，也就是说，这些院校都或多或少接纳了要同中小学合作从而培养和培训优秀教师的理念。接近三成的高校参与了这个项目，而包括公立学校、独立学校和天主教学校在内的 100 所中小学和 80 个学术协会也参与到了计划中来。(Sachs，1997) 澳大利亚本国学者对这个计划的评价很高，笔者认为其主要原因在于在当时那个年代，该计划的理念普遍被认可，计划涉及范围很广，参与者广泛，开展的活动众多。

(4) 全国学校项目 (1994—1996 年)

全国学校项目，即 National Schools Project，它由澳大利亚教学委员会 (Australian Teaching Council) 管理，政府将其视为全国范围内学校系统改革的渠道。从性质上来说，该项目旨在发现究竟是什么因素阻碍了学校顺利实现原本制定的关于提升教学质量的目标，项目的具体举措则是一系列的行动研究。

这些行动研究都是基于这样的假设：首先，拒绝承认学校改革和教师专业化只存在单一的方法；其次，认为当学校环境产生变化之时，不仅要理清由这种变化造成的亟须解决的问题，还要通过相应的方法来解决问题；最后，围绕着组织工作的理念，认为有效的教师工作结构应该由组织参数来决定，那些受过政府嘉奖和行业好评的教师都是如此。

1996 年，总理基廷卸任并由自由党领导人霍华德接任，全国学校项目变更为全国学校网络计划（National Schools Network），计划的目的与实施方法同全国学校项目基本一致。

2. 霍华德政府时期的主要举措

从 1983 年起，澳大利亚便进入了工党执政十多年的时期，先后有霍克、基廷两位总理任职。直至 1996 年，自由党、国家党联盟于 3 月在大选中获胜，自由党领袖约翰·温斯顿·霍华德（John Winston Howard）就任联邦总理。在其后的 1998 年、2001 年、2004 年的三次大选中，自由党、国家党联盟接连取胜，霍华德由此成为澳大利亚历史上执政时间最长的总理之一。

与之前任职的工党政府不同，霍华德政府通过各个州的权力而不是最高教育团体来管理全国的教师教育，政府还撤销了之前的澳大利亚教学评议会等机构。（谷贤林，2001）[102]

在霍华德就任期间，政府高度关注教师专业发展及其相关事宜。联邦政府推出了几项长期的、经费投入巨大的教师专业发展项目。其中，又以澳政府优质教师计划为"旗舰"政策，该政策自 2000 年出台实施至今已有十多年时间，其下设几百乃至几千项的活动与项目，几乎涉及教师职后专业发展的方方面面。

（1）"面向 21 世纪的教师——开创不一样的未来"计划（1999—2003 年）

"面向 21 世纪的教师——开创不一样的未来"计划，简称为"面向 21 世纪的教师"计划，英文全称为：Teachers for the 21st Century: Making the Difference，该举措由联邦教育部于 1999 年发起并从 2000 年实施至 2003 年。

时任澳大利亚联邦教育部部长的大卫·肯普（David Kemp）指出，"面向 21 世纪的教师"计划的目的就是要提高和改善教师的素质，使越来越多的学校朝着高效化方向发展，从而尽可能地提高学生的学业成绩。为了实现这一目标，该计划主要致力于推动以下四个方面工作的开展：

① 通过推动教师的专业发展及提升中小学教师的专业水准，从而改

进澳大利亚全国学校的教学质量；

②促进学校领导层专业技能的提升；

③计划要支持高效化的学校管理的开展；

④对优秀的学校、教师及学校管理人员进行鉴定和嘉奖。(Department of Education, Science and Training, 2000)[5]

由此可见，"面向21世纪的教师"这一计划的目标主要包括四个方面：优秀的教师、优秀的学校领导、优秀的学校管理及相关质量的认证。在2000—2003年间，计划总资金投入为8 000万澳元，其中7 400万澳元用于师资建设，150万澳元用于学校管理人员的建设，200万澳元用于学校管理建设，250万澳元用于鉴定和奖励计划。(Department of Education, Science and Training, 2000)[15]

该计划的最终目的之一就是要提高学生学习的质量。这一目的的实现除了需要教师一方的努力之外，还需要全社会的努力和配合。计划的开展需要联邦政府、州和地区政府及学校教育系统负责机构和人员的通力合作。虽然联邦政府、州和地区政府都参与了该计划，但是其各自承担的角色和所处的地位是完全不一样的。从中也明显反射出澳大利亚分权制教育管理行政体制的特点。该计划关于"优秀的教师"部分，政府提出努力的目标就是提高教师的技能和理解能力，通过提升教师专业水准，从而进一步提升其社会地位。这种理念的实现则由澳政府优质教师计划来执行。

（2）澳大利亚政府优质教师计划（2000年至今）

澳大利亚政府优质教师计划，即澳政府优质教师计划，英文为Australian Government Quality Teacher Program，于2000年作为"面向21世纪的教师"计划的下设政策而推出。

该计划是联邦教育部处在世纪之交这个特殊的历史时刻，为提升澳大利亚全国中小学教师的专业技能与知识水平及专业地位，斥巨资设置的一项重大政策，被视为联邦政府的战略性政策。从联邦教育部对该计划的逐阶段增加的经费投入上，便可发现该项目在教师教育政策领域举足轻重的重要地位。2000—2003年间，澳政府优质教师计划的运作经费为7 770万澳元，(Department of Education, Science and Training, 2000)[15]2003—2006年间，计划总经费投入为8 240万澳元，(Department of Education, Science and Training，2005）[4]2006—2009 年间，联邦教育部共计投入 1 亿 3 990 万澳元用于推动澳政府优质教师计划的实施。（Department of Education，Science and Training，2006）[3]2008 年霍华德卸任后，新上任的工党政府虽未撤销该项举措，但却逐渐将重心转至另一项教师专业发展举措（"更明智的学校之关于教师素质的全国合作"计划），联邦政府将澳政府优质教师计划设为专门面向私立学校系统的教师专业发展举措。2009 年，工党政府投入 660 万澳元经费用于澳政府优质教师计划在 2010 年的运行（Department of Education，Science and Training，2009）[4]。2011—2013 年间计划总投入经费为 2 250 万澳元。（Department of Education，Science and Training，2010）[3]

该计划并不是一项单一的政策，而是包括大量与教师专业发展相关的实践、调查研究举措的政策群。该计划总共涵盖三个主要组成部分：州和地区一级的教师专业学习项目，全国性的战略举措、澳教学与学校领导学会所开展的活动。这三个组成部分又包含许多不同的举措与政策。计划的实施推动了教师专业发展活动在澳大利亚各州和地区的广泛开展，并取得了较好的成效（Department of Education，Science and Training，2005）[9]。

由于本研究以澳政府优质教师计划为重点研究对象，在下文中将对该举措作详细的介绍与解读，在此仅简要说明，不再赘述。

（3）面向新教师的有效计划（2001—2002 年）

一种关怀的道德：面向新教师的有效计划（简称为面向新教师的有效计划），英文为 An Ethic of Care：Effective Program for Beginning Teachers，是由联邦教育部于 2001 年发起的一项研究性质的计划，联邦教育部委托塔斯马尼亚州教育领导协会（Tasmanian Educational Leaders Institute，即塔斯马尼亚州的教育部）来领导和管理这项研究计划。该计划也是面向"21 世纪的教师计划"关于"优秀教师"这部分下设的计划之一。联邦教育部通过澳政府优质教师计划给该计划拨款。该计划的开展涉及一系列的研究，其主要目标在于：通过了解新教师的需求，以及确定能够促进新教师顺利"转型"投入工作的原则与实践，从而提升新教师的入职准备质量，并为新教师们提供支持。（Department of Education，Science and Training，2002）[9]

该计划开展的研究主要包括：

① 一项文献综述；

② 对各州和地区的 697 名第一年或第二年入职的新教师进行调查，对 380 名新教师的监管人员进行调查，并撰写研究报告；

③ 对西澳大利亚州、维多利亚州、昆士兰州和塔斯马尼亚州的新教师及其监管者进行小组讨论；

④ 对每个州和地区的公立教育系统、天主教教育系统和独立学校系统的代表进行问卷发放和访谈；

⑤ 对每个州和地区的区域/地区管理人员进行问卷调查；

⑥ 对澳大利亚教育院系的院长、澳大利亚教育工会（Australian Education Union）的管理层，以及每个州和地区的专业发展协会的管理人员进行问卷调查；

⑦ 与各利益相关者讨论研究结果，共同协助确定开始有效实践的原则。(Department of Education, Science and Training, 2002)[9]

通过这一系列研究活动的开展，该举措得出了一系列校本新教师入职的专业发展活动的设计原则与模式，并为联邦政府提供了一系列的相关建议。

3. 陆克文、吉拉德政府时期的主要举措

2007 年 11 月，由陆克文（Kevin Rudd）领导的工党在国会大选中击败了霍华德领导的国家党、自由党联盟，陆克文于同年 12 月出任澳大利亚总理。2010 年 6 月，陆克文由于在矿产资源问题上处理不当导致其声望下滑，他放弃选票，其副手茱莉亚·吉拉德（Julia Eileen Gillard）成功当选，成为澳大利亚历史上首位女总理。

陆克文和吉拉德相继任职至本书写作时还不足 5 年，时间比较短，教师专业发展举措基本延续之前自由党、国家党联盟的总体发展思路，变化较少。在这段时期内，工党政府延续推行霍华德政府制订的澳政府优质教师计划，使得该项政策成为澳大利亚历史上实施时间最久、投入经费最多、影响范围最广的教师专业发展政策。

此外，置身于全球化的时代背景之下，立足于本国的实际情况，澳联邦政府越来越重视提升中小学教师的信息沟通技术（Information Communicate Technology，缩写为 ICT）的专业发展水平，为此政府制定、推

行了专门的教师专业发展政策——"面向中小学教师和学校领导的数字化战略"举措。工党政府上台后，出台并实施了"更明智的学校之关于教师素质的全国合作"计划，该计划是该党政府上任后所推出的最为重要的教师专业发展举措。

（1）"更明智的学校之关于教师素质的全国合作"计划（2008 年本书写作时）

"更明智的学校之关于教师素质的全国合作"计划，即 Smarter Schools Teacher Quality National Partnership，下文简称教师素质全国合作计划，无疑是工党政府自 2007 年年底上台以来制定并推行的最为重要的教师专业发展举措，其经费投入数额甚至超过了澳政府优质教师计划。

教师素质全国合作计划是"更明智的学校之全国合作"（Smarter Schools National Partnerships）的下设计划之一。"更明智的学校之全国合作"计划主要由三项子计划构成：帮助困难学生的全国合作计划、支持教师和学校领导发展的全国合作计划，以及提升学生读写、算术能力的全国合作计划。（Department of Education，Employment and Workplace，2008）以上计划皆由联邦政府同各州和地区政府共同推动实施。

教师素质全国合作计划是面向澳大利亚全国的中小学教师和学校领导者的政策。2008 年，联邦政府斥资 5.5 亿澳元（Department of Education，Employment and Workplace，2008）用于其后 5 年的政策运行，该计划预计将实施至 2013 年年底。各州和地区的具体经费分配情况如表 1-5 所示。

表 1-5　教师素质全国合作计划的经费在各州/地区的分配

（Department of Education，Employment and Workplace，2008）

州/地区	新南威尔士	维多利亚	昆士兰	南澳	西澳	塔斯马尼亚	北部地区	首都地区
经费 （百万澳元）	142.2	112.9	87.6	32.4	45.0	10.5	5.4	7.9

以上拨给各州和地区的经费总额为 4.439 亿澳元，该计划其余的 1.061 亿澳元将被联邦政府保有，政府将用这部分钱作为"联邦专属目标开支"（Commonwealth Own Purpose Expense），以更好地促进全国性活动与专业发展原则的结合，并提供相关支持。（Department of Education，

Employment and Workplace，2008）

通过该计划的实施，澳大利亚联邦政府与各州和地区政府将推行一系列重要的、持续性的改革，这一系列的改革包括以下几个方面：

① 吸引最佳毕业生从事教育工作；

② 通过与高校合作从而提升教师培训的质量与一贯性；

③ 制定全国教师专业标准从而促进教师这一职业的发展，专业标准包括教师为适应土著学生的学习需求而应具备的知识与理解能力等；

④ 努力推动教师认证向一致性发展，从而促进各州和地区的教师更为便利、无障碍地流动；

⑤ 通过改善绩效管理与专业学习来拓展和提升中小学教师与学校管理者的技能与知识；

⑥ 为偏远及农村地区和难以留住员工的学校的教师提供在校支持，并对优秀教师、学校领导进行嘉奖，从而提升他们的留校率；

⑦ 提升师资劳动力的质量与效率。（Department of Education, Employment and Workplace，2008）

（2）面向中小学教师和学校领导的数字化战略（2008 年至本书写作时）

面向中小学教师和学校领导的数字化战略，即 Digital Strategy for Teachers and School Leaders，是由陆克文政府于 2008 年推出并实施至 2012 年年初的一项举措。陆克文在参选之时曾承诺将采取全国性的举措来促进中小学教学与学习的持续、有意义的改进，该举措的出台是政府实现选举承诺的方式之一。

该举措的用意在于帮助澳大利亚的中小学教师和学校领导提升信息沟通技术水平。为实现这一目标，教师和学校领导需要获得丰富的在线学习资源、国际课堂技术课程及信息沟通技术的专业发展活动。

在 2008—2010 年间，澳大利亚联邦教育部提供 4 000 万澳元用于促进教师和学校领导的信息沟通技术的专业发展（Department of Education, Employment and Workplace，2008），计划的主要目的包括以下几个方面：

① 通过促进澳大利亚学校教学与学习持续、积极的变化，从而支持数字化教育改革（Digital Education Revolution）的推行，也将反过来帮助学生做好充分的准备，以在数字化时代适应未来的教育、培训及工作和生活；

②支持教师素质全国合作计划的实施，其主要目标在于推动广泛、持续、积极的教学改革；

③通过将信息沟通技术纳入国家课程结构中，通过将数字技术的运用作为课程的一部分，从而推动澳大利亚国家课程的制定与实施；

④通过确认教师和学校领导已具备与信息沟通技术与能力相关的知识、技能，从而支持全国教师专业标准（National Professional Standards）的实施。（Department of Education, Employment and Workplace, 2008）

为推动举措更好地实施，联邦教育部设置了周期性的活动开展路径，如图1-4所示。

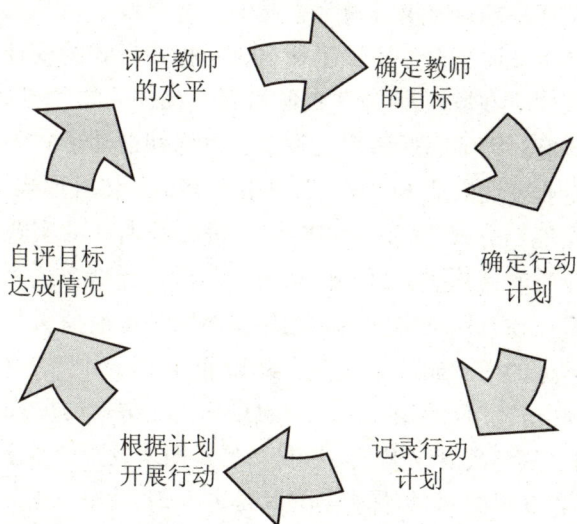

评估教师的水平　确定教师的目标

自评目标达成情况　确定行动计划

根据计划开展行动　记录行动计划

图1-4　面向中小学教师和学校领导的数字化战略之周期性的活动开展路径

（Department of Education, Employment and Workplace Relations, 2008）[4]

自陆克文和吉拉德执政的4年多以来，除了上述两项重要政策之外，政府还于2009年斥资4 430万澳元用于"优质教学档案袋"计划（Quality Teaching Package）和"缩小北部地区差距的扫盲举措之全国合作"计划（Enhancing Literacy Measures of the Closing the Gap in the Northern Territory National Partnership）。这4 430万澳元主要作为这两项举措为期三年的实施经费，政府旨在通过推行此举来为土著教职员工提供专业发展的途径，从而提升土著教师的教育学历水平，使北部地区73个偏远地区的教师能够帮助学生提高读写和算术的学习成绩。（Department of Education, Employment and Workplace, 2008)

澳大利亚的职前教师教育从 19 世纪 50 年代产生至今，可谓如上文所述的"变革少而周期长"，教师教育机构由早期的师范学院演变为当今的大学教育学院，职前教师教育历经 150 余年的发展也逐步走向全面、综合的专业教育之行列。伴随着教师职前教育专业化、学术化和系统化进程的推进，澳大利亚联邦政府逐渐将在职教育置于教师教育领域的优先发展战略地位，并终于在 20 世纪 80 年代末开始推行教师专业发展政策以提升教师这一职业的专业化水平。

自 20 世纪八九十年代以来，教师专业发展政策的制定与推行已经日益成为澳大利亚联邦政府提升教师素质的主要手段。而澳大利亚教师专业发展政策产生发展至今，历经了话语、目标与形式的变迁。在话语表述上，从早期的"在职教育"、"在职培训"到今天的"专业发展"，实际上反射出政府对教师职后教育在理念、目标和活动形式上的变革与更新，现在的专业发展活动不拘泥于以往在职培训的传统形式（如研讨班、会议、短期课程等方式），而是将能够促进教师发展的实践通通囊括其中，澳大利亚政府尤其推崇通过行动研究的活动开展方式来促进教师专业水平的提升；在目标设定方面，近年来澳联邦政府所关注的焦点主要集中在提升学生的学业成绩，而不是像 20 世纪 80 年代末 90 年代初那样提出一些当时无法实现的笼统、多重的目标；在举措的形式方面，20 世纪 90 年代初，联邦政府仅提供一些简单的资助来鼓励中小学教师参加职后进修，而自 20 世纪 90 年代中期尤其是进入 21 世纪以来，联邦政府则设专门目标、斥专项经费、制定具体的内容与实施方式，甚至进行有针对性的评估活动，从而推动中长期举措的实施与推广，并取得了积极的影响与效果。

澳大利亚联邦政府为中小学教师设置的专业发展的中长期举措，多数旨在提高教师的专业技能、知识水平与理解力。而其面向全国学校的性质，使中小学教师获得了一个能够接受在职专业拓展的平台。通过这些举措在全国范围内的实施，越来越多的教师获得了实实在在的专业学习机会，不仅有助于其教学实践质量的提升，也有助于其教学实践方法的改进。

第二章

澳大利亚教师专业发展的"旗舰"政策：
澳政府优质教师计划（AGQTP）

通过上文的叙述可以发现，自 20 世纪 90 年代初以来，澳大利亚联邦政府开始制定、推行教师专业发展的中长期政策。而在这些计划和项目中，有一项计划历经两代政府的实施累计长达十余年，其内容涉及与教师专业发展相关的研究、实践开展等方方面面，包括联邦政府、州和地区政府、中小学校、高校、相关的教师行业协会和教学机构在内的利益相关者都参与了计划的实施与推广过程，其影响范围广泛。这项计划就是——澳大利亚政府优质教师计划（Australian Government Quality Teacher Program，缩写为 AGQTP）。

在霍华德领导的自由党、国家党联盟政府执政时期，澳政府优质教师计划几乎承担了于全国范围内提升教师职后专业发展水平的全部重担。在霍华德卸任之后，陆克文政府斥巨资推行"更明智的学校之关于教师素质的全国合作"计划，但并未废除澳政府优质教师计划，还继续拨款推动该项目的实施，只是将计划调整为仅面向私立学校的教师。

政府对各项政策投注的时间、资金与关注力度显然是有差别的，就教师专业发展领域来看，各项举措出台的动因、侧重于实现的目标和为此而推行的办法也不尽相同。笔者认为，要深入、透彻地去了解和诠释近年来澳大利亚教师专业发展举措，最佳的办法是选择一项有代表性的甚至可谓是"旗舰型"的政策，这项政策应该能代表同时期其他的同领域政策，这就要求这项举措的内容不能只是"独当一面"，而必须是全面、系统的。基于此，笔者自然把目光投向了澳政府优质教师计划和教师素质全国合作计划这样的重磅举措。此外，还有一点必须要予以考虑，即由于政策实施后的影响与收效在短时间内很可能无法考察与验证，尤其是像教师专业发展政策，其推行后的影响很可能要在一段时间后才能显现出来。因此，如要选择一项举措来进行专门研究，那么这项举措至少得实施了一段时间且已有评估证据能证明其影响与效果。这样一来，实施至今不过三年时间的教师素质全国合作计划，联邦政府尚未对其开展专门的评估工作，因此可以不予考虑。最终，笔者将眼光投向了澳政府优质教师计划，该计划无论是在经费投入、内容与开展方式、实施时间、参与的相关利益主体、影响范围等方面都很符合笔者的考察标准。因此，为了深入分析澳大利亚联邦政府近年来所推行的教师专业发展政策，笔者特选择了这项颇具代表性的计划，同时也是被澳大利亚联邦政府誉为"大规模"（Department of Education, Science and Training, 2005）[1]的战略计划——澳政府优质教师计划，并以该计划作为本研究进一步探讨与分析的对象。

在本章中，笔者将对澳政府优质教师计划进行剖析，主要想探讨的问题有：该计划的出台是基于什么样的国内外背景因素，计划的目标是什么，计划各部分的组成内容及其具体的实施方式是什么，计划评估的数据、资料来源有哪些及评估标准是什么等。

第一节　国内外因素交织作用的计划制订背景

澳政府优质教师计划的制订是由来自国际、国内的各种因素共同交织作用的结果。从国际的视野来看，教师专业发展政策的制定与实施已经成为世界许多国家教师教育领域的发展趋势与潮流。近年来，"教师专业发展—学生学习成绩"的关联研究在欧美国家日趋兴起，这些研究对政府制定相关政策也起到了一定的"催化剂"作用。立足于澳大利亚本国的实际情况，于1999年颁布的澳大利亚学校教育国家战略目标将所有的目光都投向学生知识、技能与理解力的增长上，这就对中小学教师的素质提出了更高的要求。

而澳大利亚学校教育在世纪之交面临的重要挑战，也促使联邦政府制定、出台一项相关政策来提升本国的学校教育质量。

一、世界性教育改革趋势：专业发展成为教师教育改革的潮流

自 20 世纪 60 年代以来，尤其 80 年代以后，世界上众多国家都将开展教师专业发展实践、提升教师专业化水平作为提升本国师资队伍质量的主要举措。（教育部师范教育司，2003）[12] 追溯历史，现代教师专业发展的文献源头是国际教育大会于 1935 年发表的两份建议书：《小学教师的专业培训》《中学教师的专业培训》。1966 年，由联合国教科文组织（UNESCO）发布的《关于教师地位的建议》则是国际上第一份对"教师专业化"作明确说明的官方文件，该文件中强调"教师应被视为专业"。1971 年，日本在中央教育审议会通过的《关于今后学校教育的综合扩充与调整的基本措施》中指出，"教师职业本来就需要极高的专门性"，强调应当确认、加强教师的专门化。（李进，2009）[516] 1972 年，英国发布了《詹姆斯报告》，报告提出了著名的"师资培训三段法"，师资培训的第三阶段就是教师的在职培训，该报告对该国的教师教育体制产生了重要且深远的影响。

教师专业发展真正成为国际社会关注的焦点始于 20 世纪 80 年代。1980 年，世界教育年鉴的主题被确定为"教师的专业发展"。1986 年，美国相继发表了《国家为培养 21 世纪的教师作准备》（《卡内基报告》）、《明日的教师》（《霍姆斯报告》）这两份重要报告，这些报告提出了教师专业发展的构想与改革方向，并由此广泛带动了西方学者对于"教师专业发展"的研究热情。1989—1992 年间，经济合作与发展组织（OECD）陆续发表了一系列教师专业化改革的研究报告：《教帅培训》《学校质量》《今日之教师》《教师质量》等。可以说，自 20 世纪 80 年代至今，教师专业发展不仅成为世界许多国家教师教育改革的潮流与趋势，还是诸多西方学者热衷于探讨的研究热点。

近年来，各国的教育改革都越来越关注教师专业化发展，并将教师与学校管理者的专业发展置于所有教育改革与教学改进活动的中心位置。（Elmore et al.，1997）[1] 追其缘由，处在当今时代，社会、经济和教育环境瞬息万变，仅仅依靠职前培养已不能帮助教师做充足准备，以应对时

代的挑战并满足社会的需求。有必要大力开展教师的在职教育与专业发展活动，并让教师充分了解、实践终身学习的理念。(OECD, 1998)[17] 专业发展可以帮助教师拓展他们自身的知识与技能，以满足其在课堂中实践有效教学的需要；通过提升自身的技能与知识水平，教师可以做足准备以制定、采取正确的课堂教学策略。(Vrasidas et al., 2004)[2]

而自 20 世纪 80 年代以来，受到世界性教育改革发展趋势的影响，澳大利亚政府也越来越注重将教师专业发展政策置于战略性的发展地位，并将教师在职教育看得比教师职前教育更重要。在这样一种世界趋势的持续性影响下，处在世纪之交，澳大利亚联邦政府斥巨资推行一项全面、系统、综合性的教师专业发展政策，似乎也是一种非常合乎世界范围教师教育改革趋势的潮流之举。

二、欧美国家的相关研究："教师专业发展—学生学业成绩"关联研究备受重视

正如前文所述，自 20 世纪 90 年代中期以来，澳大利亚联邦政府推行教师专业发展政策的目的越来越聚焦且都倾向于提升学生的学业成绩。笔者对澳联邦教育部出台的相关政策报告进行了搜集、阅读与总结，结果发现，联邦政府之所以斥巨资制定并实施教师专业发展政策，是基于许多欧美学者通过研究认定教师专业发展能为学生学业成绩的提升带来积极的促进作用。(Australian Department of Education, Employment and Workplace Realtions, 2010)

(一) 众多研究之共识：教师专业发展与学生学业成绩存在紧密联系

近年来，通过研究，许多西方学者越来越倾向于认同这样一种观点：影响学生学业成绩的诸多因素中，最重要的就是教师的专业知识。(Sparks, 2002)[14] 相当数量的研究认为教师所拥有的专业知识越丰富，其学生的学业成绩就越高 (US National Commission on Teaching and America's Future, 1996, 1997; Guzman, 1995; McGinn et al., 1995; US Educational Testing Service, 1998; Tatto, 1999; Grosso de Leon, 2001; Falk, 2001)。

许多欧美国家学者的研究中都指出，教师专业发展与学生学业成绩之间存在紧密联系。比如，1997 年，琳达·达林－哈蒙德（Linda Darling-Hammond）在其研究中指出："对于教和学了解甚多的教师及有条件对学生进行充分了解的教师，对学生学习产生至关重要的影响。"并认为"教师素质这一变量和学生学业成就之间的联系"比其他任何因素更为紧密，"质和量上的分析都表明了制定提升教师素质方面的政策可能会改善学生的表现"。（Darling-Hammond，1997）这项研究对澳大利亚联邦教育部制定澳政府优质教师计划而言产生了非常重要的影响。此外，1997 年，科恩（Cohen）和希尔（Hill）通过研究也提出，教师专业发展实践的改进与学生成绩的提升之间存在紧密联系。（Cohen et al.，2000）

近年来，美国相关教育机构出台的系列国家报告中都强调了教师专业发展与学生学业成绩之间的联系，并由此强调教师专业发展的重要性。例如，2000 年，由美国教育考试服务中心（Educational Testing Service）发布的哈罗德·翁林斯基（Harold Wenglingsky）的研究报告——《教学如何起作用：将课堂带回关于教师素质的探讨中》（How Teaching Matters：Bring the Classroom Back into Discussion of Teacher Quality）指出：教师专业发展能够提升学生的学业成就，报告还提供佐证以说明教师专业发展的具体形式与学生科学、数学学习改进这二者之间存在联系。（Wenglingsky，2000）美国国家教育目标审查小组（National Education Goals Panel）在报告《带领所有学生达到高标准》（Bring All Students to High Standards）中，同样提及教师专业发展与学生学业成绩提升这两者之间的联系。此外，该审查小组还强调充分、持续的专业发展能帮助教师更有效地提升学生学业成绩。（National Education Goals Panel，2000）

（二）现有研究之缺憾：教师专业发展影响学生学业成绩的作用机制尚未构建

虽然多数研究都认定教师专业发展能促进学生学业成绩的提升，但部分西方学者已指出，目前鲜有研究能拿出依据来证明教师专业发展和学生学业成绩之间确实存在联系（Supovitz，2001；Cohen et al.，2000；Thompson，2003）。除此之外，更鲜有研究能够揭示教师专业发展实践究竟是如何影响学生的学业成绩的。

国外学者苏泼维茨（Supovitz）建构了一个分析路径试图揭示教师专业发展是如何一步步地影响学生的学业成绩的。他认为，高质量的教师专业发展实践可以提升教师的专业知识，从而提升教师课堂教学的质量，进而有可能提高学生的学业成绩。（Supovitz，2001）这个分析路径虽然包括了教师专业发展对学生学业成绩产生影响的这一过程中所牵涉的因素，但毋庸置疑的则是这其中的每一个因素都很复杂且都受多种因素的影响，各种因素之间的关系也非常复杂，具体的论证和解释工作非常艰难且烦琐。

自 20 世纪 90 年代开始，"教师专业发展与学生学业成绩间的关联"一直是欧美国家教师专业发展研究的热点探讨主题。该类研究的兴盛对西方国家教师专业化政策的制定、实施乃至评估都产生了重要影响。尽管到澳政府优质教师计划出台之时乃至今天，能提供证据从而清晰诠释教师专业发展究竟如何影响学生学业成绩的研究依然没有出现，"教师专业发展—学生成就改进"的黑箱也仍未打开（冯大鸣，2008）[97]，但澳大利亚联邦政府仍深受该类研究的影响，认为教师专业发展政策的制定与推行一定能或多或少地促进学生学业成绩的提升，澳政府优质教师计划的出台也正是基于此。

（三）新世纪国家教育目标：《阿德莱德宣言》直指增长学生知识、技能与理解力

1999 年 4 月 22—23 日，澳大利亚联邦及各州和地区的教育部部长们在阿德莱德召开第十届教育、就业、培训与青少年事务部部长级理事会（MCEETYA）① 会议，会议发布了《关于 21 世纪国家学校教育目标的阿

---

① 澳大利亚教育、就业、培训与青少年事务部部长级理事会，即 the Ministerial Council of Education, Employment, Training and Youth Affairs（MCEETYA），形成于 1993 年 7 月，三所先前存在的机构被合并成该机构：澳大利亚教育委员会、职业教育、就业与培训的部长级理事会及青少年事务的部长级理事会。MCEETYA 的成员是联邦及各州、地区管理学校教育、儿童发展及青少年事务的部长们。2009 年 7 月，MCEETYA 和技术教育部部长级理事会合并、重组，产生了两个新的机构：教育、儿童发展和青少年事务部部长级理事会（Ministerial Council for Education, Early Childhood Development and Youth Affairs，缩写为 MCEECDYA）和高等教育与就业的部长级理事会（Ministerial Council for Tertiary Education and Employment）。

德莱德宣言》（The Adelaide Declaration on National Goals for Schooling in the Twenty-first Century），简称为《阿德莱德宣言》。会议认为，澳大利亚的学校教育是建设未来国家的基石之一，联邦和各州及地区的教育部长同意通过共同合作从而帮助澳大利亚中小学来适应新时代的挑战。

　　澳大利亚联邦及各州和地区的教育部长认为，目前的社会是一个提倡教育、公正、开放的社会，澳大利亚未来的建设需要每一位公民都具备应有的知识、理解力、技能和有意义的价值观，而这一目标的实现必须依赖于高质量的学校教育。学校教育为澳大利亚的年轻人提供了智力、体能、社会性、道德、精神和审美等诸多方面的发展基础。（Ministerial Council on Education, Employment, Training and Youth Affairs, 1999）

　　宣言指出，澳大利亚联邦政府和各州或地区政府应该制定一系列的政策，以此促进学校教育质量的提升，促进公共资源的合理整合利用，并支持依靠学校教育的作用来推动建设一个有社会凝聚力和文化丰富的国家。关于学校教育的一系列目标的实现，必须依赖于州和地区政府、联邦政府、私立教育管理机构和其他相关机构的共同努力。

　　本次会议所提出的国家教育战略目标如表2-1所示。

表2-1　《阿德莱德宣言》所提出的国家教育战略目标

（Ministerial Council on Education, Employment, Training and Youth Affairs, 1999）

1.	学校教育应充分拓展全体学生的才能和能力，尤其是，当学生们离开学校之时，他们应该：	
	1.1	具有分析、解决问题的能力，以及沟通想法与交流信息的能力，规划和组织活动、与他人协作的能力。
	1.2	拥有自信、乐观和高度自尊的素质，凭借个人的卓越成就来承担好家庭、社会和单位成员的角色。
	1.3	具有作出判断的能力，承担道德、伦理和社会公正方面的责任，了解自身世界的能力，思考该如何行事，作出关于本人生活的理性、明智的决定，并对自身的行为负责。
	1.4	成为了解并珍惜澳大利亚政府制度和公民生活的积极、明智的国民。
	1.5	具有与就业相关的技能，并对工作环境、职业选择和职业生涯积累理解力，对接受职业教育与培训、深造、工作和终身学习抱有积极的态度。

1.		学校教育应充分拓展全体学生的才能和能力，尤其是，当学生们离开学校之时，他们应该：
	1.6	就新技术尤其是信息沟通技能而言，要成为有信心、富有创造力和有效的利用者，并了解这些技术对社会所产生的影响。
	1.7	了解、关心并保护自然环境，具有能为生态可持续发展做贡献的知识和技能。
	1.8	拥有建立和保持健康的生活方式的知识、技能和态度，能对闲暇时间做创造性的、令人满意的利用。
2.		在课程方面，学生应该：
	2.1	通过义务教育阶段八大核心学习领域综合、均衡的课程学习，获取高水准的知识、技能和理解力，这八大重点学习领域包括：人文学科、英语、健康与体育教育、英语外的语言、数学、科学、社会与环境的研究、技术及以上学科的相互关系。
	2.2	获取算术、英语文学方面的技能，例如，每个学生都能完成适当水准的计算、阅读、写作、拼写与交流。
	2.3	在义务教育阶段参与职业学习的课程，并将职业教育与培训课程作为学生高中学习的一部分。
	2.4	参与培育和拓展事业技能的课程与活动，这些技能能允许学生在未来生活中具有最大限度的灵活性和适应性。
3.		学校教育应该是具备社会公正性的，所以：
	3.1	学生通过学校教育的结果应该与由性别、语言、文化和种族、宗教和残疾等方面的歧视而带来的消极影响无关，还应与学生社会经济背景或地理位置所造成的差别无关。
	3.2	受教育方面条件不利的学生的学习成绩被提升，随着时间的推移，他们的成绩能赶上其他学生。
	3.3	土著和托雷斯海峡岛民学生享有学校教育方面的平等机会，这样他们的学习成绩将得到提升，并最终能与其他学生相匹敌。
	3.4	全体学生都应认识并承认土著和托雷斯海峡岛民的文化对澳大利亚社会的价值，拥有对澳大利亚原住民和非原住民之间的和睦而做出贡献的知识、技能与理解力，并最终从中获益。
	3.5	全体学生理解并承认文化和语言多样化的价值，拥有为增进澳大利亚社会内部与国际社会之间的差异性而做贡献的知识、技能与理解力，并最终从中获益。

续表

3.	学校教育应该是具备社会公正性的，所以：
3.6	全体学生都有机会接受高质量的教育，从而可以完成 12 年的学校教育或者相同程度的职业教育，这种教育为学生提供了迈向就业和未来教育与培训的明确、被认可的途径。

为了实现以上这些国家教育目标，《阿德莱德宣言》指出：联邦政府、州或地区政府必须开展合作以达成以下目标：

① 进一步让学校变得更强，使其成为一个学习型的社会。在这个学习型社会中，教师、学生和家长可以与企业、工业和广泛社会领域开展合作；

② 提升教师的地位和素质；

③ 继续开发能提升学生素质并在全国范围内皆被承认的课程和与之相关的评估、鉴定和资格认证体系；

④ 通过提供明确的能指导学生学业成绩提升的标准，通过学校教育可被测量和评估到的效力、效率与公平度，增进公众对学校教育的信心。（Ministerial Council on Education, Employment, Training and Youth Affairs, 1999）

综上所述，联邦和各州及地区政府依据特殊时期澳大利亚社会的政治、经济、社会、教育、文化、传统价值观等，对学校教育在21世纪的发展赋予了新的期望，而这些期望也正构成了《阿德莱德宣言》所提出的澳大利亚在21世纪的国家教育战略目标。不可否认的是，这些战略目标几乎都直指增长澳大利亚的学生在课程、社会生活、文化传统等诸多方面的知识、技能与理解力，要实现这些国家战略目标就肯定会给中小学教师带来新的压力与挑战。也正如卜文所述，政府在出台21世纪的国家战略目标之时，也已经清楚地意识到要实现这些目标就必须先"提升教师的地位和素质"。基于此，联邦政府在世纪之交出台澳政府优质教师计划也就不足为奇了。

三、国内中小学教学实践：新时期教学面临重要挑战与变化

澳大利亚国内中小学教学所面临的重要挑战与变化也促使了联邦政

府制订澳政府优质教师计划。

澳大利亚社会正处在一系列重要的社会、文化和经济变化进程中，这一进程受到信息沟通技术革命的影响。澳大利亚联邦教育部认为，这一革命是造成全球化现象的关键因素，也是造成各国采纳全球视角来审视各种问题的重要因素。(Department of Education, Science and Training, 2000)[8] 联邦教育部于 1999 年指出，学校教育正面临的基本挑战主要包括以下几个方面：

① 为全体学生提供关于识字、算术的基本技能，以及信息沟通技术的运用技能，这些能力都是学生将来继续接受教育的基础；

② 满足家长选择及问责制的更高要求；

③ 拓展学生的创新、创造与灵活的能力，从而为澳大利亚未来的企业文化与进步做贡献；

④ 让年轻人参与到科学和数学问题的解决过程中去，并认可科学问题对于我们日常生活所发挥的越来越重要的作用；

⑤ 满足土著学生和其他在文化、社会及经济背景方面有明显差异的学生的学科及社会需求。(Department of Education, Science and Training, 2000)[8-9]

21 世纪初，社会对教师工作提出了更复杂、更专业的要求。教师的专业发展与学习对于实现高质量的教育而言是核心影响因素。自 20 世纪 90 年代中期以来，澳大利亚的学校教育一直面临着核心科目的师资力量短缺问题，尤其是科学、技术和数学科目的师资明显不足；此外，自 20 世纪 70 年代末以来，澳大利亚中小学教师的平均年龄不断增长。(Department of Education, Science and Training, 2005)[6] 到世纪之交，师资队伍已开始面临老龄化的问题。

然而，随着时代的变迁，中小学教学领域面临着重要的变化：传统以知识灌输为主的教育已经不能适应时代的需要，中小学教师应注重提升学生更高层次的思维能力，中小学生获取、处理信息的能力亟待巩固与加强。(Department of Education, Science and Training, 2005)[6] 澳大利亚教育、就业、培训与青少年事务部部长级理事会指出：教师自身应该成长为越来越成功的广泛领域的学习者，这样，他们才能为澳大利亚未来的公民步入以知识为基础的社会而准备好熟练的技能。现在的教学应该帮助学生去培养和拓展日常生活、工作技能所需的批判思维能力、创造和解决问题的能力、克服复杂科目问题的能力。教师不仅应该掌握他们各自专业领域的知识，还要知晓广泛领域的教学法，从而适应每一名学生多样化的学习需求。（MCEETYA，2003）[3]

因此，政府制订澳政府优质教师计划，就是要支持在职教师更好地应对这种变化，从而顺应新时期澳大利亚学校教育的方向，进而实现21世纪澳大利亚学校教育的国家战略目标。

第二节　计划的目标、经费、内容及其实施

基于如上的时代背景，处在世纪之交，澳大利亚联邦政府制定并推行了重要的教师专业发展政策。联邦教育于1999年出资创建了"面向21世纪的教师——开创不一样的未来"计划，作为"面向21世纪的教师"下设的子计划，澳政府优质教师计划于1999年出台并于2000年正式启动，一直实施至今。

由上文可知，2007年霍华德政府下台，赢得大选的陆克文工党政府任职，2010年，吉拉德顶替陆克文担任总理。澳大利亚的两轮执政党三届政府共同推动了澳政府优质教师计划的制订、修改与实施。霍华德政府于1999年制订了该计划，出台了该计划在2000—2003年、2003—2004年、2004—2005年、2005—2009年的实施纲要，并为计划在以上阶段的实施提供了经费，工党政府出台了2010年、2011—2013年的计划实施纲要，并出资用于计划的推行。

事实上，该举措出台、实施至今也几经名称的变更。计划刚出台之时的全称为：优质教师计划（Quality Teacher Program），从2003年开始计划名称被改为联邦优质教师计划（Commonwealth Quality Teacher Program），2004年，联邦教育部又将计划名称调整为澳大利亚政府优质教师计划（Australian Government Quality Teacher Program），这个名称一直沿用至今。为了避免出现误解与混淆，本研究一概采纳计划当前的名称：澳大利亚政府优质教师计划（中文简称为澳政府优质教师计划，英文缩写为AGQTP）。

在此必须指出的是，霍华德政府执政时期，澳政府优质教师计划是面

向全国公、私立学校的一项举措。而自工党政府上台以后，联邦及各州和地区的教育部签署了《全国教育协议》（National Education Agreement）。该协议自 2009 年 1 月 1 日起生效，它是由联邦教育部和各州及地区的教育部共同签署的，其目的在于确保通过联邦及各州和地区教育部门的努力，从而促使全澳的中小学生获得在全球化经济时代进行有效工作所需的知识与技能。该协议预计拨款 18 亿澳元用于协助各州和地区学校教育事业的发展，而在此之前，联邦为各州和地区中小学校提供的资助则主要有经常性拨款项目、资本拨款项目和目标性拨款项目。联邦和各州及地区政府签署了政府间协议，以该协议为基础，《全国教育协议》的经费主要将用于以下目标的实现：所有孩子都接受教育并从学校教育中受益；年轻人达到读写、计算标准，学生的读写、计算成绩的总体水平得到提升；澳大利亚学生的水平超越国际标准；学校教育能促进社会发展，并缓解孩子们尤其是土著学生受教育的劣势局面；年轻人能顺利完成从学校到工作及未来进一步深造的过渡。（Council of Australian Governments，2009）

该协议生效之后，澳政府优质教师计划原本针对公立学校的部分已经被纳入《全国教育协议》中，自 2010 年开始，该计划已经成为专门面向澳大利亚私立学校的一项举措。由此，在不同的阶段，澳政府优质教师计划在目标、经费、内容构成等方面可能会呈现出少许不同的特点。

一、计划的目标：以提升教师专业素质为本

在霍华德执政时期，澳政府优质教师计划的基本功能是在联邦政府的规划与协助下，在州和地区政府、私立教育机构协商一致的情况下，帮助澳大利亚全国的中小学教师提高其专业素质、提升专业地位，具体来说，计划的主要目标有两项：

① 革新和提升教师在优先发展的课程领域（如读写、计算、科学、技能，包括信息技术等）的技能与理解力；

② 提升公、私立学校教师的地位。（Department of Education, Science and Training，2000）[15]

工党政府于 2009 年 11 月出台了《2010 年澳政府优质教师计划实施指南》，其中指出，该计划的主要目标在于：

① 帮助教师"配备"21 世纪学校教学所需的技能与知识；

② 领导并规划全国教师专业学习的优先发展事宜;

③ 提升全国中小学学校教师的地位。(Department of Education, Employment and Workplace Relations, 2009)[3]

由此可见,在自由党—国家党联盟政府时期和工党政府时期,澳政府优质教师计划的目标是一致的,归纳起来主要包括两点:提升中小学教师的技能、知识与理解力,提升中小学教师的地位。

二、该计划的经费投入:呈逐年、逐阶段增长态势

从该计划的经费投入上来看,在霍华德政府执政期间,联邦政府为计划的实施提供了逐年或逐阶段上涨的资助,全国所有的公、私立学校都可以参与到计划中来并能申请得到经费的资助。而自工党执政以来,澳政府优质教师计划仅面向私立学校,所拨经费也仅提供给以天主教学校和独立学校为主的私立学校系统。即便如此,从联邦教育部所制订的2010年、2011—2013年的计划实施指南中能很容易地发现,联邦政府为全国私立中小学提供的计划经费依旧呈逐年增长的趋势。

总而言之,计划自2000年出台实施至今,其累计经费的数额绝对是庞大的,这也是该计划作为澳大利亚政府"旗舰型"教师专业发展政策而存在的明证之一。

(一) 国家党—自由党联盟政府时期:为全体公、私立学校提供巨额经费

自2000年开始,澳政府优质教师计划正式启动。在项目启动的最初几年,即2000—2003年间,澳联邦政府共投入7 770万澳元用于计划的实施。其中,7 020万澳元用于州和地区的活动经费,600万澳元用于政策的推广,其余的150万澳元用于填补计划开展过程中相关部门的耗费等。(俞婷婕 等,2007)[15] 计划根据澳大利亚国家统计局定期公布的每个州和地区的学生人数来分配不同地区的计划经费,各州和地区在2000—2003年获得的计划经费如图2-1所示。

在2003—2006年间,计划总计投入8 240万澳元(俞婷婕 等,2007)[15],2006—2009年间,联邦政府共计投入1亿3 990万澳元用于澳政府优质教师计划的实施,其中为推动州和地区的活动开展,联邦政府投入8 700

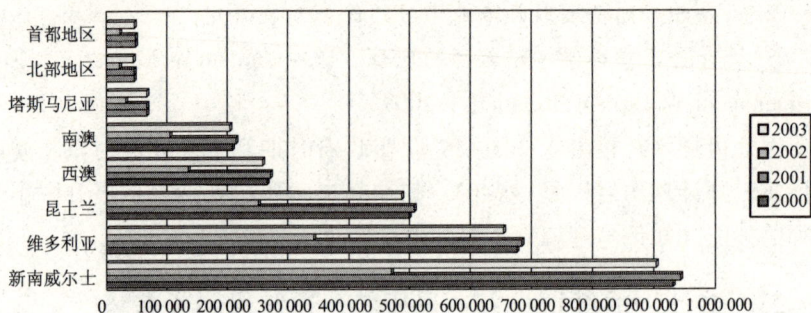

图2-1　澳政府优质教师计划对各州/地区的经费投入情况（2000—2003 年）（单位：澳元）

（俞婷婕 等，2007）[15]

万澳元。(Department of Education, Science and Training, 2004)[9] 各州和地区可获取的计划经费数额依旧根据该地区学生人数的情况来分配。与之前所不同的是，从 2006 年开始，联邦政府为每个州和地区能够接受的最低经费的数额设限，定为 40 万澳元。(Department of Education, Science and Training, 2004)[8] 2006—2009 年间，每个州和地区具体可获得计划经费数额如图 2-2 所示。

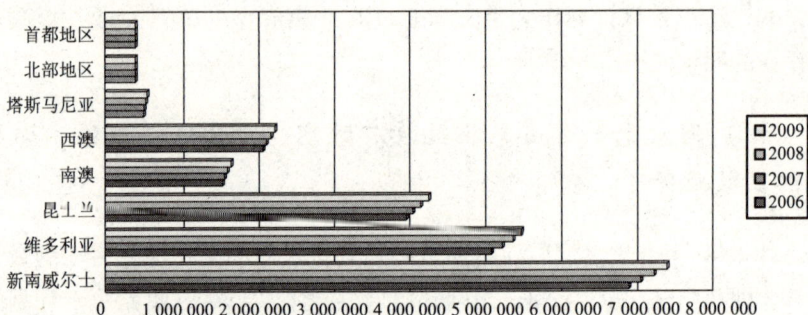

图2-2　澳政府优质教师计划对各州/地区的经费投入情况（2006—2009 年）（单位：澳元）

(Department of Education, Science and Training, 2004)[9]

到 2006—2009 年这一阶段为止，澳政府优质教师计划仍然面向全国公、私立学校系统的中小学教师，每个州和地区的公立学校、天主教学校及独立学校依据各自的学生人数来获得项目的运行经费。2006—2009 年，每个州和地区的各学校系统可获得的项目经费数额如图 2-3 所示。

由此可见，在霍华德政府执政时期，联邦教育部为该计划投入的经

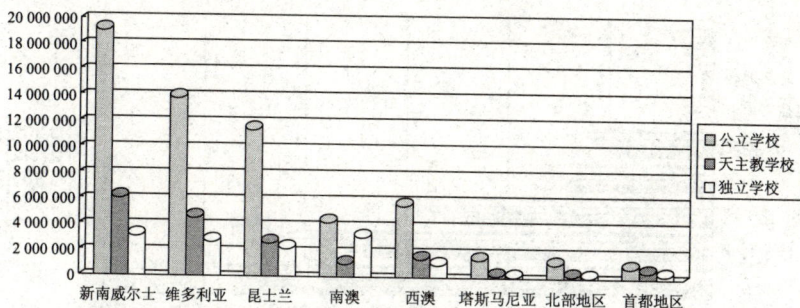

图 2-3　澳政府优质教师计划对各州/地区各类学校的经费投入情况（2006—2009 年）（单位：澳元）（Department of Education, Science and Training, 2004）[9]

费是逐年、逐阶段增长的，除了 2002 年之外，自 2000 年项目启动以来，多数州和地区可获得的计划经费也呈逐年增长的趋势。从如此巨额的面向全体公、私立学校的经费投入便可发现，澳政府优质教师计划是自由党—国家党联盟政府所推行的至关重要的教师专业发展举措。

（二）工党政府时期：仅向私立学校系统提供经费

2009 年，澳大利亚联邦教育、就业与劳动关系部斥资 660 万澳元用于澳政府优质计划在 2010 年的实施，（Department of Education, Employment and Workplace Relations, 2009）[4] 此后，2010 年，联邦教育部决定将 2 250 万澳元用作 2011—2013 年间的计划运作经费。（Department of Education, Employment and Workplace Relations, 2010）[5] 各州和地区在 2010—2013 年间可获得的计划运作经费如图 2-4 所示。

作为澳大利亚私立学校系统的两大组成部分——天主教学校和独立学校，均依据其在校生人数获得相应的计划开展经费，在 2010—2013 年间，各州和地区的天主教学校和独立学校所获得的计划经费之具体数额如图 2-5 所示。

即便澳政府优质教师计划当前面向的仅是澳大利亚私立中小学校，但由图 2-4 可知，联邦教育部为私立中小学校提供的计划经费在 2010—2013 年也是逐年增长的。

自 2000 年以来，联邦教育部为澳政府优质教师计划的开展提供了数目巨大的资助，使得计划的构成与实施状况越发地惹人注目。

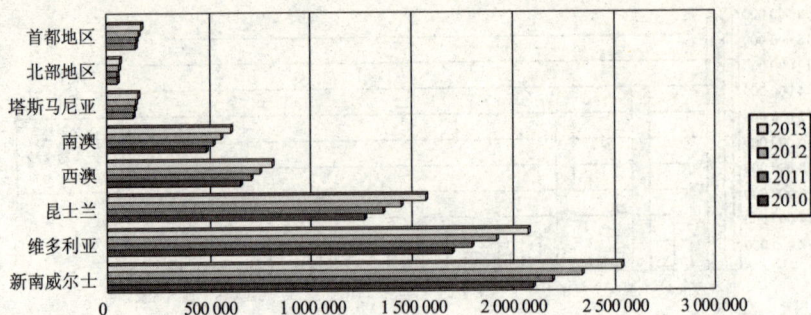

图2-4 澳政府优质教师计划对各州/地区的经费投入情况（2010—2013年）（单位：澳元）

（Department of Education，Employment and Workplace Relations，2009）[11]；

（Department of Education，Employment and Workplace Relations，2010）[3-4]

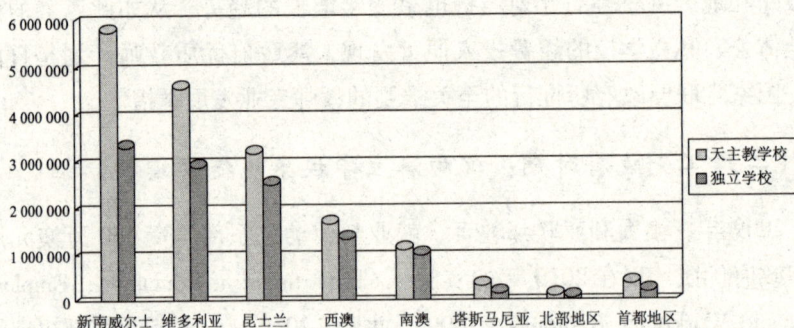

图2-5 澳政府优质教师计划对各州/地区各类学校的经费投入情况（2010—2013年）（单位：澳元）

（Department of Education，Employment and Workplace Relations，2009）[11]；

（Department of Education，Employment and Workplace Relations，2010）[3-4]

三、该计划的构成与实施：大规模、多维的政策群与分工协作

澳政府优质教师计划实施至今已经有十余年的时间，在不同的时期，该计划的构成与内容都不甚相同。在2005年之前，该计划主要由两个部分组成，即州和地区的教师专业学习项目及全国性的战略举措。

2005年，澳大利亚教学与学校领导学会（Australian Institute for Teaching and School Leadership，缩写为AITSL）成立，霍华德政府将该机

构开展的活动列为计划的第三大组成部分。因此，2005—2009 年，澳政府优质教师计划共有三项组成部分：州和地区的教师专业学习计划、全国性的战略举措及由澳大利亚教学与学校领导学会开展的活动。

2010 年，工党政府把州和地区的教师专业学习项目作为澳政府优质教师计划的主体组成部分，这种状况一直持续至今并将延续至 2013 年。澳政府优质教师计划在各时期的构成及计划名称的更改情况如图 2-6 所示。

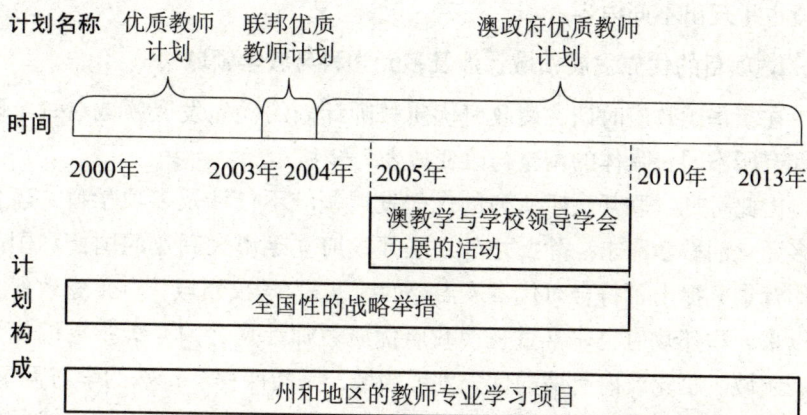

图 2-6 澳政府优质教师计划在各时期的构成情况

澳政府优质教师计划是由三个组成部分所构成的复杂、多维的大规模政策群，它的三个构成部分又下设众多的项目与活动。计划每一项组成部分都有其特定的实施方式或工作开展方式。总的来说，联邦政府、州和地区政府、私立教育机构、高校、教学行业协会等利益相关主体通过分工协作，从而推动了澳政府优质教师计划的开展。

（一）州和地区的教师专业学习项目及其实施

所谓州和地区教师专业学习的举措，就是在与相关教育权力部门协商一致的情况下，为公、私立中小学的教师提供资助来开展专业学习活动，从而实现"提升教师的专业技能与知识"这一目标，同时促进澳政府优质教师计划其他目标的实现。

从澳政府优质教师计划的经费投入便可知，州和地区的教师专业学习项目是该计划的首要构成部分。在计划出台之初，联邦教育部便指出，州和地区的公、私立教育管理机构将在计划的开展过程中扮演主要的角色并发挥重要作用，公、私立教育权威机构所开展的专业学习项目应该针对联邦政府提供的优先发展或资助领域。

无论是自由党—国家党联盟政府时期，还是工党政府时期，联邦政府一直强调州一级项目的优先发展领域，并一再强调州和地区的项目开展必须与联邦政府给出的优先发展领域中的至少一项直接相关，这是项目获得批准的前提条件。而联邦政府州一级的举措优先资助的领域在各阶段也呈现出不同内容。

1. 项目的优先发展领域：涉及多元学科与教学领域

在霍华德政府时期，澳政府优质教师计划的优先发展领域在每个阶段都有所不同，具体的调整与改变如表2-2所示。

由此可见，联邦政府所列的优先发展领域不仅涉及多项学科，还包括多元化的教学需求。除此之外，联邦政府立足澳大利亚的国情和国际化的背景，提出了符合时代发展需要的跨课程/学校领域。自工党政府上台以来，联邦政府也非常重视澳政府优质教师计划之州一级举措的优先发展领域。工党政府所谓的优先发展领域，是指课程、特殊的学习需求、跨课程/学校这三个方面的优先发展事宜。这个由三项主要内容组成的计划优先发展领域是基于该计划2006—2009年的优先资助领域进一步调整而得出的，两者的差异可说是微乎其微。

除了上述优先发展领域之外，工党政府还指出，每年的计划活动规划必须拨25%的款项用于与以下关键领域相关的教师专业发展：

① 澳大利亚国家课程；

② 全国教师专业标准（跨课程/学校）；

③ 学生健康（包括反校园霸凌）（跨课程/学校）。（Department of Education，Employment and Workplace Relations，2010）[2]

表 2-2　澳政府优质教师计划的优先发展领域（自由党—国家党联盟政府时期）

（Department of Education，Science and Training，2004）[2-3]；

（Department of Education，Science and Training，2005）[3-4]

计划阶段	阶段一 （2000—2003 年）	阶段二 （2003—2004 年）	阶段三 （2004—2005 年）	阶段四 （2006—2009 年）
优先领域	读写 算术 数学 科学 信息技术 学校职业教育	读写 算术 数学 科学 技术学习领域 学校职业教育 教师和学校领导的专业标准 全国学校安全框架	读写 数学与算术 科学 技术学习领域 学校职业教育 教师和学校领导的专业标准 有特殊学习需求的学生的教育 价值教育（包括公民与公民权利教育） 天才教育 全国学校安全框架	● 课程优先领域 读写/英语 算术/数学 科学（包括可持续环境教育） 公民与公民权利 信息沟通技术 健康教育 语言 职业教育与培训 音乐 ● 特殊学习需求 男孩教育 土著学生 天才学生 有身体残疾和学习困难的学生 英语作为第二语言学习的学生 ● 跨课程/学校 基本教学法 全校创新教学法 全国学校安全框架 学生报告 信息沟通技术跨课程的创新运用 价值教育 亚洲研究

课　程	特殊的学习需求	跨课程/学校
读写/英语 算术/数学 科学（包括可持续环境教育） 历史 地理 信息沟通技术（ICT） 语言 职业教育与培训 音乐	土著学生 土著教师 身体残障的学生及有学习困难（如自闭症）的学生——针对专家和主流教师而言	将ICT整合到教学中去 ICT在跨课程领域的创新运用 专业标准与专业领导 亚洲研究 未来学校领导的发展 指导技能 绩效管理技能 商业管理技能 项目管理技能 国际最佳实践

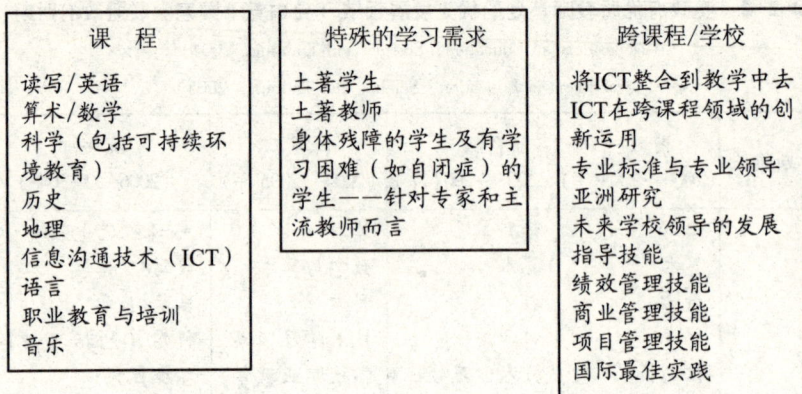

图 2-7　澳政府优质教师计划的优先发展领域（工党政府上台以来）

（Department of Education, Employment and Workplace Relations, 2009）[4]；

（Department of Education, Employment and Workplace Relations, 2010）[2]

2. 项目的申请与实施：跨部门委员会发挥重要作用

澳政府优质教师计划中州和地区专业学习举措的优先发展领域在自由党—国家党联盟政府后期和工党时期所呈现出来的差别很小。在霍华德政府时期，计划面向的是全国的公、私立学校，所有的公立学校、天主教学校及独立学校的管理机构都可以参与申请项目并开展项目拟定的活动。工党执政时期，该计划仅面向全国私立中小学校，天主教学校及独立学校的管理机构有权申请、参加项目。虽然参与政策的主体发生了改变，但工党政府依旧延续并采用了自由党—国家党联盟政府所建立的"跨部门"合作的方式来推动州和地区专业学习项目的实施。

在霍华德政府执政期间，由于澳政府优质教师计划面向全国的公、私立学校，所以，州和地区的专业学习举措的实施必然需要来自多方的协作与努力，包括州和地区的教育部、天主教会、独立学校管理机构及其他与教师专业相关的组织（如教师专业协会等）。而在工党政府时期，虽然计划仅面向私立学校，但由于私立学校系统也由多种不同类型的学校组成，实施州和地区的专业学习举措仍然需要所谓的跨部门式的合作。

（1）跨部门委员会及其职责

联邦教育部建议和推崇各州和地区的各类学校系统打破公、私立学校之间及天主教、独立学校之间的"壁垒"，从而以一种跨部门（Cross-sectoral）的合作来共同推动计划的开展。这种跨部门的合作可以最大限度地发挥澳政府优质教师计划的功能并扩展其影响范围，减少活动开展的重复率，降低经济方面的损耗。

从前文可知，在霍华德政府执政的后期，联邦教育部规定，为每个州和地区提供的计划开展经费不能少于 40 万澳元。除此之外，联邦教育部还规定，如果某州或地区的计划经费少于 50 万澳元，那么该州或地区所有想要申请相关项目的教育机构就必须开展跨部门的合作并与联邦政府签订所谓的"跨部门合约"（Cross-sectoral Contract）。在别的州和地区，联邦政府依旧推崇跨部门合作，但如果相关的教育机构能够较好地阐述其单方面的行动是兼具效率与效力的，联邦政府可予以考虑并批准。在那些已经申请到单方部门项目的州和地区，仍然需要开展至少一项跨部门的战略性项目。

联邦教育部规定，澳大利亚所有的州和地区都要组建一个跨部门委员会（Cross-sectoral Committee），这个委员会的成员是来自政府、天主教会、独立学校部分、教师专业协会及各教育学院的代表。联邦教育部的官员可以参与跨部门委员会平时的会议并提供支持与援助。如果能够帮助某州和地区的跨部门委员会提高工作效率，联邦教育部则保留参加该地区跨部门委员会的权力。

跨部门委员会的主要职责包括：

① 批准项目的战略计划书，然后递交给联邦教育部；

② 批准项目的年度活动计划书，然后递交给联邦教育部；

③ 与有关利益相关者共同协商讨论每个项目所针对的优先发展领域；

④ 与有关利益相关者共同协商探讨每个项目所需的活动类型；

⑤ 与有关利益相关者分享成功的活动的相关信息；

⑥ 确保教师都有跨部门的渠道参与到澳政府优质教师计划中来，尤其是那些身处偏远地区的教师；

⑦ 参与并致力于推动澳政府优质教师计划的市场和评估活动；

⑧ 审批各项目的汇报，然后递交给联邦教育部。（Department of Education, Science and Training, 2004）[11]

（2）项目申请与开展所需符合的要求

联邦教育部指出，所有申请并开展州和地区的专业学习项目的教育机构必须符合计划与安排、市场与认可以及汇报方面的诸项要求与规定，并依据联邦教育部的要求定期递交相关资料。

图 2-8 中所列各项的具体要求如下文所述。

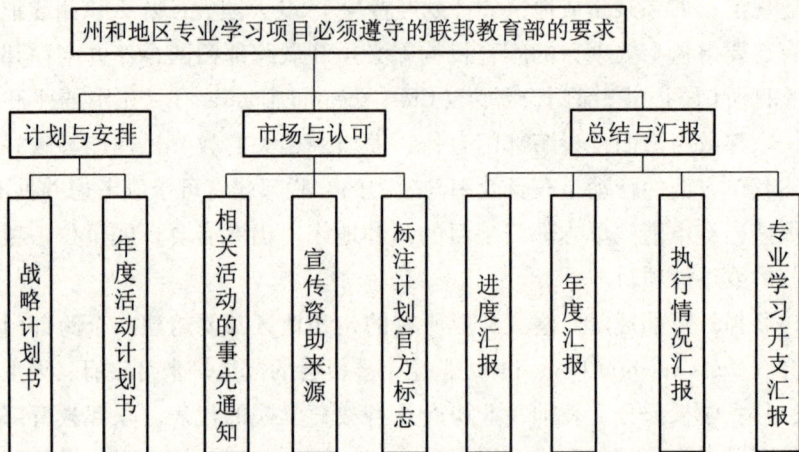

图 2-8　州和地区的专业学习项目必须遵守的相关要求

A. 项目计划安排方面需符合的要求

每个州和地区的跨部门委员会都要向联邦教育部呈交一份战略计划书（Strategic Plan），与此同时，为获得联邦教育部每年对项目的资助，还必须提供年度活动计划书（Annual Activity Plan），来年的年度活动计划书必须在每年的 11 月前上交至联邦教育部。

就战略计划书而言，联邦政府审核时所参考的标准有：

① 要与澳政府优质教师计划的目标之间存在联系；

② 要与州和地区开展的教师专业学习政策有联系；

③ 基于教师的需求；

④ 基于扎实的理论基础。（Department of Education, Science and Training, 2004）[13]

就年度活动计划书而言，联邦教育部审核时所参考的标准有：

① 与战略计划书之间的联系；

② 基于扎实的理论基础的论据；

③ 预算的合理性，包括用于管理的预算部分。(Department of Education, Science and Training, 2004)[14]

B. 项目的市场与认可方面需符合的要求

所有州和地区的专业学习项目都必须遵守以下关于市场和认可方面的要求：

① 教育机构必须向联邦教育部提供关于与澳政府优质教师计划相关的发行、媒体发布或宣传活动（如奖项授予、典礼等）的合理事先通知；

② 必须通过口头或课程资料等途径告知每一位参与活动的人：这些活动都是由澳政府优质教师计划来资助的；

③ 在任何时间，AGQTP 都是指 "Australian Government Quality Teacher Program"，即澳大利亚政府优质教师计划；

④ 所有计划材料上都必须有澳政府优质教师计划的官方标志，包括课程材料、宣传材料、出版物、记载计划有关资料的网站等。(Department of Education, Science and Training, 2004)[14]

C. 项目的汇报方面需符合的要求

所有参与项目申请与开展的教育机构必须向联邦教育部递交以下汇报。(Department of Education, Science and Training, 2004)[15]

① 进度汇报（Progress Report）：本年度 1—6 月间的项目实施情况，在每年 7 月提交给联邦教育部。

② 年度汇报（Annual Report）：上一年 1—12 月的项目实施情况，必须在来年的 1 月份上交给联邦教育部；

③ 执行情况汇报（Performance Report）：上年 1—12 月的项目执行情况，在来年的 6 月提交给联邦教育部。依据《执行情况汇报框架实施手册》（Performance Reporting Framework Implementation Manual）来提供相关数据，利用联邦教育部所提供的模板来提供、编辑相关数据。

④ 专业学习开支汇报（Report on Professional Learning Expenditure）：参与计划的教育机构还要根据联邦教育部的具体要求来向其呈交一份关于专业学习的开支汇报。

（3）项目的申请与开展程序

州和地区的专业学习项目的申请及开展程序如图 2-9 所示。

```
        ┌─────────────┐
        │ 跨部门委员会的组建 │
        └─────────────┘
              ┊
              ▼
┌─────────────┐    ┌──────────┐    ┌──────────┐
│ 教育机构向跨部门委 │───▶│ 委员会批准  │───▶│ 向联邦教育部 │
│ 员会提交两份计划书 │    │ 项目计划书  │    │ 递交计划书  │
└─────────────┘    └──────────┘    └──────────┘
                                         │
┌─────────────┐    ┌──────────┐    ┌──────────┐
│ 通过审批的项目  │◀───│ 通过审批与联邦 │◀───│ 联邦教育部  │
│ 获得经费     │    │ 教育部签署协议 │    │ 进行审批   │
└─────────────┘    └──────────┘    └──────────┘
       │
┌─────────────┐    ┌──────────┐
│ 开展获批项目的活动 │───▶│ 向联邦教育部定期 │
│           │    │ 作各项汇报  │
└─────────────┘    └──────────┘
```

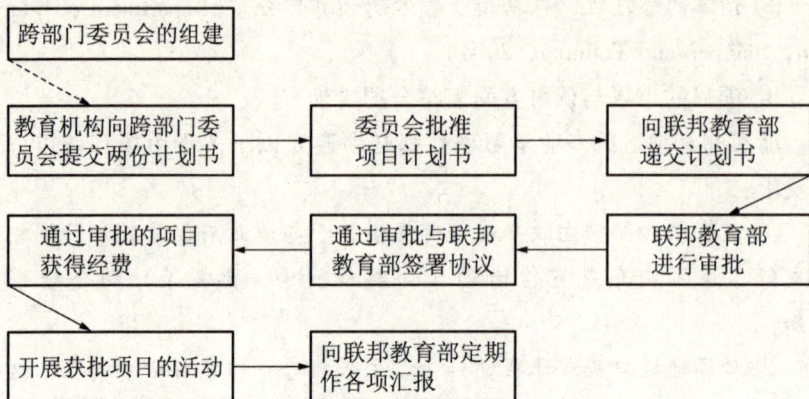

图 2-9　州和地区专业学习项目的申请与开展程序

　　州和地区的教师专业学习项目都要与每个时期联邦政府提出的优先发展领域中的至少一项相关。想要申请参加澳政府优质教师计划的学校教育相关部门需拟定一份项目计划书并上交给跨部门委员会，跨部门委员会在通过审议之后再向联邦教育部递交项目计划书。项目计划书中必须明确指出以下几点：

　　① 项目选择哪些优先发展领域作为关注重点；

　　② 准备开展的活动；

　　③ 打算要开展的评估或评价过程；

　　④ 将要开展的活动与教育当局对开展活动的优先权的排序及细节。（Department of Education, Science and Training, 2005）[3]

　　跨部门委员会首先要对各教育部门上交的项目计划书进行审议与评定，这种审议与评定主要基于两个层面：项目本身的战略层面和操作层面的内容。跨部门委员会要从这两个层面出发，并就表 2-3 所述的诸项内容与提交上来的项目计划书进行比对与审查。

表 2-3　州和地区的专业学习项目必须符合的战略及操作层面标准

（Department of Education, Science and Training, 2004）[12-13]

战略层面	操作层面
是否关注学生学习的内容，并关注学生在学习这些内容时可能遇到的不同问题。	向教师呈现如何将他们的工作同学生表现的具体标准相联系。

续表

战略层面	操作层面
分析学生的实际表现同为其设定的目标及标准之间的差别何在。	基于教师和学校的需求。
	涉及学生的学习需求。
协同教师来商议确认教师需要学习的东西是什么，以及确定他们将会参与的学习经验拓展活动。	清晰地指明项目的目标与结果。
	对教师来说具有切实的意义。
应主要是以校为本的活动，并融入到日常教学工作中去。	兼顾课程与教学问题的平衡。
	使用模拟教学查询表的技能。
是否基于教师对学生的教学经验，来帮助教师完成实际教学任务。	涉及各利益相关主体的广泛参与。
	考虑整所学校的做法及地区活动的开展。
活动的组织是否围绕着合作式的问题解决。	同致力于改善学生学习而产生的校园改变的其他内容相联系。
活动是否为持续性和不断的；是否含有对未来学习的后续性支持——包括来自外部的能够为学校提供必要的支持和新视角的资源。	为教师提供能与同伴一起反思和分享经验的机会。
在教师专业学习活动开展之后，是否对学生学习结果的各种信息资源进行评估，是否对教学及课堂教学进行评估。	考虑通过 ICT 的创新运用来支持全校教学发展与改革。
是否为教师提供机会，让他们能更好地了解其所学的知识与技能的理论基础究竟是什么。	如果合宜的话，运用在线网络工具（比如网络小组讨论、外联网等），从而为教师尤其是农村或偏远地区的教师，提供合作性活动开展所需的支持。
是否为教师提供了有意义的且兼具专业性的专业机会。	
是否与改进学生学习的全面变化过程相结合。	

跨部门委员会通过项目计划书的审议之后将其上交给联邦教育部，联邦教育部要对活动与澳政府优质教师计划目标的相关性与适宜性作评

估。通过联邦教育部的审批后，各州和地区的跨部门委员会或相关教育管理机构要与联邦政府签署协议，并遵守联邦政府关于项目的汇报要求，然后，联邦政府把活动经费拨给获得批准的项目。

（4）项目经费的使用

联邦教育部曾明确指出，州和地区项目资助的使用将受到以下这些限制：

① 用于教师减压、放假所耗费的资金不得超过每年项目预算的 15%；

② 项目的经费不得用于资助有关专业学习的国际旅行以及购买或租赁高级设备（如计算机硬件等）；

③ 旅行、食宿、项目管理所耗费的开销应该被降到最低，并应通过联邦教育部的酌情审批。(Department of Education, Science and Training, 2004)[10]

（5）州和地区专业学习项目的开展情况——以维多利亚州为例

州和地区的专业学习项目的活动开展方式非常丰富且不拘一格，可以说，活动的开展依赖于多种方式的采纳，其中包括：工作小组的创办、行动研究的采纳、试验及咨询等。以维多利亚州为例，2006—2009 年，该州的公立学校系统与天主教学校及独立学校系统进行了跨部门的合作，共同开展了以下这些项目与活动。

表 2-4　维多利亚州开展的州和地区专业学习项目（2006—2009 年）

(Department of Education and Training of Victoria, 2006)

州教育与培训部的项目		
项目名称	项目简介	项目提供方
地区专业学习支持和学校资助 (Regional Professional Learning Support and Grants to Schools)	项目主要关注教学与学习、有目的的教学、所有学习者的高期望、富有启发性的学习环境，并支持学习型社会的发展。州教育部下设的地区办事处（Regional Offices）全都设有 AGQTP 地区专业学习领导，对本地区的学校发展及专业学习项目的实施提供直接、迅速和持续性的建议。	由州教育部每个地区办事处的专业学习领导管理并负责

续表

州教育与培训部的项目		
项目名称	项目简介	项目提供方
构建学校领导团队的能力(Building the Capacity of School Leadership Teams)	所谓学校领导团队,是指校长、常务校长、副校长和骨干教师。该项目针对当前和未来的中小学学校领导们,通过提升学校领导团队的专业水平,最终带动学生参与到学习中来,并提升其学业成绩。	UMEE 有限公司(墨尔本大学的一家前私人有限公司)
学校改进活动(School Improvement Activity)	该活动主要是为那些学生学习成绩低于预期水平及学校领导与管理水平亟待提升的学校而设的。项目经费主要用于面向教师和学校领导的专业学习活动,这些活动将致力于提升教师和学校领导的能力,从而使教学实践发生好的变化。	由地区的相关责任单位负责组织
引导学生学习:协助校长和骨干教师的一项专业学习项目(Leading for Student Learning: A Professional Learning Program for Assistant Principals and Leading Teachers)	为特殊学校的校长和骨干教师设置,通过提升其技能从而改进学生的学习。	莫纳什大学
构建群和单所学校专业学习领导的能力(Building the Capacity of Professional Learning Leaders in Clusters and Schools)	以学校群和单所学校为基础的专业学习,专业学习的内容涉及有效教学法和评估事宜,以及为每一位教师提供支持。	澳大利亚有效合作中心
构建小规模学校的能力:训练小型学校的校长(Building the Capacity of Small Schools: Coaching for Principals of Small Schools)	通过确认小规模学校(尤其是农村地区学校)领导的需求,来协助提升其知识、技能。	阿特金森私人咨询有限公司

续表

州教育与培训部的项目		
项目名称	项目简介	项目提供方
构建全校参与的模式与能力从而为有额外学习需求的学生提供支持（Building Whole School Approaches/Capacity to Support Students with Additional Learning Needs）	该项目主要是基于学生的多样化需求而设，依据特殊学校所采取的专门的教学经验与技术来为普通学校的教师提供支持，从而拓展整所学校的能力以满足身体有残缺的学生的学习需求。	本迪戈公会 南方公会（克兰本）
州教育部 2006—2009 AGQTP 计划的纵向评估（Longitudinal Evaluation of the DE&T 2006—2009 AGQTP Program）	该活动主要是州教育部为检测澳政府优质教师计划在四年中的实施影响与效果，评估其是否提升了教师和学校领导者的能力。开展该评估也是为了遵守联邦教育部的汇报要求等。	I&J 管理服务私人有限公司
州独立学校协会的项目		
项目名称	项目简介	项目提供方
校本专业学习小组（School-based Professional Learning Teams）	项目主要关注的是校本革新与教师的学习。学校将提出他们需要的是什么，并赋予教师队伍以参与制订、实施与评估 AGQTP 计划的权力。学校将会收到开展计划所需经费。通过拓展专业学习小组的合作问题解决能力、理解和运用数据来提升教师实践，分析教师在校改进目标等活动的开展，参与该项目的学校能够得到非常多的专业学习机会。学校将会被组成学习领域网络，即在地理位置上邻近的六所学校组成一个学校群来开展类似的活动。	以学校为基础
恢复型实践——一种全校参与的模式（Restorative Practices——A Whole School Approach）	学校要先召开会议并探讨在学校内部存在的严重不利因素究竟有哪些。参与该计划的学校需要全年同一个调解人合作。调解人将做每一所学校的需求分析，并开展为期三天的项目作为为教师学习团队或全校的教职员工提供恢复功能的培训。	以学校为基础

续表

州独立学校协会的项目		
项目名称	项目简介	项目提供方
信息沟通技术专业学习（Information and Communication Technology Professional Learning）	该项目主要致力于让教师将信息沟通技术（ICT）有效整合运用到班级中去，项目将为教师提供一系列的专业学习机会，活动则主要包括两个组成部分：专业学习模块；以校为本的专业学习。	部分 ICT 专业学习活动的开展将由独立学校协会、协会的顾问及战略伙伴来组织
以学科为基础的内容知识的专业学习（Subject-based Content Knowledge Professional Learning）	这项活动主要为教师们提供机会以扩展和提升其学科知识。活动将会采取讲座的形式，专家们将会受邀来给教师做讲座，讲座的内容即关于其各自专攻领域知识的当代发展现状。每年将有四场讲座。每年将集中关注两个学科领域，一个是自然科学领域的，另一个则是人文科学领域的。	I&J 管理服务私人有限公司

由表 2-4 可知，州和地区专业学习项目注重校本活动的开展，并注重行动研究的采纳。自 2000 年以来，州和地区的专业学习项目已经为澳大利亚中小学教师和学校领导的专业提升提供了数量相当可观的学习机会。作为澳政府优质教师计划的"主角"，州和地区的专业学习项目所发挥的作用绝对不容小觑。

（二）全国性的战略举措及其实施

全国性的战略举措也是澳政府优质教师计划的重要组成部分之一，该部分举措开展时间为 2000—2010 年之前。在工党政府上台并于 2009 年推出"计划 2010 实施指南"之后，澳政府优质教师计划的主体部分就仅剩下州和地区的专业学习举措了。

1. 全国性战略举措的内容与类型：以研究与交流促"发展"

全国性的战略举措，即在更大的全国性的政策框架下，通过制订一些计划来实现澳政府优质教师计划的目标。全国性项目集中关注以下事宜：

① 提升教师的素质和地位；

② 改进学校领导者的能力；

③ 通过研究来推进教学和学校领导的创新；

④ 促进有效的澳政府优质教师计划实践的传递与交流。(Department of Education, Science and Training, 2004)[16]

一般来说，全国性的战略举措应涉及以下内容中的一项：

① 确认和推动最佳的实践（包括通过教师专业标准的拓展）；

② 协助澳政府优质教师计划的评估；

③ 支持联邦政府其他优先领域（澳政府优质教师计划自身的优先发展领域之外）的专业学习资源的拓展与传播；

④ 有关教师专业发展及教师地位等问题的研究；

⑤ 支持和推动教师和学校领导的职业咨询，以及其专业网络的发展。(Department of Education, Science and Training, 2005)[4]

在霍华德政府时期，主要的全国性战略举措如图2-10所示。

图2-10　主要的全国性战略举措

依据项目的内容与性质，霍华德政府时期所有的全国性战略举措可以被划分为以下几种类型：

① 拓展和展示最佳教学/领导技能实践的项目；

② 推动专业（主要是中小学校长）联网/咨询的项目；

③ 拓展专业学习材料/传播专业学习的项目；

④ 开发教师专业标准的项目；

⑤ 研究型项目（包括教学和教师教育的审查计划及当前的评估活动）；

⑥ 致力于全国优秀教学和学校领导学会①（National Institute for Quality Teaching and School Leadership）的创建的项目；

⑦ 澳政府优质教师计划之全国优质教师信息交流项目。（Department of Education，Science and Training，2005）[5]

从以上关于全国性战略举措的主要项目及所有项目的类型划分可以看出，全国性的项目与州和地区的项目有很大的不同。州和地区的项目都是直接面向基层教师和学校管理层的，是针对当前学校可能或已经面临的各种问题与困难而设计的教师及学校领导的专业提升活动。然而，全国性的项目多是基于更宏观的视角来推动全国教师专业素质提升的项目，其中有不少研究型、评估型的举措，也有很多促进各地教师分享与交流专业发展成功实践与经验的项目。基于此，笔者认为全国性项目的功能在于以研究和交流来促"发展"。

2. 全国性战略举措的实施：联邦教育部长拥有绝对权力

全国性的战略举措是由联邦教育部长或其委任代表来批准通过的，教育部长或其委任的代表还有权决定是否给各项全国性项目提供经费资助及提供经费的具体数额。就全国性举措中项目的申请与开展而言，联邦教育部长具有绝对的权力。全国性计划的获准途径取决于计划本身的设计，可采取公开竞争型的招标、选择性招标或者筹资协议等形式来争取。（Department of Education，Science and Training，2005）[4] 全国性战略举措在市场与认可方面的要求与州和地区专业学习项目一致，在项目汇报方面的具体要求上，则依据项目申请方与联邦教育部签订的具体合同来设定。

全国性的战略举措包括众多的项目与活动，自澳政府优质教师计划开展以来至 2010 年以前，这些举措的实施为教师，尤其是教师中的特殊群体，如土著学生的教师、新教师、从其他行业转行从事教学的教师等，提供了有针对性的专业素质提升活动。此外，全国性的战略举措中的一些研究型项目，从深层次就与教师专业发展相关的问题进行了探究。还有一些项目则继续致力于开发全国教师专业标准，为构建全国统一的教

---

① 全国优秀教学和学校领导学会已于 2004 年由澳联邦政府创建，该机构的目标是提高教师和学校领导的地位、素质及其专业性。该机构为澳大利亚教学与学校领导学会的前身。

师教育系统作出了努力。全国性战略举措的部分项目如表2-5所示。

表2-5 澳政府优质教师计划之全国性战略举措的部分项目

(Department of Education, Science and Training, 2005)[138-142]

项目名称	澳政府优质教师计划投入的经费（单位：澳元）	澳政府优质教师计划提供全额/部分资助
优质的教师		
全国优质教师信息交流项目	1 140 100	全额
土著教育工作者的在线培训与支持	45 000	全额
亚洲语言专业学习项目	1 200 000	全额
亚洲研究的专业学习项目	500 000	全额
OECD教育活动"吸引、发展和留住有效率的教师"——为澳大利亚国家背景报告而准备	39 975	全额
庆祝民主周——给学校的拨款	100 000	部分
男孩教育——灯塔学校项目 阶段1	1 185 609	全额
男孩教育——灯塔学校项目 阶段2	4 283 863	全额
男孩教育研究——全国性别差别与性别相关的课程规划	50 490	全额
男孩教育研究——设定教育与职业的方向	81 818	部分
为转行从事教学的教师而设置的项目	70 000	全额
面向新教师的有效项目	142 260	全额
吸引和留住教师的定性研究（一项为MCEETYA的报告而作的研究）	74 811	部分
联邦全国历史项目	347 500	部分
为职业教师及其职业生涯、过渡的实习生提供资源——阶段1	67 719	全额
为职业教师及其职业生涯、过渡的实习生提供资源——阶段2	73 675	全额
教师专业标准专题研讨会	49 400	全额

续表

项目名称	澳政府优质教师计划投入的经费（单位：澳元）	澳政府优质教师计划提供全额/部分资助
专业教学标准的全国项目	35 000	全额
教师标准参照组的会议	39 970	全额
教师标准、质量与专业化的全国论坛	159 863	全额
专业教育者的全国会议	185 709	全额
优质教学的全国会议	366 455	全额
教学和教师教育的审查	887 385	全额
加速教育和工作准备的项目	1 000 000	部分
中央昆士兰大学课程管理学习专业的学士学位的评估	225 626	全额
首要连接——科学和读写项目	1 800 000	全额
创建全国优质教学与学校领导学会的顾问服务	483 714	全额
全国优质教学与学校领导学会	93 539 013	全额
优质的学校领导		
"敢于领导"项目	2 909 088	全额
"什么在工作"——为教土著学生的教师而设的专业学习项目	500 000	部分
"学校领导者的领导1"——强固澳大利亚的学校	250 000	部分
"学校领导者的领导2"——持续引导澳大利亚中小学校	400 000	全额
全国学校领导框架的开发——学校领导卓越成就的首次研讨会	45 000	全额
学校领导卓越成就的第二次研讨会	74 002	全额
全国学校领导学会的文件	75 000	全额
校长会议	35 678	部分
"领导学校社区"——试点项目	90 455	全额

续表

项目名称	澳政府优质教师计划投入的经费（单位：澳元）	澳政府优质教师计划提供全额/部分资助
优质的学校管理		
教师专业发展与学生学习成绩间关联的调查	1 478 300	全额
全国创意试验项目	170 000	全额
全国创意试验项目的评估	770 072	全额
质量的认证		
全国优质学校教育奖项	1 996 000	部分
学校和教学的创新卓越奖项（合约管理）	292 157	全额
学校和教学的创新卓越奖项（奖金）	395 000	全额
其　他		
澳政府优质教师计划的评估	405 668	全额

（三）澳教学与学校领导学会（AITSL）及其开展的活动

从 2005 年开始，除州和地区专业学习项目和全国性战略举措之外，自由党—国家党联盟政府将澳大利亚教学与学校领导学会开展的活动列为澳政府优质教师计划的第三项组成内容。在 2010 年之前，澳教学与学校领导学会所开展的工作一直被列为澳政府优质教师计划的第三项构成部分。

1. 该机构及其职能：与教学行业有关的独立机构

澳大利亚教学与学校领导学会（又称为澳大利亚教学学会，Teaching Australia）于 2005 年 11 月 30 日注册成立，为联邦、州及地区政府提供关于提升教学和学校领导力的全国性领导规划。

AITSL 的性质是上市的有限公司，它依据《联邦公司法案（2001）》（Commonwealth Corporations Act 2001）而建立，并符合《联邦主管机关与附属机构法案（1997）》（Commonwealth Authorities and Companies Act 1997）的规定。机构根据其自身设定的规则运作，这些规则规定了机构运行的合作与管理框架，包括董事会的构成、行政长官的委任及年度财政汇报职责等。机构由独立的董事局作决定。（Australian Institute for Teaching and School Leadership，2010）

总的来说，该学会的职责主要有：

① 发展和维护有关全国教师专业及学校领导的严格标准；

② 基于这些标准，实施广受认可的全国教师认证系统；

③ 通过专业标准、专业学习和职前教师教育课程的全国认证方式来推动教师及学校领导的高水平专业拓展；

④ 承担并参与国际性的研究及最佳实践的创新发展；

⑤ 管理每年关于教师和学校领导的全国性奖项；

⑥ 同公立及私立学校系统、关键利益相关者（包括专业协会、教育工会、教师教育工作者、工商业、学校社区、澳大利亚课程评估与汇报局、澳大利亚教育服务局等）开展共同合作；

⑦ 在《1994 年移民条例》下履行评估机构的责任，从而为促进更多的技术移民来到澳大利亚担任学前及中小学教师。（Australian Institute for Teaching and School Leadership，2010）

在 2005—2010 年之间，澳大利亚联邦政府通过澳政府优质教师计划为该学会提供资助，联邦教育部则是该公司的唯一成员并对资助事宜进行管理。

2. 该机构开展的工作：提升教师地位、素质与专业性

该机构的工作是在基于一系列操作性原则的基础上来开展的，这些原则具体包括以下几点：

① 采取一种全国性的视野，将关注重心投向与学校教育质量相关的专业领域上；

② 聘请一些在职教师和学校领导，为他们提供影响教育政策与实践、制定与开展的机会；

③ 采取一些行动来提升教学行业的质量与地位；

④ 关注优质的教学和学校领导，因为他们对年轻人身处复杂的时代背景下接受教育有着重要影响；

⑤ 作为教学行业的倡导者发挥影响并采取行动；

⑥ 同行业协会、其他教育和社会组织合作并沟通，完成正在开展的活动，促进专业网络的建设和开放式的沟通；

⑦ 基于权威的数据和研究来开展活动，并为在职教师们提供开展工作的支持，影响教育政策的制定与实施；

⑧ 以"为了教学行业"为理念来独立地制定一些政策、优先领域和方法。(The Australian Institute for Teaching and School Leadership，2010)[26]

自该机构成立以来，其主要开展的工作可以划分为如图 2-11 所示的几个方面：

```
                    ┌─────────────────────┐
                    │ AITSL所开展的工作    │
                    └─────────────────────┘
```

| 提升教学行业质量的活动 | 开发并实验教师专业标准的活动 | 推动教师专业学习的活动 | 研究项目 | 对优质教学与学校领导的鉴定与认可工作 |

图 2-11　澳教学与学校领导学会所开展的工作

综上所述，澳政府优质教师计划由三大主要部分组成：州和地区的专业学习项目、全国性的战略举措、澳大利亚教学与学校领导学会开展的工作。而这三大组成部分又各自下设众多的项目与活动。因此，澳政府优质教师计划称得上是大规模、复杂、多维的政策群。

计划三大组成部分的实施方法都不相同，但无论是州和地区的专业学习项目还是全国性的战略举措，它们都有权责明确的分工协作开展方式。联邦政府，州政府，跨部门委员会，公、私立学校管理机构，高校，有关教学及教师的行业协会等利益相关主体依照计划申请与实施过程的具体要求和规定，通过互相协作与分工来共同促进计划下设各种活动与项目在全国的推广和实施。

第三节　基于全国范围数项调查的计划评估

正如上文所述，澳政府优质教师计划是一项大规模的、复杂的政策群，它的每项构成部分又下设多项具体的项目与举措。针对这项澳教师专业发展的"旗舰"举措，澳大利亚联邦教育部并没有止步于政策的制定与执行阶段，而是投入相当多的时间与经费用于开展全国范围的计划评估工作。

　　澳大利亚联邦教育部非常重视澳优质教师计划的评估工作。如前文所述，在州和地区的专业学习项目的开展过程中，主办项目的教育机构要根据联邦教育部的规定定期向其提交不同的项目汇报总结。此外，联邦教育部还要求已经获得澳政府优质教师计划资助的项目或活动要针对自身活动积极开展有关评估工作，并向联邦教育部呈交一份评估报告以备澳政府优质教师计划的整体评估之用。（Department of Education, Science and Training, 2004）[15] 至于全国性的战略举措，如表 2-5 所述，本计划的评估活动本身就是一项全国性的战略举措，联邦教育部斥资405 668 元澳元用于开展评估所需的调查与研究。（Department of Education, Science and Training, 2005）[142]

　　目前，国内外的相关研究从不同的角度、依照不同的标准对政策评估的类型做了各自不同的分类。美国评估研究协会认为政策评估方案可以分为六种类型：前端分析、评估型测定、过程评价、效力评估或影响力评估、方案和问题监控以及元评估（综合评估）（陈振明，2003）[268]。笔者比较倾向于认同的则是我国台湾学者林永波、张世贤关于政策评估的分类方式，他们认为政策评估可以分为四种类型：第一类为政策执行评估，包括政策的内容摘要、政策的背景环境、原定政策的主要特征、执行评价的描述、总结与思考；第二类为影响评估；第三类为经济效益评估；第四类则为推测评估。（林永波 等，1988）[499]

　　2005 年，联邦教育、科学与培训部出台了一份针对澳政府优质教师计划的整体性评估的报告——《澳大利亚政府优质教师计划的评估：1999—2004》（An Evaluation of the Australian Government Quality Teacher Programme 1999 to 2004）。报告就计划启动以来 5 年间的实施情况进行了评估。这是联邦政府自澳政府优质教师计划出台、实施以来进行的唯一一次全国范围的、大规模的综合评估。依照政策评估的分类，笔者认为此次评估的性质属于影响评估。澳政府优质教师计划的评估数据、资料来源以及评估的标准如图 2-12 所示。

　　下文将着重介绍与阐述澳政府优质教师计划的评估数据、资料来源以及评估的三项标准。

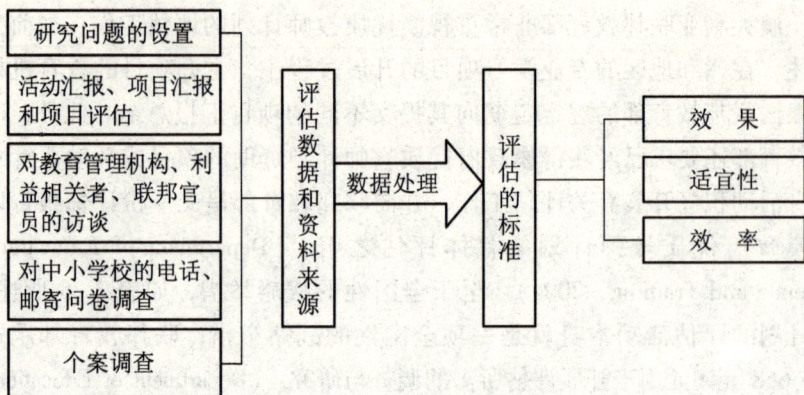

图 2-12　联邦教育部所开展的澳政府优质教师计划的评估

（Department of Education, Science and Training, 2005）[10-14]

一、评估数据及资料来源：全国数项调查与研究

（一）开展的调查与研究

评估的数据来源于许多不同的渠道。为了获取数据和资料，联邦教育部所开展的调查与研究主要如下：

① 联邦教育设置了一系列与评估相关的研究问题及子问题；

② 联邦教育部依据州和地区专业学习项目及其活动汇报的相关信息，制定了一个数据库，总计超过 500 个的独立项目及其汇报摘要被吸纳到数据库的建设中来；

③ 同州和地区的每一个公、私立学校管理系统的官员进行访谈，从而获得计划实际操作层面的信息；

④ 在绝大多数州和地区开展第二轮访谈调查，访谈对象为高级官员，从而获知关于计划战略层面的信息，澳大利亚 8 个（澳大利亚共有 6 个州和 2 个地区）公立教育政府管理部门中的 6 个系统提供了进一步的战略信息；

⑤ 联邦教育部的计划管理者和项目官方也参与了访谈。这些访谈的内容涉及州和地区专业学习项目的合约，以及澳政府优质教师计划资助开展的全国性战略举措；

⑥ 同负责管理澳政府优质教师计划优先发展领域项目的联邦教育部

官员进行访谈；

⑦ 实施了一项全国范围的电话调查。样本覆盖了澳大利亚40%的中小学校（超过4 000所学校），这些学校代表了州和地区的公、私立学校。电话调查则依据各类学校所占的比例，从样本中选择了1 400所学校进行了联络；

⑧ 对除4 000所学校之外的其余大约2 600所学校进行了邮寄问卷调查；

⑨ 对每个学校系统开展的项目和活动进行了个案调查。包括与教育管理机构官员、顾问、对负责地区活动组织的管理者以及参与活动的教师、学校领导进行座谈。（Department of Education, Science and Training, 2005）[10]

（二）相关调查的回应率

在以上的各项调查中，电话调查的回应率超过90%；学校对邮寄问卷调查的回应率接近20%（大约为500所学校）；所有学校接受调查的回应率接近20%；在绝大多数的情况下，邮寄调查和电话调查所得到的回答是很相似的。（Department of Education, Science and Training, 2005）[10-11]

州和地区的各级各类学校对评估所开展调查的回应率如表2-6所示。

表2-6　各级各类学校对调查的回应率

（Department of Education, Science and Training, 2005）[11]

学校类型	公立学校	天主教学校	独立学校	全部数值总计	占总回应数值比率
总回应数值	1 343	341	232	1 916	／
完全学校	4%	4%	49%	183	10%
小　学	74%	74%	40%	1 344	70%
中　学	18%	21%	8%	60	3%
特殊学校	4%	1%	3%	60	3%
总　　计	100%	100%	100%	1 916	100%

由此可见，小学对澳政府优质教师计划所开展的评估调查的回应率非常高，尤其是公立和天主教小学，而独立学校系统的中小学完全学校的回复率也比较高。

各州和地区的公立、天主教、独立学校的回应率如表2-7所示。

表2-7　各州/地区的各类学校对调查的回应率

(Department of Education, Science and Training, 2005)[11]

州/地区	公立学校	天主教学校	独立学校	全部数值总计	占总回应数值比率
总回应数值	1 343（70.1%）	341（17.8%）	232（12.1%）	1 916	／
澳大利亚首都地区	1%	2%	2%	26	1%
新南威尔士州	26%	28%	24%	504	26%
北部地区	1%	1%	2%	25	1%
昆士兰州	18%	18%	22%	353	18%
南澳大利亚州	9%	6%	9%	168	9%
塔斯马尼亚州	3%	3%	4%	59	3%
维多利亚州	30%	31%	25%	571	30%
西澳大利亚州	11%	11%	12%	210	11%
总　　计	100%	100%	100%	1 916	100%

　　从表2-7可以发现，澳大利亚各州和地区的同类学校（公立学校、天主教学校、独立学校）对计划评估所开展的调查的回应率非常接近。

　　在上文中曾提及，评估的数据和资料来源于个案调查的开展。总计55项的个案调查涉及了联邦政府关于澳政府优质教师计划的优先发展领域，表2-8呈现了不同的学校系统所开展的优先发展领域项目所接受个案调查的数量。

表2-8　计划优先资助领域的项目接受个案调查的数量分布

(Department of Education, Science and Training, 2005)[12]

优先领域	公立学校系统	天主教学校系统	独立学校系统	跨部门	总计
读写	4	5	3		12
算术	2	1		1	4
数学	2		2	1	5
科学	1	3	1	2	7
技术学习领域	3	3	4		10

续表

优先领域	公立学校系统	天主教学校系统	独立学校系统	跨部门	总计
职业教育	2	1	1		4
全国学校安全框架	1	1			2
教师专业标准	3	2	1	5	11
多元优先领域	5		2	1	8
总计	23	23	14	10	70

从整体上来看，相关教育机构对于联邦教育部开展的澳政府优质教师计划的评估调查活动的配合度还是比较高的。他们中的绝大多数人认可计划的重要性并支持计划评估的开展，还很配合地提供了评估所需的数据与资料。一些机构与系统甚至为联邦教育部提供了额外的资料，尤其是关于专业学习活动决策制定过程的相关资料。

二、评估标准：效果、适宜性与效率

政策评估的标准在评估活动的开展过程中起着"判断依照尺度"的重要作用。倘若没有设置评估标准，将无法对一项政策进行客观、准确的评价，评估的标准是"所要分析问题的核心所在"。（陈振明，2003）[269]

国内外学者对于政策评估标准的分类持各自不同的看法。威廉·N.邓恩（2002）在著作《公共政策分析导论》中将政策的评估标准分为以下几种类型：效果、效率、充足性、公平性、回应性和适宜性；我国台湾地区学者林永波、张世贤认为，政策的评价标准涉及以下八个方面：投入工作量、绩效、效率、充足性、公平性、适当性、执行力、社会发展总指标（林永波 等，1988）。我国学者陈振明则认为，政策评估有五项标准：生产力标准、效益标准、效率标准、公正标准和政策回应度。（陈振明，2003）[271]

而澳大利亚联邦教育部对澳政府优质教师计划设置的评估标准有三项，它们分别是：效果（Effectiveness）、适宜性（Appropriateness）、效率（Efficiency）。（Department of Education, Science and Training, 2005）[i-x]

（一）效果（Effectiveness）

"效果"是联邦教育部对澳政府优质教师计划进行评估所考察的第一项标准。联邦教育部主要想考察澳政府优质教师计划在以下目标的实现上所取得的效果：

① 更新、提升教师在读写、算术、数学、科学、技术学习领域，职业教育、全国学校安全框架、教师专业标准的开发、天才儿童的教育、有特殊学习需要的学生的教育、价值教育等计划优先发展领域的技能与理解力；

② 提升公、私立中小学的教师地位。（Department of Education，Science and Training，2005）[15]

为了评估澳政府优质教师计划在以上方面所取得的效果，联邦教育部对州和地区专业项目实施后的整体影响进行了评估，还对每一个联邦优先资助领域的相关项目进行了如上文所述的个案调查。

评估结果发现，州和地区的项目的开展对教师技能与理解力的提升产生了巨大的积极影响。计划中每一个优先发展领域的教师专业技能与知识都获得了巨大的提升。

表2-9　澳政府优质教师计划在联邦政府优先发展领域所取得的效果

（Department of Education，Science and Training，2005）[32-33]

计划优先发展领域	该领域所取得的效果
读写	该领域的合作学习方式被加强，与该领域相关的所有课程领域的教师理解力得以提升。
算术	该领域的广泛的学习方式得到了拓展，包括提升了教师的技能与理解力，从而与土著家长、家庭来共同创造参与式的学习环境，从而支持土著孩子的算术学习。
数学	众多有教学经验的教师参与了该领域的专业学习活动，他们的技能得以更新，其关于有效的数学教学方法的理解被增强。
科学	通过外部的辅导与同伴作业的完成，教师的教学方法得以拓展，进而增强了科学教学的真实性。

续表

计划优先发展领域	该领域所取得的效果
技术学习领域	帮助教师"配备"了技能与理解力，从而能使他们将技术学习整合到课程中去，并将技术作为一种工具来创造出创新且兼具挑战性的学习环境。
职业教育	教师对于以能力为基础的学习和评估的理解力得到了突飞猛进的提升，他们对于职业教育与培训的教学和评估的信心得到了增强，关于评估和工作培训的相关知识也得以拓展。
全国学校安全框架	教师对影响学生行为问题的复杂性有了很深的理解，对如何教授所有学生，尤其是那些身处危险中的学生的相关技能有了提升。
教师专业标准	教师们探索并了解了为解决在学校教育和教学中可能面临的关键问题，他们应该必须具有哪些高级技能。

如上文所述，联邦政府考察的计划实施效果的第二个方面是计划之于提升教师或学校领导地位的影响。然而，联邦教育部通过评估后指出，非常有限的证据能说明：澳政府优质教师计划使教师的社会地位得到了提升，以及社会对教师作为一种职业的观念得到了强化。（Department of Education, Science and Training, 2005）[49]

（二）适宜性（Appropriateness）

联邦教育部的第二项计划评估标准是适宜性。联邦教育部指出通过评估，旨在考察澳政府优质教师计划在以下方面的适宜性如何：

① 确定教师的需求以及学校领导的需求；

② 与澳大利亚联邦政府战略目标的一致性；

③ 可能的可以实现以上需求和目标的其他方式。（Department of Education, Science and Training, 2005）[66]

通过评估活动的开展，联邦教育部了解到的情况是，绝大多数的教师和学校领导认为澳政府优质教师计划以优先发展的课程领域为框架来开展专业学习项目是合宜且基本可以满足他们的学习需要的，但是，教师和学校领导也指出，为使澳大利亚学校教学应对当前和未来可能出现的挑战，他们就需要提升自身更广阔领域的知识、技能与理解力，这可能需要一个更大范围的政策框架，而不只是涉及课程本身。基于此，在澳政府优质教师计划开展的中后期，联邦教育部对计划的优先发展领域不断地进行调整，至今，优先发展领域不仅仅只含有课程一项，还包括对有特殊学习需要的学生的教学以及跨学科/学校领域的知识、技能与理解力。

澳政府优质教师计划的首要目标在于提升教师的技能与理解力，通过评估活动的开展，联邦教育部认为这个目标仍然非常适宜，并与联邦政府的总体战略目标一致。然而，作为"面向21世纪的教师"的下设计划，澳政府优质教师计划本身并没有充分、明确地推动"面向21世纪的教师"计划的战略议程的发展。此外，评估指出，计划还应该将学校领导明确地纳入政策实施的主体中来。

最后，评估还要考虑的则是有没有一种可行方式能满足并实现教师和学校领导的需求与联邦政府的战略目标。结果则是：没有一项单一的重点关注教师和学校领导需求的全国性专业学习政策能够完全满足教师和学校领导的需求。此外，全国性的战略举措和州/地区专业学习项目也不可能只依照一种计划活动框架来同时开展。

（三）效率（Effciency）

效率则是联邦政府对于澳政府优质教师计划的最后一项评估标准。联邦教育部对澳政府优质教师计划在以下方面的实施效率进行了考察：

① 资源水平及是否物有所值；

② 项目的发展与传递，尤其是专业学习活动；

③ 项目的总体管理，包括开支和执行的时序；

④ 监控和汇报（包括绩效指数等）；

⑤ 项目的输出，包括相关教师的参与度、计划作为一项澳联邦政策被予以认可；

⑥ 与其他的项目或举措进行调查和对比，包括开销的对比。（Department of Education, Science and Training, 2005）[92]

由于澳政府优质教师计划自1999年出台并于2000年正式实施以来为各类专业发展项目活动的开展投入了巨额的经费，所以，联邦教育部非常关注该计划是否真的"物有所值"，并把这个问题列为评估计划效率的第一项问题。通过评估得出，联邦教育部支持该计划的开展经费同开展同样规模的教师培训课程所耗费的经费是差不多的。但是从评估数据和资料中，有大量证据能证实澳政府优质教师计划的开展方式是最有可能达成计划目标的渠道。因此，从这个意义来说，即便计划耗资巨大，但也算是"物有所值"。（Department of Education，Science and Training，2005）[106]

评估的数据和资料可以证明，澳政府优质教师计划的组成与各部分的安排能够有效地提升教师及学校领导的技能与理解力。州和地区的学校管理机构的工作效率较高，他们的工作有效地将计划下设的活动传递给了广大教师们。

评估报告指出，从总体上来说，澳政府优质教师计划的管理和实施是有效率的。然而，通过评估，联邦教育部发现，计划的效率受到不同阶段之间不连续性的影响。联邦政府有时会设置规划并提供几年一轮的资助，有时则会每年设置规划并提供资助，评估证明这种资助周期的变化对计划管理和实施的效率会产生消极的影响。（Department of Education，Science and Training，2005）[115]

计划开展的项目与活动的审计、数据搜集过程都是有效的，但是从搜集上来的数据中很难解读出计划对其目标的达成产生了哪些影响。

评估指出，尽管地方的教育管理机构几乎没有为澳政府优质教师计划下设的项目和活动直接提供经费支持，但是，在那些项目和活动重点关注、为学校提供"因校制宜"的帮助的地区，众多的教师和学校都贡献了他们额外的资源。

联邦教育部考察关于澳政府优质教师计划效率的最后一个方面，即将该计划与相似的计划和举措进行对比。联邦政府指出，迄今为止还没有一项教师专业发展举措能如同澳政府优质教师计划这样大规模、复杂且具多样性。虽然计划开展的人均成本是比较高的，但是只有这种更趋全国性的专业学习举措，才能在全国范围内促进教师专业学习的最佳实践在广大的教师和学校领导间的有效传递。

因此，总的来说，澳政府优质教师计划是一项高效率的举措。它容纳了澳大利亚政府关于学校教育的优先发展领域，并能较好地应对当今复杂、富有挑战性的国内外环境。尽管计划管理的效率会受到如上文所述的某些因素的影响，但总体上来说，该计划的实施与管理是有效率可言的。

21 世纪给各国教师教育的发展提供了契机，与此同时也带来了挑战。处在世纪之交这样特殊且重要的历史时间点，受国内外众多背景因素的交织作用与推动，澳大利亚联邦政府出台了该国教师专业发展的"旗舰型"政策——澳政府优质教师计划。该计划的目标非常地集中和明确，即以提升教师专业素质为本，同时提高全国中小学教师的专业地位。为了实现这个目标，联邦教育部投入了几乎是前所未有的财力与精力来推动计划的落实。

在上文中，笔者从政策的内容及其实施角度来对澳政府优质教师计划进行了剖析，结论是该计划绝非仅仅是一项单一的政策，而是由众多不同的子政策和项目所构成的多维、复杂的政策群。由于受到研究资料和距离的限制，笔者无法对计划下属的所有或绝大多数子政策与项目进行更多的描述与分析，而只是以澳政府优质教师计划的三大构成部分为准来进一步介绍计划的内容与实施状况。

作为计划的三项构成要素——州和地区专业学习项目、全国性战略举措和澳教学与学校领导学会所开展的工作，都有各自不同的针对性和特性。

州和地区的专业学习项目是计划的首要组成内容，它所面向的是基层广大中小学教师，它为澳大利亚的教师们提供了数以万计乃至更多的专业学习机会，其核心目的在于提高教师的专业素质。"跨部门委员会"这一组织组建与存在的意义，正是为了能让州和地区的专业学习项目可以合理、有效地配置与利用各种经费与资源，最大限度地降低开展活动的重复率与损耗，最优化地推动各利益相关主体间的合作，该组织是州和地区专业学习项目得以成功申请和顺利开展的"灵魂性"枢纽机构。

作为澳政府优质教师计划的第二项重要组成部分——全国性的战略举措，它的性质与州和地区专业学习项目明显不同。它所涉及的多为一些以研究和沟通交流性质为主的活动与实践，它基于全国性的战略视角，通过对一些与教师专业发展有关的问题进行研究与调查，试图发现可以用于基层推广的最佳实践路径。此外，部分活动还通过会议或网络资源的形式，共享澳政府优质教师计划所取得的成果和部分教师的成功经验。联邦教育部部长对全国性战略举措的申请和实施事宜担负直接的、绝对的管制权。

澳政府优质教师计划的最后一项构成内容是澳教学与学校领导学会所开展的工作，比起计划的前两项内容而言，该项内容的实施时间最短，仅有 5 年的时间。但在这短短的 5 年时间内，学会专注于提升澳大利亚全国中小学教师的专业地位，并以此为目标开展了诸多有意义的工作，尤其是为开发和实验全国教师专业标准做出了重要的不可替代的贡献，这些在下文中将展开阐述。

澳政府优质教师计划的内容与实施方式是如此的多维与复杂，那么其实施后的影响与效果自然非常地引人注意，尤其是计划实施以后所产生的影响是否达成了所谓的既定目标，影响与目标究竟是实现了一致还是出现了偏差，其原因何在，这一系列问题引发了笔者的进一步思考与探索。

第三章

AGQTP 的 "专业化" 视角解读：
教师专业素质的提升

正如上文所述，随着各国教育改革的推动与相关研究的深入，学术界对于"教师专业发展"的理解变得越来越宽泛。但是，人们基本认同这样的观点：教师专业发展强调的是终身学习的理念，它是教师不断成长、不断接受新知识、提高专业能力的一种过程，这种过程贯穿在职业培养、入职教育和在职培训等教师职业生涯的各阶段。（卢乃桂 等，2006）[72] 而在澳大利亚，教师专业发展被理解为教师在职阶段旨在促进专业成长的教育活动。（Ling et al.，2001）基于对现有研究的梳理与总结，并考虑到本研究研究对象国的实际情况，本研究所指的"教师专业发展"，仅涉及中小学教师的在职教育阶段，它是指教师提升其专业水平，获得新知识，提升其专业地位的系统的、持续性的过程。这个定义的前缀部分可以被拆解为两个部分：一是提升教师的专业水平与知识；二是提升教师的专业地位。笔者认为，以上两点正是教师专业发展实践的重要目标指向所在。

把目光投向本研究的研究对象——澳政府优质教师计划，笔者发现，从该计划出台的动因到计划出台的目标，从计划的内容及实施再到评估活动的开展等一系列过程中，有两个关键词始终被联邦教育部反复提及并重点强调：教师专业素质（Teacher Professional Quality）和教师专业地位（Teacher Professional Status）。澳政府优质教师计划的目标就在于提升教师的专业素质和教师的专业地位。基于此，同时考虑到"教师专业发展"的内涵，在接下来的部分，本研究特将"教师专业素质"和"教师专业地位"定为两大重点分析要素，见本研究的绪论部分曾展示过的图0-2。

基于"专业化"的视野，本研究将着重探讨的问题有：针对教师专业素质和专业地位提升而言，澳政府优质教师计划实施后产生了哪些实际影响与成效，计划的预设目标与实际影响之间究竟是存在偏差还是实现了统一？造成这种结果的原因牵涉哪些因素？

事实上，选取教师专业素质、教师专业地位这两个分析要素有助于本研究从微观和宏观、个体与群体这两个角度来分别考察教师队伍的专业发展情况。谈及"教师专业素质的提升"，更多的是从微观的角度考察经由专业发展政策与实践的推动，教师作为每一个独立的个体在专业素质方面所受到的影响与变化；而"教师专业地位的提升"则更多的是从宏观的角度来观察教师群体的职业自我认同与社会认可情况的改变。因此，作为本研究的重点，专业化视角下的解读部分将会从教师个体的专业素质提升和教师群体的专业地位提升这两个角度来进一步探究与澳大利亚教师专业发展的"旗舰"型政策——澳政府优质教师计划有关的一些问题。

在本章中，笔者主要考察的分析要素为教师专业素质，主要想要探讨与解决的问题有：首先，基于以往关于教师教育的基础理论研究，教师专业素质的构成内容究竟包括哪些因素，而新时期的时代背景给澳大利亚中小学教师的专业素质赋予了哪些新的使命？其次，提升教师的专业素质是澳政府优质教师计划的首要目标，通过计划的实施，其实际收获的影响是与预设目标之间存在明显差距还是较好地支持了预设目标的实现？最后，造成这种结果的内在原因是什么？

第一节　"专业化"视角下教师专业素质的构成

提及教师的专业素质，就不得不先对其构成内容作相关了解与分类。基于专业化的视角，国内外学者对于教师专业素质的构成及其内容的分类持各自不同的见解。在对以往关于教师专业素质构成的权威研究进行梳理与总结的基础上，笔者较为认同将教师专业素质划分为教师专业知识、教师专业技能和教师专业情意这三大部分，而这三项内容又可作进一步的具体划分。

在教师职业的专业化进程中，越来越多的人对教师的专业素质（Professional Quality）的构成予以了广泛关注与大力研究。自 1896 年克拉茨（Kraz）采用问卷调查的方式对优秀教师的素质进行研究开始，有关教师素质的研究就相继涌现，并日趋发展壮大。

所谓专业素质，它是指专门职业对从业人员的整体性要求，而教师的专业素质则是指教师个人所拥有和带给教学情境的知识、能力与信念等的集合，它是在教师具有优良的先存特性的基础上经过正确而且严格的教师教育从而获得的。（连榕，2007）[10] 国内外学者们对教师专业素质的组成结构进行了广泛的研究，最具代表性的几种观点如表 3-1 所示。

表 3-1　关于教师专业素质组成结构的几种权威观点
（教育部师范教育司，2003）[54]；（连榕，2007）[10]

研究者	教师专业素质的结构
叶澜（1998）	1. 专业精神；2. 教育观念；3. 专业知识；4. 专业能力；5. 教育智慧。
林崇德、申继亮	1. 职业理想；2. 知识水平；3. 教育观念；4. 教学监控能力；5. 教学行为和策略。
姜勇、洪秀敏、庞丽娟（姜勇 等，2009）	1. 知识；2. 观念与行为；3. 实践能力；4. 教育智慧；5. 责任与事业心；6. 自主发展的意识与能力。
艾伦（1991）	1. 学科知识；2. 行为技能；3. 人格技能。
林瑞钦（1990）	1. 所教学科的知识；2. 教育专业知识；3. 教育专业精神。
饶见维（1996）	1. 教师通用知能；2. 学科知能；3. 教育专业知能；4. 教育专业精神。
姚志章（2000）	1. 认知系统；2. 情意系统；3. 操作系统。
唐松林（唐松林 等，2000）	1. 认知系统；2. 专业精神；3. 教育能力。

续表

研究者	教师专业素质的结构
唐迅	1. 社会文化心理素质；2. 教育专业心理素质；3. 人格心理素质。
朱宁波	1. 专业理想；2. 专业知能；3. 教育智慧。
曾荣光	1. 专业知识；2. 服务理想。
王卓、杨建云（王卓 等，2004）	1. 教育专业知识；2. 教育专业能力；3. 教育专业精神。

综合以上各种对教师专业素质构成的理解与划分，笔者认同将教师专业素质划分为以下三大组成部分，即教师的专业知识、教师的专业技能及教师的专业情意。（教育部师范教育司，2003）[54] 而以上三项内容又分别由不同的元素所组成，具体可如图 3-1 所示。

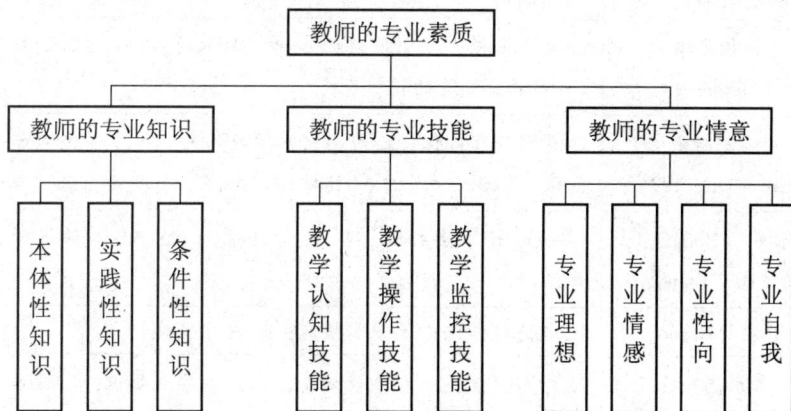

图 3-1　教师专业素质的组成结构

以下分别就教师专业素质的三大组成部分及其包括的具体内容作逐一介绍。

一、教师专业知识：影响教师专业行为的基础

教师的专业知识，即教师作为一个专业人员，其本身所应具有的从事专门性职业所需的基本知识，它是影响教师专业行为的基础。

关于教师专业知识构成的研究是教师研究领域较早出现的研究领域。

目前，国内外学术界比较权威的关于教师专业知识的构成理论如表3-2所示。

表3-2 关于教师专业知识构成的几种权威分类方式

（瞿葆奎，1991）[419,582]；（姜勇，2005）[54]；（教育部师范教育司，2003）[56]；

（连榕，2007）[11]；（叶澜，2001）[79]；（杨翠蓉，2009）[22-24]

研究者	教师知识的分类
舒尔曼（Shulman）	1. 学科内容知识；2. 一般教学法知识；3. 课程知识；4. 学科教学法知识；5. 有关学生的知识；6. 有关教育情境的知识；7. 其他课程知识。
埃尔贝兹（Elbaz）	1. 关于自我的知识；2. 关于教学环境的知识；3. 学科知识；4. 课程发展的知识；5. 教学知识。
伯利纳（Berliner, 1994）	1. 学科专长；2. 课堂管理专长；3. 教学专长；4. 专断专长。
斯腾伯格（Sternberg）	1. 内容知识；2. 教育法的知识（具体的）；3. 实践的知识（外显的，缄默的）。
格罗斯曼（Grossman, 1994）	1. 学科内容知识；2. 学习者和学习的知识；3. 一般教学法知识；4. 课程知识；5. 情境的知识；6. 自我的知识。
博科（Borko）、帕特南（Putnam）	1. 一般教学法知识；2. 教材内容知识；3. 学科教学法知识。
加涅（Gagne）	1. 概念性知识；2. 基本技能；3. 教学策略。
考尔德黑德（Calderhead）	1. 学科知识；2. 机智性知识；3. 个人实践知识；4. 个案知识；5. 理论性知识；6. 隐语和映像。
默里（Murray）	1. 广泛的普通教育；2. 所要任教的学科内容；3. 教育文献；4. 反省的实践经验。
甄德山（1994）	1. 教育理论知识；2. 所教专业科学知识；3. 普通文化知识。
傅道春	1. 原理知识（学科原理、一般教学法知识）；2. 案例知识（学科教学的特殊案例、个别经验）；3. 策略知识（将原理运用于案例的策略）。

续表

研究者	教师知识的分类
陈向明（2003）	1. 理论性知识（包括学科内容、学科教学法、课程、教育学、心理学、一般文化等原理性知识）；2. 实践性知识（包括教师在教育教学实践中实际使用和表现出来的显性、隐性的知识）。
林崇德	1. 本体性知识；2. 条件性知识；3. 实践知识。

综合以上关于教师专业知识的分类方式，笔者比较认同的则是将教师专业知识划分为本体性知识、实践性知识和条件性知识三大方面（连榕，2007）[11]。

（一）本体性知识（Subjective-involved Knowledge）

所谓本体性知识，是指教师所教学科的相关知识。教师要教授学生，首先必须精通自己所教学科的相关知识。雷诺兹（Reynolds）认为教师所教授的学科知识主要包括以下内容：

① 内容知识，与各学科相关的事实、概念、原理、理论等；

② 实质知识，一个学科领域的主要诠释架构与概念架构；

③ 章法知识，一个学科领域里新知被引入的方式及研究者对知识的追求与所探究的标准、思考方式等；

④ 有关该学科的信念；

⑤ 有关学科的发展——该学科最新进展、正在进行的研究以及所取得的最新成果。（教育部师范教育司，2003）[57-58]

（二）实践性知识（Practical Knowledge）

所谓实践性知识，是指教师所具有的课堂情境知识及其相关知识，也就是教师的教学经验。实践性知识包括教师在教育教学实践中实际运用和表现出来的知识（显性和隐性的）（陈向明，2003）[105]。我国学者陈向明认为，教师的实践性知识应该主要包括以下方面：

① 教师的教育信念；

② 教师的自我知识，包括自我概念、自我教学效能感、对自我调节

的认识、自我评估等；

③ 教师的人际知识，包括对学生的了解与感知等；

④ 教师的情境知识，可透过教师的教学机智得以反映；

⑤ 教师的策略性知识，即指教师在教学实践活动中表现出的对理论知识的理解和把握；

⑥ 教师批判反思知识。（陈向明，2003）[106-107]

（三）条件性知识（Conditional Knowledge）

所谓教师的条件性知识，是指教师所具有的教育学与心理学知识。（申继亮 等，1996）[5] 教师从事的是培养人的专门工作，如果仅仅具有学科相关知识是远远不够的。作为一名教师，必须具备教育学、心理学方面的知识，这样才能对受教育对象的身心成长与发展有所了解，并有助于其开展具体的教学工作。

而目前，教学作为一种专业所依赖的条件性知识，还远远没有建立起经得起批判和验证的准确方法体系。作为一名优秀教师所应具有的教育学和心理学知识体系正处在不断建构、调整、充实与丰富的过程中。

上述的本体性知识、实践性知识和条件性知识是构成教师专业知识的三大方面，它们都是教师开展专业活动、实施专业行为的基础。而教师专业发展举措与实践的开展大多都围绕着教师专业知识的获取与提升。

二、教师专业技能：影响教师专业行为的效率

教师的专业技能包括教师从事学校教育工作所需的基本技能与能力，它是指教师在教学过程中运用一定的专业知识与经验从而顺利完成某种教学任务的活动方式。（教育部师范教育司，2003）[58] 在学校教育的开展过程中，教师的专业技能可以说是能直接影响教师专业行为效率的关键。

关于教师专业技能的研究盛行于 20 世纪六七十年代，而至今国内外学者对于教师专业技能的构成内容还持有不同的见解，如表 3-3 所示。

表 3-3 不同学者对教师专业技能组成内容的不同理解

（沈剑平，1987）；（胡森，1990）[182-183]；（教育部师范教育司，2003）[62]

研究者	教师专业技能的组成结构
吉比尼、威尔玛	1. 计划教学材料/设备和评估；2. 教学策略、技巧方法；3. 和学习者的交流；4. 使学习者专注于学习，对学习者施行强化训练；5. 职业准则。
特尼	1. 动力技巧；2. 讲授及交流技巧；3. 提问技巧；4. 小组个人辅导技巧；5. 培养学生思考技巧；6. 评估技巧；7. 课堂管理与纪律。
邵瑞珍（1983）	1. 思维条理性、逻辑性；2. 口头表达能力；3. 组织教学能力。
曾庆捷（1987）	1. 信息的组织与转化能力；2. 信息的传递能力；3. 运用多种教学手段的能力；4. 接受信息的能力。
罗树华、李洪珍（罗树华 等，1997）	1. 基础能力；2. 职业能力；3. 自我完善能力；4. 自学能力。
徐君藩（1984）	1. 自学能力；2. 表达能力；3. 组织能力；4. 教育机智和专科能力。
姜勇、洪秀敏、庞丽娟（姜勇 等，2009）	1. 自我监控能力；2. 应用现代化教育技术的能力；3. 心理健康教育的能力。

　　笔者较为认同的则是将教师的专业技能划分为：教学认知能力、教学操作能力和教学监控能力。（陈琦 等，2005；连榕，2007）

（一）教学认知技能（Cognitive Skills of Teaching）

　　教师的教学认知技能，是指教师对所授科目的原理法则和基本概念的认知，以及对自身所采取的教学策略及所教授对象——学生的心理特征的理解水平。（连榕，2007）[12]

（二）教学操作技能（Operative Skills of Teaching）

　　所谓教学操作技能，是指教师在教学过程中所采用的策略的水平，它包括教学设计的能力和教学实施的能力（教育部师范教育司，2003）[63]。

（三）教学监控技能（Regulated Skills of Teaching）

教学监控技能，是指教师在教学过程中通过搜集各种资料，运用各种评价方法来了解学生的学习情况和教学活动的开展情况，从而促进教学工作改进或提升的能力。

由上述内容可知，教师的专业技能由教学认知技能、教学操作技能和教学监控技能这三项内容有机组成。教学认知技能是基石，教学操作技能是根本，教学监控能力则是重要保障。

三、教师专业情意：影响教师专业行为的动力

所谓教师的专业情意，是指教师在基于对所从事职业的价值、意义深刻理解的基础上，所形成的针对其职业的精神。它由专业理想、专业情感、专业性向、专业自我所组成。（教育部师范教育司，2003）[64] 如果说教师的专业知识是影响教师专业行为的基础，专业技能直接影响了教师专业行为的效率的话，那么，教师的专业情意可以被看作是影响教师专业行为的动力。

（一）专业理想（Professional Ideals）

教师的专业理想，就是指教师对成为一位教学专业工作者的向往与追求，它被认为是"推动教师专业发展的巨大动力"。（连榕，2007）[13]

（二）专业情感（Professional Emotion）

教师的专业情感，是教师对自身所从事职业的态度与感情，一名优秀的教师就必然热爱自己的事业并对学生抱有极大的热情与关爱。

（三）专业性向（Professional Apitude）

教师的专业性向，是指教师成功地从事教学工作所具有的人格特征或个性倾向。（教育部师范教育司，2003）[65]

国外学者霍兰德（Holland）依据个性心理素质与择业倾向将全体社

会劳动者划分为以下六种基本类型：

① 实际型；

② 学者型；

③ 艺术型；

④ 社会型；

⑤ 事业型；

⑥ 常规型。（教育部师范教育司，2003）[65]

霍兰德通过研究指出，社会型的劳动者善于并喜欢从事为他人提供服务的工作，他们的个性适合成为教师。

（四）专业自我（Professional Self）

所谓教师的专业自我，是指教师个体对自我从事教学工作的相关感受、接纳与肯定的心理倾向。（教育部师范教育司，2003）[67]

凯尔克特曼（Kelchtermans）认为"专业自我"涉及：自我意象（Self-image）、自我尊重（Self-esteem）、工作动机（Job Motivation）、工作满意感（Job Satisfaction）、任务知觉（Task Perception）、未来前景（Future Perspective）六个方面。（Kelchtermans et al.，1994）由于教师的专业自我会直接影响其教学行为和教学工作，因此，教师的专业发展过程也是其专业自我不断形成的过程。

综上所述，依据现有研究对于教师专业素质构成的论述，教师专业素质主要包括了专业知识、专业技能与专业情意。如前文所述，教师专业发展实践的首要目标之一即在于提升教师的专业素质，所以，教师的专业知识、专业技能与专业情意都是教师专业发展举措与实践的重点关注对象与内容。

第二节 新时期澳大利亚教师专业素质的新使命

澳政府优质教师计划的出台是基于世纪之交的特殊时代背景。澳大利亚社会正处在扩张其知识经济基础的时期，这一目标的达成需要澳大利亚的国民具有高级的技能、理解力及想象力。社会民主制度的力量和澳大利亚的国际竞争力最终都将取决于民众潜能的开发与利用。（Committee for the Review of Teaching and Teacher Education, 2003)[1] 基于这一特殊的时代背景，学校的质量，尤其是教师的素质，显然成为最为重要和基础的战略事宜。澳大利亚联邦政府强调，教师是一种非常重要的职业，它需要有天分的、知识渊博的、有热情和献身精神的人来任职。(Committee for the Review of Teaching and Teacher Education, 2003)[3]

此外，1999年出台的《阿德莱德宣言》中所提及的国家教育战略目标几乎直指学生各种知识、技能与理解力的提升，这就给中小学教师带来了新的挑战。新世纪的国家教育战略目标所涉及的领域不仅专指学生当前参与的学校课程领域，还包括学生的社会生活领域乃至将来的就业与深造事宜。基于对教师专业发展和学生学习成绩间存在紧密联系这一论点的认可与支持，联邦和各州及地区的教育部长们一致认为：要达成21世纪的国家教育战略目标，必须先要提升全国中小学教师的专业素质。(Ministerial Council on Education Employment, Training and Youth Affairs, 1999)

笔者认为，澳政府优质教师计划出台的首要动因在于新时期对澳大利亚中小学教师的专业素质提出了新的要求，尤其是在专业知识和专业技能方面赋予了教师新的发展使命。总的来说，在澳政府优质教师计划出台之前，澳大利亚中小学教师的专业知识亟待巩固与提升，其传统的教学技能也有待更新与改进。

一、澳教师的专业知识亟待巩固与提升

处在世纪之交，澳大利亚联邦教育部十分认可教师专业发展的重要性，并认为教师的学科和教学知识的提升应被置于专业发展的核心地位。(Department of Education, Science and Training, 2005)[6-9]

澳大利亚联邦教育部和各州及地区的教育部历来非常重视学生在核心课程领域的学习，同样的，他们也非常关注这些核心课程的任课教师的专业知识，包括本体性知识（即学科知识，澳政府尤其关注科学、信息沟通技术等学科的最新研究进展）、实践性知识（澳政府非常关注教师在为学生创造良好的课堂学习情境方面的知识）以及条件性知识的获取与提升。在《阿德莱德宣言》中，澳大利亚联邦和各州及地区的教育部长们指定的八大核心课程领域如图3-2所示。

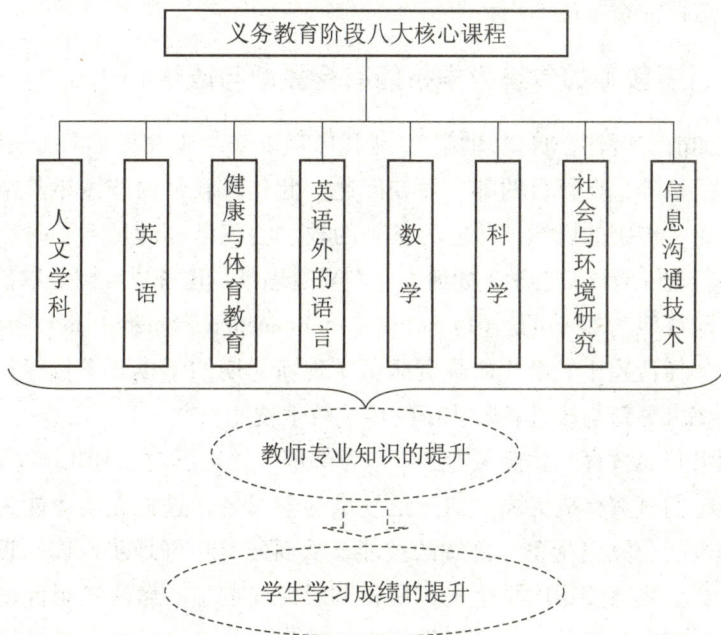

图 3-2 《阿德莱德宣言》所提出的义务教育阶段八大核心课程
（**Ministerial Council on Education，Employment，Training and Youth Affairs，1999**）

在以上这些核心课程中，联邦教育部尤其关注科学和技术等科目的教师专业知识的提升，理由则是政府认为这些科目的知识和技术的发展、更新速度很快。所以，科学和信息沟通技术等科目的任课教师的学科知识就更有待革新和提升。（Department of Education，Science and Training，2005）[26-27]此外，在澳大利亚联邦政府有关教师专业发展的政策文件中，常会反复出现两门科目：读写（Literacy）、算术（Numeracy）。联邦政府将这两门科目视为中小学的基础课程，并认为读写、算术任课教师的本体性知识、实践性知识有待提升与改进。

事实上，联邦教育部认为，所有的学科领域都一样，教学研究、学科知识和实践经验在不断地塑造着该领域的外在特征和内部结构与根基。教师专业学习的信息应该是针对当前实际且至关紧要的，它应该与教师所承担的责任以及他们的职业生涯紧密相连。（Department of Education，Science and Training，2005）[vii-viii]

由此可见，新时期赋予教师专业知识的新要求推动了澳政府优质教师计划这样大型举措的出台与实施。

二、澳教师的传统教学技能有待更新与改进

正如前文所述，自 20 世纪 90 年代中期以来，澳大利亚正面临科学、技术、数学等重要科目的师资短缺问题，此外，教师的整体年龄结构正趋于老化。传统的以知识灌输为基础的教学实践已经满足不了时代发展的需要，教师应该教会学生如何去开发高阶思维，这种思维则是以信息获取和处理技能为基础的。(Department of Education, Science and Training, 2005)[6] 如何让趋于老龄化的师资队伍实现新时期的学校教学目标？这必然首先要求更新与改进教师队伍的传统教学技能。

澳大利亚教育、就业与青少年事务部部长级理事会（MCEETYA）认为，教师们显然得成为成功的广泛领域的学习者，这样他们才能为澳大利亚未来的公民"配备"熟练的技能，从而使其更好地步入以知识为基础的社会。教师要帮助学生去拓展批判思维、创造、解决复杂问题的能力，以及掌控复杂的课程问题的能力，教师必须要具备培养学生以上能力所需的教学技能，只有这样才能影响和培养学生日常生活所需的基本能力。由此，教师仅仅具备其各自学科领域的专业知识是不够的，他们还必须具有广泛领域的熟练的教学技能，这样才能适应每一个学生多样化的学习需要。(MCEETYA, 2003)[3]

在对教师专业素质的构成情况进行梳理与分析后，再将目光聚焦到澳政府优质教师计划出台所处的特殊时代背景，不难发现，新时期给澳大利亚教师专业素质赋予的新使命促使了计划的出台，这也是澳联邦政府制定如此大规模、多维政策群的直接动因。

第三节　计划对教师专业素质提升的影响：目标基本达成

澳政府优质教师计划自 2000 年出台实施至今，其目标经历了细微的调整与变化，但总的来说，革新和提升教师关于联邦政府优先发展领域的技能与理解力一直是计划的首要目标 (Department of Education, Science and Training, 2000)[15]。虽然澳大利亚联邦教育部并没有常常在计划目标中直

指"专业素质"这一词汇，但所谓"技能与理解力"其实全都指向核心课程领域的任课教师关于所教授课程的专业知识和专业技能。因此，笔者认为，提升教师专业素质就是澳政府优质教师计划的首要目标，计划的主要目标之一，即提升核心课程领域任课教师的专业知识与专业技能。

如前文所述，联邦教育部曾对全国范围澳政府优质教师计划的实施影响作了综合评估。评估结果证明：在计划实施的前五年内，教师专业素质（主要是教师的专业知识和专业技能）提升方面所取得的成效是显著的，基本可以说是达成或兑现了预设的目标。

总的来说，包括读写、算术、数学、科学和技术等科目在内的核心课程领域的教师专业素质获得了不同程度的提升。而参与计划的教师的某些具体专业知识和专业技能也得以改进和提升：教师关于创设创新学习情境的实践性知识、关于学生如何学习的实践性知识均得到了积累，教师关于课堂创新的教学操作技能、关于教学方法的教学操作技能也得到了提升与改进。

一、核心课程领域的教师专业素质获提升

基于澳大利亚联邦教育部于 2005 年开展的全国性评估所收回的数据，参与评估调查的各学校系统的中小学教师普遍都认为，计划的开展有助于其所教授科目的专业知识及专业技能的提升。在表 3-4 中，分值为 3 代表参与调查的教师认为澳政府优质教师计划的开展对于该科目专业素质的提升没有影响，任何高于 3 的分值则表示计划带来了积极的影响。

表3-4　计划开展的活动对部分核心课程教师专业素质提升产生的影响
（Department of Education, Science and Training, 2005）[20-21]

学　科	学校系统	总回应人数	平均分值
读写	公立	712	4.3
	天主教	172	4.3
	独立	111	4.2
	合计	995	4.3

续表

学　科	学校系统	总回应人数	平均分值
算术	公立	636	4.1
	天主教	141	4.2
	独立	105	4.2
	合计	882	4.2
数学	公立	583	4.1
	天主教	126	4.1
	独立	93	4.0
	合计	802	4.1
科学	公立	563	3.9
	天主教	113	3.9
	独立	80	3.9
	合计	756	3.9
技术	公立	594	4.0
	天主教	128	4.1
	独立	83	4.0
	合计	805	4.0

联邦教育部所开展的评估说明，州和地区专业学习项目的开展对所有的优先发展课程领域的教师专业素质拓展都起到了积极的促进作用。以下就以读写、算术、数学、科学和技术等科目为例，具体阐述计划所带来的积极影响。

（一）读写

读写一直是澳政府优质教师计划优先资助课程领域的核心科目。参与了澳政府优质教师计划与读写有关专业发展活动的教师们普遍认为，他们在以下方面有不同程度的收获：

① 参与计划的教师在运用教学技能和理解力之时变得更为自信；

② 对与读写科目相关的新型、创新型的教学策略有了了解；

③ 具备了该学科的学科知识并对其有了更深入的了解，包括对研究

文献产生了更深刻的认识；

④ 对学校教育各阶段的学生读写学习模式有了更多的了解；

⑤ 对有土著背景的学生的读写教学技能有了提升；

⑥ 监控和评估学生读写学习的策略性知识有了提升。（Department of Education, Science and Training, 2005）[22]

由以上可知，教师在读写科目的专业知识，包括与学科有关的本体性知识，与课堂教学经验累积相关的实践性知识，以及专业技能，包括教学认知技能（对学生不同阶段的学习特点有更深入了解），教学操作技能（在教学过程中懂得运用新的教学策略）以及教学监控技能（监控和评估学生的读写学习情况）等方面，都有了不同程度的改进与提升。

（二）算术

同读写一样，算术也是澳政府优质教师计划的另一优先资助的核心科目。通过表 3-4 可以发现，与算术这门科目相关的专业发展活动的开展对教师的专业素质拓展起到了积极的影响（平均分值为 4.2）。总的来说，与算术相关的专业学习活动给参与的教师们带来了如下所述的收获：

① 对算术这门科目予以越来越多的关注；

② 建立了数学和算术常用的、被公认的教学原则；

③ 提升能力以鉴别和提升所有学习领域中的算术学习机会；

④ 教学技能被提升以更好地与内容性知识相匹配，包括对学生个人算术学习需要的识别；

⑤ 提升了学生对于心算能力的认识，因为很多报告都指出学生们已经开始运用越来越有效的心算方法；

⑥ 对中学的教学事宜越来越了解，尤其是对学生从小学升中学的过渡有了更多的关注与了解；

⑦ 对校园内与算术有关的问题有了更多的关注；

⑧ 获得更多的在学校间建立专业网络的机会；

⑨ 由于在学校里改善了算术教学和学习的实践而获得了越来越多家长的好评。（Department of Education, Science and Training, 2005）[23]

由此可见，与算术这门科目相关的教师的本体性知识（包括对学科知识本身的关注）以及教学认知技能（对学生身心的认识与了解，包括对学生从小学升中学的了解与关注）和教学操作技能（吸纳并学会运用普遍被公认的教学原则）皆因为澳政府优质教师计划的开展而得到了提升。

（三）数学

参与数学科目专业发展活动的教师普遍对计划影响持积极的看法，然而，2003—2004年，计划提升了对算术的关注反而减少了对数学的关注。如表3-4所示，参与数学专业发展活动的教师认为计划的开展对其产生了显著的影响（平均分值为4.1），教师们普遍反映，他们的教学技能和对有效数学教学法的理解得到了提升，除此之外，计划的开展给他们带来的其他影响有以下几点：

① 教师得到了定义和讨论学生学习成绩的机会；

② 教师意识到要为学生提供能实现衔接的1-12年级数学课程；

③ 采取合作安排的方式来上数学课而非仅着眼于个体的规划；

④ 更多地关注和重视与高校的合作关系；

⑤ 增进跨部门的合作；

⑥ 提升了将数学教学与世界相链接的技能；

⑦ 对学生运用的内心问题解决法做定义和分类的能力得以增强。

（Department of Education, Science and Training, 2005）[24]

参与计划的教师通过数学科目的专业发展活动所获得的更多的是专业技能方面的提升，尤其是他们的教学操作能力，包括采取什么样的教学策略来实施课堂数学教学，如何将课堂教学与外面更广泛的世界相链接等方面的技能，均得到了不同程度的改进。

（四）科学

科学科目一直是澳大利亚联邦政府重点关注的核心科目之一。2000—2004年，总计27 374名教师参与了澳政府优质教师计划下设的科学科目专业发展活动。随着这些专业发展活动的开展，教师们的专业素质产生了以下这些变化：

① 教师关于科学的技能与理解力得到了更新；

② 科学和科学教师的地位得到了提升；

③ 改善了科学教师间的专业联系网络；

④ 促进了学校内部和学校间的教师同伴的协作与支持；

⑤ 一定程度上促进了科学教师和高校间的协作与相互学习；

⑥ 在一些司法管辖区，增进了教师与专业协会的伙伴关系。（Department of Education，Science and Training，2005）[25]

科学科目一直受到联邦政府的重视，因为该学科知识体系的更新速度很快，联邦政府尤其重视通过澳政府优质教师计划来更新和提升科学教师的专业技能。从评估的结果来看，这一目标基本上得到了实现。此外，通过专业发展活动的开展，科学教师们同高校和专业协会的合作关系也都得到了增进，这也为其教学工作和未来专业发展实践的参与提供了良好的社会基础与支持。

（五）技术

自澳政府优质教师计划于 2000 年实施以来，联邦政府将技术，尤其是信息沟通技术（ICT），置于越来越重要的优先发展地位。教师通过参与与技术相关的专业发展活动，主要得到了以下方面的进步与提升：

① 教师将技术整合到多样化课程领域的自信得以增强；

② 教师在课堂实践创新教学法的技能得以增强；

③ 教授土著学生的教师的技能和理解力得以提升，从而促进了土著学生与当地乃至世界的交流；

④ 农村和偏远地区学校的任课教师得到了专业发展的机会，学生们得到了学校原本无法提供的课程学习；

⑤ 教师对新教学大纲有了进一步的认识与了解；

⑥ 教师对技术领域的资源发展近况有了更多的了解。（Department of Education，Science and Training，2005）[26-28]

澳政府优质教师计划不仅带给技术科目任课教师更多的本体性知识（学科相关知识），还提升了其教学操作技能。此外，计划的开展惠及土著学生和农村及偏远地区的学生，他们在不同程度上接受了原本学校可能无法提供的课程教学。

综上所述，澳政府优质教师计划的开展促进了包括读写、算术、数学、科学和技术等科目在内的核心课程任课教师的专业知识和专业技能的增长与提升。

除此之外,参与澳政府优质教师计划的中小学教师的某些具体的专业知识和专业技能也得到了增长与改进,具体则如下文所述。

二、教师某些具体专业知识及专业技能获增长

联邦教育部通过评估指出,澳政府优质教师计划对教师的技能与理解力、教师关于学生学习的理解、教学实践、课程创新都产生了积极的影响。在表3-5中,分值为3意味着计划没有产生任何影响,任何高于3的分值即表示计划产生了积极的影响。

表3-5 澳政府优质教师计划对教师专业知识及技能某些具体方面所产生的影响

(Department of Education, Science and Training, 2005)[39-40]

问题描述	学校系统	总回应人数	平均分值
澳政府优质教师计划的专业发展活动对您的技能和理解力有影响吗?	公立	796	4.2
	天主教	210	4.2
	独立	130	4.2
	合计	1 136	4.2
澳政府优质教师计划的专业发展活动对课程创新有影响吗?	公立	775	4.1
	天主教	197	4.1
	独立	126	4.1
	合计	1 098	4.1
澳政府优质教师计划的专业发展活动对您关于学生学习的理解有影响吗?	公立	781	4.2
	天主教	199	4.1
	独立	128	4.1
	合计	1 108	4.2
澳政府优质教师计划对教学实践有影响吗?	公立	799	4.2
	天主教	202	4.2
	独立	131	4.2
	合计	1 132	4.2

依据上文对于教师专业素质的划分,笔者将以上四个方面分别划分到其各自专属的教师专业知识或专业技能层面,在以下作介绍与分析。

（一）教师专业知识的某些具体方面所获得的增长

通过上文可知，澳政府优质教师计划的专业发展活动使得核心科目任课教师的本体性知识获得了不同程度的巩固与增长。除此之外，计划的开展还使参与的教师的实践性知识得到了积累，越来越多的教师懂得如何为学生创设创新的学习情境，众多的教师开始了解学生究竟是如何学习的。

1. 教师关于创设创新学习情境的实践性知识获得增长

联邦政府指出，有一系列的评估数据和资料可以证明，参与计划的教师们了解并懂得如何为学生创设创新的学习情境。这种"创新的学习情境"可以产生以下几个积极影响：

① 全体学生都更积极地参与到学习过程中；

② 学生与就业和社会参与相联系并相关；

③ 学生们在不同背景下的学习转变能力得以提升；

④ 基础技能的教学由研究和批判思维技能的拓展来予以补充；

⑤ 技术被整合到学生的学习过程中；

⑥ 学生参与到影响他们日常生活的现代问题解决过程中，包括科学和数学问题；

⑦ 学生拓展了其技能从而使其眼界变得更以自我为导向、更具创业精神；

⑧ 学生能对其学习成绩进行鉴定和反思；

⑨ 教师具备对学生学习成绩做全面、齐全的评估与报告的技能。（Department of Education，Science and Training，2005）[44]

2. 教师关于学生如何学习的实践性知识得以积累

联邦教育部的评估显示，通过计划的开展，教师对学生如何学习有了更为深入的了解。大量来自访谈和个案研究的数据能够证实，教师对于例如学生的多元智能、学习方式、课堂参与、跨越传统年级和学科边界的合作学习等内容有了更为深入的认识与了解。（Department of Education，Science and Training，2005）[40]

计划的开展给教师，尤其是那些教龄较长的教师提供了启发。这些教师原来对课堂管理已经比较得心应手，而且课堂教学的每一件事都似乎已在他们的掌控之中。澳政府优质教师计划的专业发展活动则给这些教师提供了这样的启示：应有必要让学生们展示各自不同的学习方式——学习并不总是意味着让学生勤奋地"啃"课本。教师们开发并运用了一系列的策略和工具（例如多元智能，角色扮演）以让学生参与到学习中来，并协助他们阐述各自对学科概念的不同理解。参与澳政府优质教师计划显然改变了教师们对于学生学习的传统认知与理解。（Department of Education, Science and Training, 2005)[40]

此外，计划的开展让教师们与同伴们一起分享和讨论各自的活动经验，并共享关于学生学习的观点与看法。

由此可见，通过澳政府优质教师计划所开展的专业发展活动，教师们关于创设创新学习情境的实践性知识以及关于学生如何学习的实践性知识都得到了积累与提升。

（二）教师专业技能的某些具体方面所获得的提升

参与计划活动的教师的专业技能也获得了一定的提升，澳政府的评估数据显示，超过70%的教师认为，他们获取了新的专业技能或者拓展了现有的专业技能。（Department of Education, Science and Training, 2005)[42] 参与计划教师的专业技能的某些具体方面所获得的提升主要是指：教师的课程创新技能获得改进，教师的有效教学技能也得以提升。

1. 教师关于课程创新的教学操作技能得以提升

计划评估的证据可以显示，计划下设的项目和活动对教师课程创新的教学操作技能的提升产生了积极的影响，包括以下几点：

① 对不同学习方式有了更为深入的理解，包括课程和课堂管理；

② 对学习顺序、"支架式"学习方法有了更多的了解，从而使教学变得更为明确；

③ 拥有在课堂中合并多种知识的新型技能，从而改进学生的沟通和学习并最终实现更好的课堂参与，让学生更少出现行为管理方面的问题；

④ 提升了教师建构学习过程的技能，建构学习过程的首要直接目标在于，让学生可以长久地保持而不是简单地接受内容性知识；

⑤ 加深了教师对如何评估学生学习的理解，尤其针对那些不能轻易以纸笔测试评估出结果的课程领域；

⑥ 更新并调整了教龄较长的教师们对以下方面的认识：他们对教学方法的理解以及目前年轻一代的学生思考和认识世界的方式；

⑦ 有效教学所需的教学方法被予以关注，相关互动被增进；

⑧ 认可与课堂外、学校外的人们进行沟通的价值，以此来支持学生的学习；

⑨ 提升了对实践予以反思的技能。（Department of Education, Science and Training, 2005）[41-42]

2. 教师关于教学方法的教学操作技能得以改进

联邦教育部认为，大量的评估证据能够说明，通过有效的教师专业发展项目和活动的开展，教师们日趋倾向于掌握有效的教学法以应对澳大利亚学校教育正面临的挑战。基于此，教师的主要专业发展需求经由计划的开展而得到满足。教师关于教学方法的相关技能得以改进与提升，主要包括以下几个方面：

① 认可在本地课程设计过程中进行合作工作的优点，进行合作规划的能力被提升；

② 意识到并了解在不同课程领域之间制造链接的重要性，尤其是读写、信息沟通技术、算术和职业学习等课程的相互关系；

③ 关于教授土著学生的有效教学法的知识被改进，了解土著英语对于课堂的影响；

④ 更深地理解利用方法和途径来激励学生的重要性，这样一来学生在参与课堂的过程中会觉得课程更加真实，所学内容与自己更为相关；

⑤ 对中学阶段课程创新所需的教学方法有了认识与理解；

⑥ 将信息沟通技术整合到一系列课程领域中的实践技能被开发和提升；

⑦ 坚定、广泛地接受了在不同课程领域拓展学生读写、算术知识的责任，拓展了教授读写和算术的一系列新型技能，这些技能还可以被运用到除英语、数学以外的课程教学中；

⑧ 认可全体教师都有责任去开发学生的思维技能以及学习能力，学生可在不同课程领域运用这些能力；

⑨ 增强了对"支架式"学习方法的认识，从而支持建构式学习的开展和学生研究技能的拓展；

⑩ 教师针对其专业表现的批判分析技能以及将自身成绩同当今最佳实践进行对比的批判分析技能都得以提升。(Department of Education, Science and Training, 2005)[43-44]

总而言之，通过专业发展项目与活动的开展，教师关于教学方法的教学操作技能得以提升和改进，这最终将有助于有效课堂教学实践的开展。

通过上文的叙述与分析可以发现，澳政府优质教师计划的开展对教师专业素质的提升产生了许多直接的积极影响。这主要包括：联邦政府优先资助的核心课程（包括读写、算术、数学、科学、技术等科目）的任课教师的专业素质在不同程度上获得了提升，而全体参与计划的教师关于创设创新学习情境的实践性知识、关于学生如何学习的实践性知识均或多或少得到了积累，参与计划的教师关于课堂创新的教学操作技能、关于教学方法的教学操作技能也得到了提升与改进。

需要注意的是，联邦教育部仅于 2005 年对澳政府优质教师计划做过一次全国性、大规模、综合的评估，因此，以上所述的这些影响仅限于计划实施的前五年这一时段。在 2007 年，澳大利亚经历了执政党的变更，虽然新上任的陆克文政府继续开展前任霍华德政府制订的澳政府优质教师计划的 2006—2009 年实施规划，但至今并未再对计划本身做任何全国性大规模的综合评估。此后，工党政府逐渐将教师专业发展的重心转移至新设举措——"更明智的学校之关于教师素质的全国合作"计划，而于 2010 年开始将澳政府优质教师计划专设为针对私立学校系统的教师专业发展举措。因此，即使联邦教育部从现在开始再开展一次全国范围内的计划评估，也无法或很难收回如 2005 年评估那样全面、系统、准确的数据。2005 年正值计划实施的全面、系统，可谓较为"鼎盛"的阶段，笔者认为 2005 年的评估结果较为全面也较有说服力。基于这次评估的数据和资料，笔者认为，澳政府优质教师计划之于教师专业素质提升而言，其产生的影响基本上兑现了预设的目标。

第四节　计划目标基本达成的原因阐释

笔者认为，计划之于教师专业素质的提升之所以取得了与预设目标一致的影响与成效，其原因必然在于澳政府优质教师计划的活动与实践的开展。事实上，为了实现提升教师专业素质这一首要目标，联邦政府、州和地区政府、各地私立学校系统、高等教育机构以及其他利益相关主体通过协作与努力，共同积极推动了澳政府优质教师计划下设项目与活动的开展与实施。

通过对已掌握的资料进行阅读与总结，笔者思考并归纳得出，澳政府优质教师计划之所以在教师专业素质提升方面取得了较好的影响与收效，其原因不仅涉及宏观层面优先发展领域框架的设计，还在于微观领域如行动研究、行动学习模式的普遍采纳与实施。此外，计划在实践开展的途径方面广泛运用在线学习方式，在价值倾向上则为处于教育资源劣势的地区和学校提供倾斜式的援助，这些都确保了全国范围内的中小学教师能真正与计划相"链接"，并共享计划所提供的资源和专业学习机会，从而积极有力地推动了澳大利亚各个地区中小学教师专业素质的总体性、普遍性的提升。

一、统领实践的框架：以优先发展的核心课程领域为框架引领专业发展实践

州和地区的专业学习项目一直是澳政府优质教师计划的首要组成部分。受到《阿德莱德宣言》中所提出的学校教育国家战略目标以及澳大利亚中小学教育发展现状的影响，联邦教育部在制定州和地区专业学习项目的相关规划之时，特别设置了一个如前文所述的优先发展领域。

在笔者看来，这个优先发展领域实则为一个框架，它反映了联邦政府对学校教育事业不同学科领域、教学领域以及跨学科/学校领域的倾向性。通过设置该框架，联邦政府旨在让它来承载与引领具体的教师专业发展项目与活动。所有公、私立教育管理部门若想要申请开展州和地区的专业学习项目与活动，就必须在这个框架里挑选出一个具体的领域作为实践所针对的重心。围绕教师专业素质拓展这个主题，优先发展领域框架中的核心课程领域无疑最引人注目。因为具体的教师专业发展项目与实践的开展归根结底是基于不同课程与科目的教学需要和教师专业发展需要的。

那么，依据澳大利亚联邦教育部的设定，澳政府优质教师计划重点

资助的核心课程领域究竟应该包含哪些科目？通过对计划的实施历史进行梳理，不难发现，针对计划实施的不同阶段，以上问题的答案是不一样的。从总体上来看，澳政府优质教师计划优先资助的核心课程领域经历了一个逐渐拓展与丰富的过程，如图3-3所示。

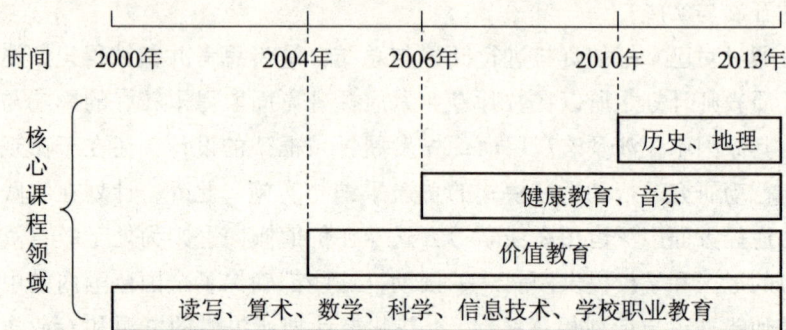

图3-3　澳政府优质教师计划优先发展的核心课程领域变化情况

从图3-3中可以看出，读写、算术、数学、科学、信息技术、学校职业教育等科目从计划出台、实施至今一直是联邦教育部优先发展的核心课程领域，而自2004年至今，联邦教育部陆续将价值教育、健康教育、音乐、历史、地理等课程加入核心课程领域中。将计划各阶段的优先发展核心课程领域与《阿德莱德宣言》所指出的核心课程领域进行对比，便不难发现，两者具有很大的相似性。这也反映了澳大利亚联邦教育部注重保护和维持国家重大教育方针战略以及政策之间的一致性与延续性。

联邦政府设置了优先发展的课程领域框架来承载具体的专业发展实践，从这一做法中可以解读出，澳大利亚联邦教育部所实施的这项大规模政策虽然具综合性、系统性，但并不意味着计划本身没有聚焦点，恰恰相反，澳政府优质教师计划有很强的针对性。作为计划的首要组成部分，州和地区专业学习项目就是针对核心课程的教师专业素质拓展的。通过观察计划的评估结果，可以认同这样的观点：由于澳联邦教育部设置了这样一个统领实践的优先发展框架，促使核心课程任课教师的专业素质获得了优先拓展，尤其是这些教师的专业知识与专业技能得到了如上文所述的增长与提升。

二、活动实施的模式：将行动研究、行动学习引入实践

澳政府优质教师计划是一项大规模、复杂、多维的政策群，其下设项目和活动的开展方式非常丰富，包括专题讨论会、以会议为主的活动、系列研讨会、行动研究、行动学习、试验、专业咨询的提供等。其中，行动研究、行动学习被视为计划的主要实践开展模式。澳政府优质教师计划下设某项目的活动汇报上这样陈述道：

行动研究（以及行动学习）模式极大地促进了教学实践的改变。行动研究极大地支持了教师在课堂上运用新的教学方法，教师们开始积极地分享各自的成功经验并对自身的失败进行反思型评估。（Department of Education, Science and Training, 2005）[17]

可以说，行动研究和行动学习模式的采纳与运用有力地促进了基层教师专业素质的拓展，也是澳政府优质教师计划在这方面所产生的影响达成预设目标的重要原因之一。

（一）行动研究的定义与特征

处在当今时代，社会对教师专业化水平的要求越来越高，其中关于"教师成为研究者"（Teacher as Researcher）的呼声也越来越高。行动研究（Action Research）被视为让教师通过研究来改进、完善其教学实践的最为直接、最为适切的方式。（姜勇 等，2009）[361]

"行动研究"于20世纪40年代在美国社会科学研究中首次出现，并于50年代开始被运用到教育领域中去。美国的约翰·科利尔（John Collier）和科特·勒温（Kurt Lewin）最早提出了"行动研究"的概念。他们在对社会科学研究理论与实践相脱节的现象进行反思的基础上，提出了以下论点，即社会科学研究人员若仅凭个人兴趣或者仅仅为了出成果而从事科研工作，那么研究工作必然不能满足社会实践需要，还可能与社会实践相脱节；实际工作者如果不研究自身所处环境和所面临的问题，也无法开展有条理、有效率的工作实践，基于此，应该将行动和研究结合起来，并让研究者和实际工作者共同参与，立足实际工作需要来寻找课题，在工作实践中开展研究，只有这样，才能解决实际问题，改变社会问题。（姜勇 等，2009）[361] 由此可见，行动研究是一种研究取向，它

倾向于将专业实践和科学研究相结合。

澳大利亚的凯米斯（S. Kemmis）认为，所谓"行动研究"就是指：由包括教育情境在内的社会情境的参与者们，为了提升自身对所从事的社会及教育实践的理性认识，以及为了加强自身对于实践活动及其所处背景的理解，所进行的反省研究。（Hunsen et al. , 1994）

行动研究具有三大基本特征：

为行动而研究（Research for Action）；

在行动中研究（Research in Action）；

由行动者研究（Research by Action）。（张民选，1992）

（二）行动学习的定义与特征

行动学习与行动研究非常相似，两者都是专业发展的有效活动模式，仅存在细微的差别。

行动学习的出现始于 20 世纪 40 年代，瑞文斯（Revans）基于个体的终身学习需要而首先提出了这个概念，他曾这样来定义"行动学习"：它是人们在试图去识别并解决实践问题的过程中所开展的相互间的学习或者向别人学习的一种方式，它是以行动为导向的。（Ewing et al. , 2004）[14]

行动学习旨在通过相互间的工作与学习来探索可能的想法和结论，其特征在于专业发展实践的参与者要善于提有见地的问题，从而激发彼此的新想法，采取新的行动并引发反思，进而影响未来的决策制定。行动学习还具有循环性的特征，即包括反思、规划、行动、反思，从而进入下一循环并继续循环反复。总的来说，行动学习和行动研究极为相似。

尽管行动学习和行动研究这两个概念极为相似，两者依旧存在以下这些差别：

首先，行动研究适用于工作场所的问题解决，并致力于改善工作场所的实践，基于此，它现在已被学校广泛采用，但它的运用并不局限于工作场所；

其次，不同于行动学习的是，行动研究关注的具体重点不是面临"新"问题，而是改进实践或者拓展对实践的更好的理解，而基于瑞文斯的描述，行动学习显然是要解决新问题；

最后，行动研究的实践可以是个体的也可以是集体的，行动学习模式则必须以团队工作的形式来进行，它是团队性的、动态的活动，每位成员为团队的学习添砖加瓦，活动的过程都集中于行动学习。（Ewing et al.，2004）[15]

（三）计划广泛开展行动研究与行动学习实践

在西方国家开展的教师专业发展实践中，行动研究和行动学习已经日趋成为一种活动开展的范式。大量的相关研究指出，优秀的教师都是能积极参与到专业学习中去的教师，而有效的专业发展举措能驱使教师们对当前开展的教学实践进行分析，并将其与专业标准相联系，从而致力于开展成功、有效的教学实践。有效的专业发展举措还能驱使教师将学生正在学习的内容同该年龄段、该环境下的学生能够学习的内容进行对比与分析。（Ingvarson et al.，2003）[31]

在行动研究和行动学习中，教师们不再是被动的被研究对象，而是成为主动的研究者，他们通过对当前教学实践的反思与批判以及开展新的实践活动，不断推动自身专业素质的改进与提升。为了使澳政府优质教师计划下设项目与活动向有效的专业发展实践靠拢，采纳行动研究、行动学习的实践开展模式无疑是一个明智的选择。行动研究和行动学习在澳政府优质教师计划的开展过程中被视为主要的实践模式，并被置于高度重要的地位。（Department of Education, Science and Training, 2003）[1] 那些以"行动研究"或"行动学习"来命名的项目或活动在澳政府优质教师计划的开展过程中凸显了其重要的地位。由于计划实施至今已有十余年时间，期间所开设的项目与活动已是数以百计甚至千计，因此无法在此作系统、全面的介绍，笔者只能依据已掌握的资料来对澳大利亚部分州和地区所开展的行动研究、行动学习项目与活动进行大体的描述。

以北部地区为例，该地区的公、私立学校系统进行跨部门合作从而共同参与计划。2000—2002 年，该地区非常重要的一项澳政府优质教师计划举措为"更新教师知识"（Renewing Teachers' Knowledge）项目。此项目是一项为期四天的包括住宿在内的活动，其主要目的在于支持教师们将学习技能整合到诸多不同的课程领域中去。参与该项目的教师们各自组合为行动研究小组，每个教师都可自行设置行动研究活动。（Department of Education, Science and Training, 2003)[3]

西澳大利亚州的天主教学校系统所开展的一项名为 "6—9 年级教学与学习"(Teaching and Learning in Year 6—9)项目，是该州澳政府优质教师计划下设的较为知名的一项举措。该项目集中关注 6—9 年级的读写和算术领域，旨在为教授 11—14 岁学生的教师们提供关于教与学的支持，项目为教师们提供了参与行动研究小组的机会，并注重其教学实践和团队合作情况。(Department of Education, Science and Training, 2003)[5] 该州另一项活动名为 "教育院系主任/学习领域协调者—课程领导们应该知道并做些什么?"(Head of Department/ Learning area coordinators-What do curriculum leaders need to know and be able to do?)，该活动也运用了行动研究的方法，从而拓展中学的高级教师们在课程领导与管理方面的能力。(Department of Education, Science and Training, 2003)[5]

在维多利亚州，名为 "维多利亚—项中年读写项目"(A Middle Years Literacy Project in Victoria)的举措专门为中小学教龄较长的教师们提供专业学习的机会，教师们可以参加中年行动研究小组，从而激发、产生新的教学理念与想法，该活动还建立了地区跨学校的专业发展网络，本地各中小学的教师们可以通过这个网络来交流并分享各自的实践及研究经验、体会。(Department of Education, Science and Training, 2003)[8-9]

昆士兰州天主教学校系统开展了一项读写项目，该项目专门面向距离上一次接受培训已超过 10 年时间的教师们，活动开展的目的在于使这些教师更新其教学技能，熟悉当今与读写教学相关的一系列方法，为此，项目特别采纳了行动研究的模式，该模式尤其针对教授农村和偏远地区的土著学生的教师们，天主教学校系统认为，这些教师通过行动研究模式可以提升其读写科目的教学技能，从而能进一步满足当地学校教育的需要。(Department of Education, Science and Training, 2003)[4]

在南澳大利亚州，以 2002 年为例，该州大约一半的澳政府优质教师计划经费被用于以行动研究为模式的项目与活动。(Department of Education, Science and Training, 2003)[5]

在新南威尔士州，一项名为 "优质教学与行动学习"(Qualtity Teaching and Action Learning)的项目于 2003 年出台、实施。作为澳政府优质教师计划在新南威尔士的重点举措，项目将教师的专业学习需求同优先课程领域的学生学习相联系，旨在提升教师关于教学方法的知识与技能，并鼓励教师积极参与专业网络学习以促进自身知识、技能的获取与改进。(Ewing et al.，2004)[9] 该项目的主要实施模式是行动学习。2003 年，新南威尔士州还拟定、实行了一项项目，即学校团队的行动学习项目（Action Learning for School Teams Project），共有来自 111 所中小学的 499 名教师参与了 50 项不同的项目与活动。(Ewing et al.，2004)[10] 该项目所采取的行动学习模式如图 3-4 所示。

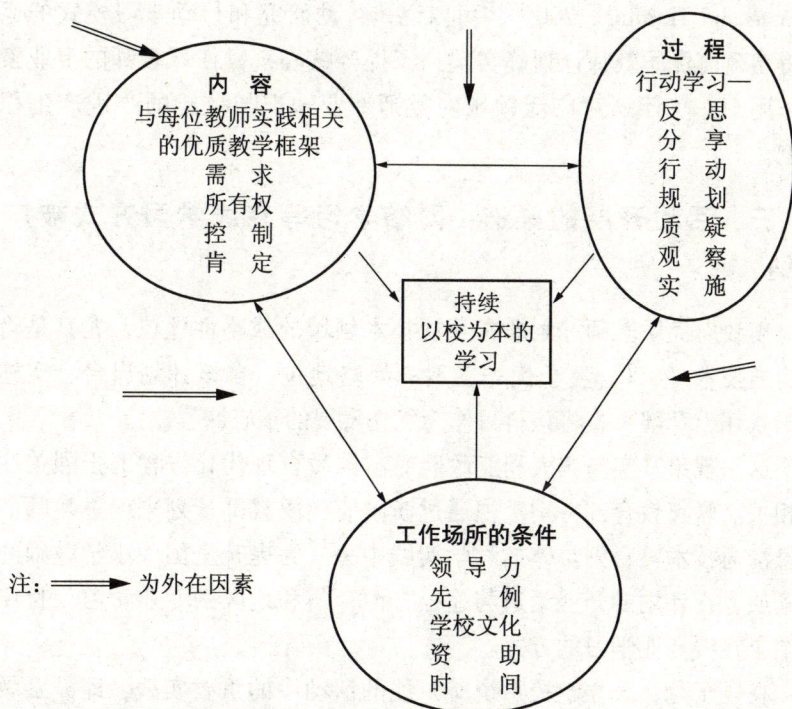

图 3-4　学校团队的行动学习项目之实践模式（Hoban et al.，2005)[7]

　　正如图 3-4 所示，一系列因素在影响和支持教师专业发展活动中的行动学习模式。来自每所学校的工作场所条件，包括其历史和组织的背景，以及行动学习的过程、活动的内容（与澳政府优质教师计划的优先发展领域相关的教师专业实践）等。图 3-4 即呈现了这些因素是如何促进和维持校本行动学习实践的开展的。该项目所采取的行动学习的模式所包括的一系列过程则有：反思、分享、行动、规划、质疑、观察和进一步的行动，并由此进入新一轮的循环。

综上所述，行动研究和行动学习在州和地区的专业学习项目和活动中发挥着非常重要的作用，并已成为澳政府优质教师计划主要的实践开展模式。提供和参与计划下设项目和活动的机构与教师都支持行动研究模式的运用。联邦教育部开展的澳政府优质教师计划全国性评估中也指出，该计划在专业发展实践中广泛采纳行动研究、行动学习的模式，一直是使广大教师们觉得满意的主要缘由。（Department of Education, Science and Training, 2005）[17] 可以说，行动研究和行动学习模式的运用使得澳政府优质教师计划确实起到了提升核心科目任课教师的专业素质的作用，并使计划对广泛领域内教师专业知识与技能的改进产生积极影响。

三、活动开展的渠道：网络学习等在线学习方式被广泛采纳

澳政府优质教师计划非常重视技术领域的战略性地位，尤其是将信息沟通技术（ICT）置于优先发展的战略地位。自该计划出台、实施以来，联邦教育部一直将该科目作为优先发展的核心课程。

这一现象其实与澳大利亚政府对本国教育现代化进程的强烈关注紧密相关。联邦教育部特别重视通过澳政府优质教师计划来促进教师们将信息沟通技术整合到具体的教学实践中去。为提升全国中小学教师的专业素质，在计划的开展渠道与途径方面，州和地区的专业学习项目广泛采纳了在线专业学习的方式。

在昆士兰，公立学校系统所开展的活动中的重要实践，即鼓励教师通过计算机网络来分享他们的专业学习体验与收获。所有接受澳政府优质教师计划资助的教师们都有义务通过网络来交流、分享其专业学习的点滴。具体的活动包括选择参与 30 多门在线学习课程以及对成功的专业学习故事的整理。这一活动的开展可以准确地"捕捉"到教师们开创的新知识，并提供了可以分享这些新知识的一个平台。（Department of Education, Science and Training, 2003）[2] 该州的天主教学校管理系统则致力于推动一项名为"信息技术支持项目"（The Information Technology Support program）的举措，该项目为天主教中小学教师们提供了在线课程

的学习，从而帮助教师们探索和开发与在线社区和电子出版物相关的课程应用技能。（Department of Education, Science and Training, 2003）[4]

在西澳大利亚州，该州的天主教学校系统开展了"技术学习—为了教师的专业发展"（Learning Technologies-PD for Teachers）项目，该项目由科廷大学（Curtin University）负责管理，项目主要致力于依据中小学的需求来提升教师们在学习环境中有效运用技术的能力。项目为天主教学校的教师们提供了包括技术学习课程在内的在线学习活动。（Department of Education, Science and Training, 2003）[5]

除了州和地区的专业学习项目广泛采纳在线学习方式以外，全国性的战略举措也重视通过计算机网络的方式来促进教师专业发展经验的分享与传播。作为澳政府优质教师计划的重点全国性战略举措，"全国优质教师信息交流"（the National Quality Teacher Information Exchange）项目非常推崇通过计算机网络的渠道促进全国的教师分享与交流参与澳政府优质教师计划的故事与经验。该项目的重要组成部分即全国优质教学网站（the National Quality Teaching Website）的建设与利用，这个网站涉及全国范围内澳政府优质教师计划下设的项目与活动，联邦教育部部长鼓励所有参与计划的教师、专业学习提供机构、教师教育工作者以及对此感兴趣的社会各界人士充分利用这个网站。网站包括了与一系列项目与活动相关的报告、故事和资源，其具体内容主要包括以下几个方面：

① 联邦政府颁布的不断更新、修改的澳政府优质教师计划实施纲要；

② 关于"全国优质教师信息交流"项目的通讯稿件以及报告的在线版本；

③ 对澳政府优质教师计划州与地区专业学习项目以及全国性战略举措相关的全面盘点，以及计划下设项目与活动有关的专业学习资源集合、教学资源的集合。（Department of Education, Science and Training, 2003）[12]

由此可见，澳政府优质教师计划的州和地区专业学习项目、全国性的战略举措都广泛采纳了在线学习的方式，从而有效促进了教师的专业成长与相关经验的交流与分享，并最终推动了"提升澳中小学教师专业素质"这一首要目标的达成。

四、活动的价值取向：为处于弱势、不利地位的学校提供针对性支持

就公共政策分析领域而言，对政策的价值进行分析越来越受到人们的重视。而不同的政策环境和政策问题是具有不同的价值评价标准的。总的来说，价值评价的一般性、共同性原则主要有以下几个方面：

① 合规律性与合目的性的统一；

② 社会选择与个人选择的统一；

③ 兼顾与急需的统一；

④ 择优与代价的统一。（刘家顺 等，2002）

其中，"兼顾与急需的统一"之原则强调的是政府的任何选择都是有重点倾向性的。尤其是急需解决哪些问题，更是要求政府能突出重点、着力解决。比如，对于那些仍没有能力提供教师专业发展所需的资源与经费的地区，政府的政策价值就是提供足够的资源与经费。

而自 20 世纪 90 年代以来，各国政府日益视"教育公平"为关注的焦点问题，多国政府在制定和实施教育政策的过程中都将维护公平作为其基本的价值取向。政府是维护和推动教育公平的主要社会主体，也是增进教育公平的首要责任方。而要实现总体上的公平，就必然要给在社会上处于不利地位或弱势地位的群体以特殊的考虑与待遇。

立足于教育领域，所谓处于弱势和不利地位的群体主要是指"家庭经济条件不好的贫困学生、肢体残障学生或智力障碍学生，以及处于与主流文化相对不利地位的少数民族学生"（施丽红，2007）。从整体上实现所谓的教育公平，就要求政府更倾向于考虑以上这些学生及其所处学校的需求，为其提供所谓的支持与补偿性照顾。

将眼光投向澳政府优质教师计划，该计划出台之初至 2004 年，联邦教育部仅将部分核心课程列为优先发展领域，而自 2004 年至今，联邦教育部则越来越注重考虑有特殊需求的学生（有身体、智力残障的学生）、土著学生的学习需要以及教授土著学生的教师的专业学习需要，为这些学生和教师所在的学校提供有针对性的支持和补偿性的照顾，并致力于提升这些学校的教师们的专业素质，如图 3-5 所示。

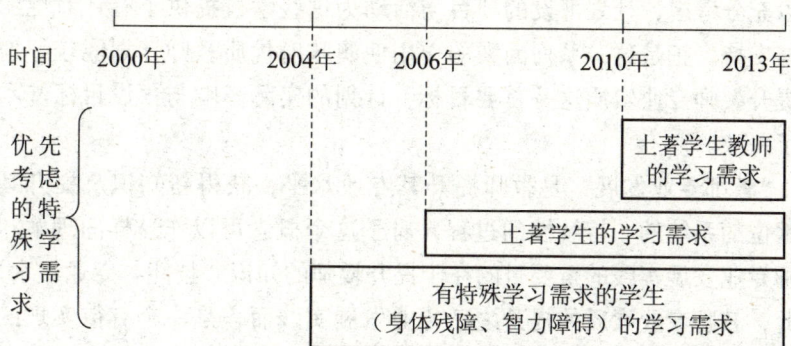

图3-5　澳政府优质教师计划优先考虑的部分特殊学习需要

澳大利亚的北部地区是土著居民的主要聚居地，该地区教育部、天主教教育局、独立学校协会通过协作来申请、实施澳政府优质教师计划，其中，他们特别开展了"土著教育和信息技术"（Indigenous Education and Information Technology）举措，并将其视为核心的教师专业发展举措。该举措致力于为土著学校的教师们提供专业学习的机会，使其能够参与到相关的会议、一天或两天的专业学习研讨会以及其他的澳政府优质教师计划下设的专业学习活动中来。（Department of Education，Science and Training，2003）[3]

除了致力于满足有特殊学习需求的学生、土著学生以及土著学生教师的需要，澳政府优质教师计划还统筹考虑位于农村和偏远地区的中小学的教育需求，为这些学校提供资助，从而致力于提升这部分学校的教师们的专业素质。

而正是由于政府注重为教育资源占有处于劣势或不利地位的地区和学校提供特别的帮助，所以澳政府优质教师计划的影响能跨越经济、地理等因素而迅速渗透至澳大利亚全国的各个州和地区，并能使计划帮助全国中小学教师在专业知识与技能上获得整体性、普遍性的增长。

由此可见，联邦教育部通过设置澳政府优质教师计划的优先发展框架来承载具体的教师专业发展实践；在活动的开展模式上，行动研究和行动学习是该计划下设项目与活动较为常用的实践模式；州和地区的专业学习项目以及全国性的战略举措都注重通过在线学习的方式来开展提升教师专业素质的活动；处于弱势地位、不利地位的学校的需求被计划予以充分考虑，计划下设的项目与活动为这些学校提供了有针对性的援助与支持。正是这一系列因素的作用使澳政府优质教师计划能较好地实现提升教师专业素质这一首要目标，计划的实际影响与预设目标基本达成了一致。

"教师专业发展"是教师提升其专业水平，获得新知识及提升其专业地位的系统的、持续性的过程，对于这个概念可以作这样的理解：即教师专业发展实践的重要目的在于提升教师的知识、技能与专业化水平。由此，教师专业素质的提升之于专业发展实践而言是一个有待实现的目标。对于澳政府优质教师计划这样大型、复杂的政策群来说，其目的指向性依旧非常明确，该计划的首要目的便在于提升该国中小学教师的专业素质，主要是其专业知识与专业技能的改进。

教师这一行业要被社会大众视为一项专门性的职业，其每个成员自身必然要先具备不可替代的素质，而由于教师从事的是一项与人打交道的工作，其工作性质比较复杂，以往相关研究始终没有就一名优秀教师应具备哪些素质这一问题达成共识。从澳政府优质教师计划的目标、内容与实施以及评估所关注的焦点来看，澳大利亚联邦政府比较关注的教师专业素质有教师的专业知识，尤其是有关学科本身内容的本体性知识和有关课堂情境与教学经验的实践性知识，以及教师的专业技能，尤其是教学操作技能和教学监控技能。联邦教育部开展的评估可以说明：普遍而论，经由参加澳政府优质教师计划，核心课程任课教师的专业素质获得不同程度提升；教师关于创设创新学习情境的实践性知识获得增长；教师关于学生如何学习的实践性知识得以增长；教师关于课程创新的教学操作技能得以提升；教师关于教学方法的教学操作技能得以改进。总体来说，计划的实施较好地完成了教师专业素质提升这一首要预设目标。

笔者进一步探究了计划实际影响能兑现预设目标的原因，并认为正是如图 3-6 所示的诸项原因的联合作用，从而使计划有效实现了提升教师专业素质这项目标。

宏　观

统领实践的优先发展领域框架的制定

价值

有针对性的政策倾斜

途径

在线学习方式的运用

微　观

行动研究、行动学习模式的采纳

实际影响之于预设目标的兑现

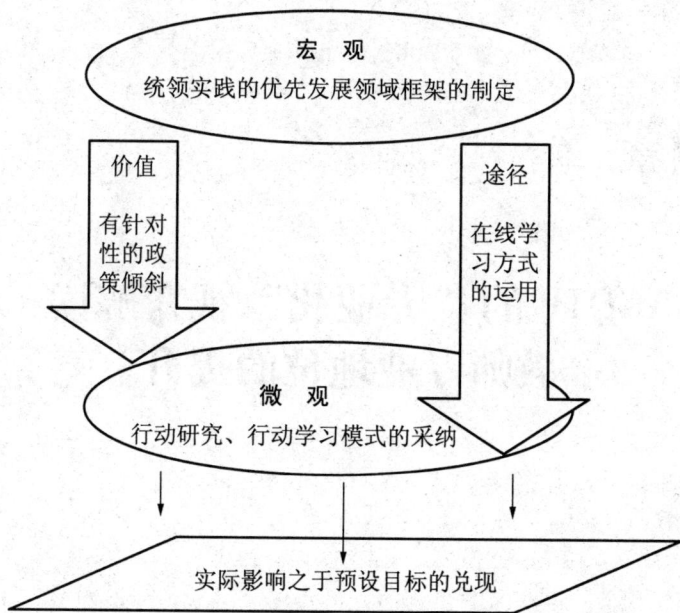

图 3-6　计划影响与目标基本达成一致的原因阐释图

　　由图 3-6 可以清晰发现，来自计划的内容及其实施过程中的宏观、微观、途径以及价值理念等层面的诸项因素共同作用，使得计划对提升全国中小学教师的专业素质起到了很大的作用。也就是说，澳政府优质教师计划之于增长澳大利亚教师专业知识与技能而言，是确实有效的。

第四章

AGQTP 的 "专业化" 视角解读:
教师专业地位的提升

在上一章的内容中,本研究基于"专业化"的视角,立足于教师的个人专业素质这一分析要素,就澳政府优质教师计划本身作了进一步的解读。在本章中,笔者将从教师群体的角度出发,以教师群体的专业地位为主要分析要素,进一步解读澳政府优质教师计划。

本章想要探讨与解决的主要问题有:首先,基于以往关于教师教育的基础理论研究,教师这一职业的专业定位的应然状态与实然状态之间是否存在差距,而在澳政府优质教师计划出台之前,澳大利亚中小学教师的实际社会地位是怎样的?其次,提升教师的专业地位是澳政府优质教师计划的第二大目标,针对此,计划实际收获的影响与预设目标之间是存在着明显的差距,还是较好地达成了一致?最后,造成这种结果的内在原因有哪些?下文的分析将主要围绕上述问题展开。

专业,即所谓"专门性的职业",它的产生是人类社会的分工发展到一定阶段的必然产物。在某一职业的群体向专门性职业的成员迈进、靠拢的过程中就出现了"专业化"的现象。而针对教师这一特殊的职业群体,大约从 20 世纪六七十年代开始,国际组织和一些发达国家政府就陆续表达了要将其视为专业人员的理念与想法,一些相关政策文本和举措纷纷出台用于积极构建及巩固教师的专业地位。然而,就现实与民众层面来说，迄今为止，在许多国家，教学行业依旧不被当作一种专门性的职业。在许多国家，教师专业定位这个问题在政府和理念层面、社会和大众层面之间存在着较大的偏差。

以本研究的研究对象国澳大利亚来说，在 20 世纪 90 年代末之前，也就是澳政府优质教师计划出台之前，中小学教师专业地位低下这一社会问题已经存在了较长的时间。笔者认为，这个问题的存在与澳大利亚历史上的职前教师培养体制有一定的关系。正如前文所述，在 20 世纪 70 年代之前，澳大利亚中小学教师主要是由州立的师范院校来培养的，直到 80 年代中后期以来，职前教师培养才正式成为大学教育的分支，基于此，民众难免会产生该行业培养机制专业化程度不高的刻板印象。而澳教师除了社会地位不高，其经济地位在 20 世纪 90 年代之时相对其他行业而言也是偏低的。

澳大利亚中小学教师专业地位不高这一现实可能会导致一系列问题的产生与加剧，如中小学师资可能面临短缺的危机，此外，越来越少的学生会因为被教学行业所吸引而愿意选择主修教育，这样一来，澳大利亚教师队伍的老龄化问题则很有可能在 21 世纪初的 10 年内变得越来越严重。

笔者认为，联邦教育部选择在这样一个特殊且重要的历史时间点制定、实施教师专业发展的"旗舰"举措——澳政府优质教师计划，显然是政府在积极化解教师专业地位不高这一现象可能在 21 世纪初引发的新困难与问题。而政府和理念层面的教师的应然专业定位与澳大利亚社会教师专业定位的实然状态之间的巨大落差则是推动澳政府优质教师计划出台的重要动因之一。

第一节　"专业化"视角下教师职业的专业定位

随着人类社会的发展与进步，教师的职能已经不再只是早期的简单的知识传授，教学工作本身要引起学生的主动参与、质疑、反思，从而达到建构、创新知识与思维体系的目的。（刘兴富 等，2010）[5] 教师专业化是社会发展到一定阶段的产物，是教师不断社会化的过程。如前文所言，"教师专业化"强调的是教师作为一种群体的外在的专业性的提升，它是指"教师个人成为教学专业的成员并且在教学中具有越来越成熟的作用这样一个转变过程"（邓金，1989）[542]。

一、理念与政府层面的应然专业地位

事实上，追溯历史，如前文所言，早在 20 世纪六七十年代，国际组织和一些发达国家就开始通过陆续出台相关文件和报告来赋予教师这一职业以专门性职业的定位。1966 年，联合国教科文组织与国际劳工组织通过了《关于教师地位的建议》，其中指出：应把教师职业作为专门职业来看待。日本于 1971 年出台的《关于今后学校教育的综合扩充与调整的基本措施》中指出，教师职业本来就需要极高的专门性，其中特别强调了要推进教师的专业化进程。美国霍姆斯小组发表的例如《明日之学校》等一系列报告也是围绕着要确立教学工作专业性地位的主题而展开论述，并试图建立教师这一行业的专业标准，从而培养出符合这些标准的训练有素的优秀教师。英国的教师专业化进程则随着该国教师聘任制和教师证书制度的实施而不断加快脚步，1988 年，该国教育部还颁布了新的教师教育专业性认可标准——《教师教育课程要求》。就我国的情况而言，1994 年《教师法》中明文规定："教师是履行教育教学职责的专业人员"，这是我国政府首次从法律角度赋予教师这一群体以专业人员的社会地位，此后，随着《教师资格条例》《教师资格条例实施办法》等的出台与实施，教师资格制度在全国范围内逐渐推广开来，人们对于教学行业的专业地位较之前有了更多的认识与了解。

自进入 20 世纪 90 年代以来，越来越多的国家都认同并支持赋予教师这一职业以专业的定位，教师专业化进程被提上议程，于是乎催化了澳政府优质教师计划这样的教师专业发展举措的出台。

二、社会及民众层面的实然专业地位

教师这一职业应该被赋予专业地位已经日趋成为一种共识。然而，理念与现实之间似乎总会存在着一定的落差。就我国而言，社会对于教师职业的不可替代性并没有形成一种认可，而放眼本研究的研究对象国——澳大利亚，该国中小学教师的社会地位较低已是多年来不争的事实。经济合作与发展组织（OECD）就许多国家教师专业地位低下的原因进行了深入分析，并认为主要有以下几个原因：

① 教师人数过多，所以很难在公众心目中形成专业人士所应具有的崇高地位；

② 教师虽经长期的专业学习而达到了较高的专业水平，但地位仍不如其他专业人士的社会地位高，由此而引起了教师群体的极大挫败感；

③ 此外，教师队伍的女性化倾向比较明显，而通常女性聚集的职业领域，其工作人员的社会地位和收入都是相对偏低的。（苏红 等，2009）[36]

此外，在澳大利亚等国家，民众的主流意见是，相比起医生、律师等职业，教师这一行业勉强可以称之为专业，但是如果依照美国教育署的沃德·S. 梅森（Walter S. Meissen）所提出的专业工作标准，教师还远远算不上是专业工作者。梅森认为，专业工作标准应该包括以下七项内容：

① 对从事该职业的工作者来说，它是主要生存来源的职业；

② 该行业的工作人员所从事的是终生的职业；

③ 该职业应能优先发挥职业作用，而不是某种其他社会作用；

④ 该职业的工作人员掌握的是某种深奥的知识，而非仅是大众性的知识；

⑤ 从事该职业的工作者与其他业余爱好者相比具有非常明显的差异；

⑥ 该行业产生了重大的社会效益；

⑦ 从事该职业的专业工作者的特殊能力能够得到社会公众的认可。（王斌华，1992）[5]

在澳大利亚，多数民众认为依据以上这个专业工作标准，只有像律师、医生这样的专业化程度很高的职业才能被称为专业，而教师明显不能被认作 "专业"。

综上所述，在很多国家，中小学教师的专业地位只有在理念和政府层面被予以肯定和强调，从社会和民众层面来看，教师的专业地位还远远没有被建立起来。

第二节 澳大利亚教师的实际专业地位及潜在问题

在迈入 21 世纪前的很长一段时期内，澳大利亚中小学教师的专业地位一直比较低，这个问题已被视为澳大利亚教师教育领域在 21 世纪的潜伏危机。在下文中，笔者主要从澳中小学教师的社会地位和经济地位这两个角度出发，来具体阐述澳政府优质教师计划出台实施前该国中小学教师的实际地位究竟是怎样的。此外，由于中小学教师的专业地位不高，也可能导致一系列相关问题的产生与加剧，下文中对这一问题也作了相关阐述。

一、澳中小学教师普遍低下的社会地位

本研究此处所提及的教师社会地位，是指公众对于教师这一职业地位的看法。依据现有相关研究的说法，在澳大利亚，民众对于教师的印象与教师的自我认可之间存在着很大的差异。时至 20 世纪 90 年代，仍有很多澳大利亚人认为教师工作的难度不高，并未掌握如梅森提及的专业工作标准④中提及的深奥知识，教师的工作时间短而休假时间长；从教师队伍的新生力量来说，优秀的中学生在跨入高校之时一般不会将教育作为自己的主修专业；教师队伍里有太多的妇女，严重缺乏男教师，这使得教学行业直接带给人一种非专业的感觉。（王斌华，1992）[5]

澳大利亚某研究协会对全国范围内针对公、私立教师的一次大规模抽样调查曾指出，教师的专业素质和工作性质直接关系到教师群体的专业地位，而现实的情况是澳大利亚很多的中小学教师的学术水平不高，在职教师亟待参与更多的专业发展活动与实践，基于此，民众对教师的专业地位也不予以认可。

事实上，一直以来，澳大利亚的教师都希望自己能成为像律师、医生那样的专业工作者，但却事与愿违。20 世纪 90 年代的一项民意调查中曾经反映：在全澳 135 种职业中，中学教师位列第 27 名，小学教师位列第 45 名，而大学教授、律师、医生、建筑设计师则名列前茅，教师的地位已经几乎与电台播音员、社会工作者、航空小姐的社会地位相差无几。（王斌华，1992）[5]

由此可见，在澳大利亚民众的心目中，教师这一职业的社会地位比较低下。

二、澳中小学教师总体偏低的经济地位

某一行业从业人员的经济地位也很能说明该专业成员在社会中所处

的地位究竟如何。而澳大利亚中小学教师的经济地位显然也不那么尽如人意。在下文中，笔者主要围绕教师的经济收入这一核心要素来具体阐述澳中小学老师经济地位低下的事实。

有研究指出，澳大利亚中小学教师的工资收入在 20 世纪 70 年代至 90 年代的二十年时间里，呈急剧下降的趋势。1974 年，澳大利亚中小学教师的工资收入约为普通雇员平均周薪的 146%，1995 年时该百分比下降至 108.29%。（于家太，1998）[16] 以塔斯马尼亚为例，1996 年，该州一个优秀教师的工资收入甚至不到一个普通议员基本工资的 60%。

一般而言，中小学教师的经济收入与其个人的年龄、经验与技能紧密相关。澳大利亚国内学者伊丽莎白·韦伯斯特（Elizabeth Webster）、马克·伍登（Mark Wooden）、加里·马克斯（Gary Marks）等人为了评估教师的年龄、经验、技能等因素之于收入的重要性，特运用了澳大利亚家庭、收入和劳动力市场动态调查（the Household, Income and Labour Market Dynamics in Australia, HILDA）的主要职业群体的相关数据来估算工资的方程式，研究结果发现，通过对年龄、工作任期、经验和教育成就以及其他与个人、工作相关的特征进行调整之后，与其他职业群体相比，中小学教师的每小时收入要低一些（如果按照他们每年休假四周来计算），中小学教师的每小时收入几乎比从事其他任何工作的职员都要低。（Webster et al., 2006）[191] 详情如表 4-1 所示。

表 4-1　每小时的收入差别：澳大利亚中小学教师与其他行业的从业人员相比（2000 年）

（转引自：Webster et al., 2006）[192]

职　　业	占教师收入的百分比 （控制年龄、经验等因素后）	样本规模
中小学教师（每年休假 4 周）	100.0	354
其他教育行业	118.3	146
护理行业	109.6	214
其他卫生健康行业	128.6	129
科学、建筑和工业行业	109.9	167
商业和信息专业	120.4	512

时处世纪之交，澳大利亚的中小学教师除了面临收入不高的问题，

还要面对退休金被削减的局面。由此可见，研究和相关统计数据都能证明：在 20 世纪 70 年代至 90 年代的二十年时间里，澳大利亚中小学教师的经济地位总体是偏低的。

三、澳教师专业地位低可能引发的系列问题

由于澳大利亚教师的社会地位和经济地位不高，有可能导致以下一系列问题的产生，包括中小学师资将面临短缺的问题，越来越少的学生将选择主修教育专业，教师队伍开始产生老龄化趋势等。

（一）中小学师资将面临短缺的问题

在澳大利亚各地，各州政府都投入了相当可观的资源用于定期评估师资劳动力市场是否正在或将要面临短缺、剩余、平衡的状况。在许多州，校长们都定期填写有关市场需求和供应的调查问卷。此外，一系列建立在人口统计学、教育以及劳动力的数据方面的统计模板，已经被用于预测师资供需的未来趋势。昆士兰每隔两周对市场上未被占有的工作空缺进行一次监控，并提供年度和十年份的预测。在南澳大利亚州和塔斯马尼亚州，就业研究团队的专家们还对利用预测模板推断出来的市场趋势进行调整与修改。西澳大利亚州预测 5 年后的趋势，而新南威尔士州则使用 7 年的预测机制。为实现预测的目的，维多利亚州开展两种针对公立学校的常规调查。至于联邦层面，就业和劳动关系部召开了"关于教师供求的教育系统首席执行官会议"。（Ministerial Council on Educatoon，Employment，Training and Youth Affairs，2003；Prestion，2000）

以上的研究大多都将师资短缺定义为少数申请职位的空缺。然而，在经济学家看来，这并不是师资短缺，而仅仅是表明市场供需已几近平衡。如果没有合适的应聘者来申请职位，会造成一种短缺。学校搜寻人才的活动开展得越来越多，这并不意味着师资短缺，而可能仅表示市场供需几近平衡。更多能够显示师资短缺的适当指标应该涉及以下这些因素：选课的学生人数规模变大、与学生联络时间的减少、在岗教师去教自身并无充分资格任教的科目、过度使用代课教师、班级人数超出正常规模。即便每个教室的讲台上都站着一位教师，也并不意味着不存在师资短缺的问题。

事实上，有连续性的证据可以表明澳大利亚的中学数学和科学教师在世纪之交正面临缺失，而在非大都市地区，这一现象则尤为明显。教育、就业、培训与青少年事务部部长级理事会曾指出：30% 的 12 年级数学教师以及 20% 的科学教师都至少在其大学三年级时，仍未完成数学或科学的课程。此外，28% 的 8 年级数学教师在数学或数学教育方面都不具备资格任教。（Ministerial Council on Educatoon, Employment, Training and Youth Affairs, 2003）需引起注意的是，国外的研究发现，比起其他教师而言，学术水平更高的教师以及数学和科学教师，更有可能转行。（转引自：Webster et al., 2006）[189] 依据澳大利亚国内教育专家的预测以及校长委员会所提供的数据显示，澳大利亚在 21 世纪之初将面临中小学教师短缺的局面。（牛道生，2004）[256]

（二）主修教育专业的学生人数将越来越少

如果澳大利亚中小学教师的专业地位继续维持低下的局面，那么，教育专业的毕业生将有可能不选择从事教学行业，与此同时，越来越少的高中毕业生将选择教育专业作为自己大学时期的主修专业。事实上，在 20 世纪 90 年代，澳大利亚高校教育专业的入学人数就已持续减少。

根据澳大利亚国家统计局的相关数据显示，1987—1995 年，选择主修教育专业的学生人数下降了 2%，在 1991 年的时候，选择主修教育专业的学生人数曾出现上升的局面，而在此后剧烈下降了 11 个百分点；在 1987—1995 年的 8 年间，教育居然成了所有学科领域中唯一出现入学人数呈负增长的学科。（转引自：Australian Education Union, 1997）[237-238] 具体的数据如表 4-2 所示。

高校教育院系入学人数下降的事实说明了教学行业变得越来越没有吸引力。（Australian Education Union, 1997）[238] 而如果教师这一职业的专业地位继续这么低下，教育学专业的入学人数在 21 世纪初恐怕只会越来越少。

表 4-2　1987—1995 年间澳大利亚高等教育不同专业学生入学数量及变化比率
（Australian Education Union, 1997）[238]

年份 专业领域	1987	1988	1989	1990	1991	1992	1993	1994	1995	1987—1995 年的差别（%）
农业/畜牧业	7 061	7 603	7 656	8 559	9 876	10 491	10 988	11 426	11 850	67.8
建筑	8 974	9 323	8 678	10 724	11 243	11 894	12 373	12 998	13 550	51.0
人文社会科学	95 714	101 702	101 495	109 551	121 353	125 040	127 812	132 935	139 367	45.6
工商经济管理	72 688	80 700	91 592	104 825	112 666	117 104	120 526	122 315	129 177	77.7
教育	72 112	72 616	72 578	74 772	79 598	78 091	76 568	72 277	70 635	-2.0
工程调查	30 098	31 153	33 178	36 019	40 207	43 599	45 715	47 147	48 169	60.0
健康	37 328	42 895	48 195	54 498	61 875	67 181	70 763	70 885	72 137	93.3
法律法学研究	11 345	11 124	11 693	14 135	16 313	18 001	19 508	21 236	23 490	107.1
科学	51 422	56 021	60 706	67 330	75 961	80 690	83 678	86 136	88 172	71.5
兽医学	1 458	1 454	1 526	1 534	1 612	1 682	1 718	1 690	1 674	14.8
文凭表	5 534	6 220	2 779	3 128	3 834	5 592	5 968	6 351	5 956	7.6
合计	393 734	420 850	441 076	485 075	534 538	559 365	575 617	585 396	604 177	53.4

（三）中小学师资队伍将产生老龄化趋势

如果中小学教师专业地位偏低这一问题得不到解决，那么，这显然很可能会使人们缺乏加入教学行业的动机，这样一来，教师队伍匮乏新生力量，必然会造成师资平均年龄偏大甚至于老龄化的趋势。从 20 世纪 70 年代开始，澳大利亚中小学教师的平均年龄就一直在增长。

相关数据显示，40 岁以上的教师占所有教师的比率从 1991 年的 40.8% 上升至 1996 年 54%，而 30 岁以下的教师占全部教师的比率则从 1991 年的 21.8% 下降至 1996 年的 16%。（Australian Education Union，1997）[239] 而根据澳大利亚国家统计局的数据，1995 年，教师以外其他专业从业人员超过 40 岁人数占行业总人数的比率为 47%，这个比率显然要低于教师队伍的相应比率。（Australian Education Union，1997）[239] 表 4-3 选取了 20 世纪 60 年代至 21 世纪初的具有代表性的几年，展示了这些年里澳大利亚中小学教师的年龄组成结构。

表 4-3　澳大利亚全国中小学教师的年龄组成结构

（以 1963 年、1979 年、1989 年、1991 年、1996 年、2002 年为例）

（Australian Education Union，1997）[239]

年龄范围	1963	1979	1989	1991	1996	2002
< 20	6%	1%	0%	0%	0%	0%
21—30	41%	51%	25%	21.8%	16%	22%
31—40	18%	27%	40%	37.3%	30%	20%
41—51	15%	15%	25%	29.6%	38%	30%
51—60	14%	7%	9%	9.8%	13%	22%
> 60	4%	2%	1%	1.4%	3%	6%

除了表 4-3 的数据能说明澳教师的平均年龄整体趋于老化之外，1997 年的相关数据也指出，年龄在 45—50 岁的教师有 25 846 人（所占比率为 11.7%），50—54 岁的教师有 15 370 名（所占比率为 6.9%），55—59 岁的教师有 6 514 位（所占比率为 2.9%），60 岁以上的教师有 3 168 名（所占比率为 1.4%）。（Australian Education Union，1997）[239] 这一系列的数据都在证明，在未来十年时间里，澳大利亚将会有 42 000

位或者约占 18.6% 的中小学教师将会成为可能退休的群体（超过 55 岁），1997 年超过 55 岁的教师有 9 682 名，约占教师总人数的 4.3%。(Australian Education Union, 1997)[239-240] 由此可见，如果教师行业的专业地位持续偏低而无法吸引新生力量，那么，在 21 世纪初的十年间，澳大利亚的中小学教师队伍将面临老龄化的问题。

综上所述，在 20 世纪 90 年代，澳大利亚中小学教师专业地位不高已经成为一个突出的社会问题，如果该问题得不到解决而仍然维持下去，那么，将会引发教师队伍出现一系列的问题，包括师资短缺、立志从教的学生越来越少、教师队伍老龄化等。笔者认为，联邦教育部于世纪之交斥巨资出台澳政府优质教师计划显然也是考虑到如此严峻的社会现实。要实现 21 世纪的国家学校教育战略目标，不提升教师的专业地位，不保障教师群体的切身利益，显然是不可能的。教师专业地位在应然状态和实然状态之间的巨大落差，也促使了澳大利亚联邦教育部尽快出台实施一项综合性、系统性的大型教师专业发展举措。基于上文的阐述，再回头去思考为何澳大利亚联邦教育部要将提升全国公、私立学校的教师地位，并将其列为澳政府优质教师计划的第二个目标，答案也就十分明了了。

第三节　计划对教师专业地位提升的影响：目标尚未实现

前文曾提及，在澳政府优质教师计划出台前，澳大利亚民众认为教师的专业素质不高，这也是民众对教师的专业地位不予以认可的原因之一。而澳政府优质教师计划的重点即致力于提升全国公、私立学校教师的专业素质，因此，可以作这样的理解，即计划可以通过提升教师的专业素质从而间接促进另一大目标——教师专业地位提升的实现。那么，计划之于教师专业地位提升所产生的实际影响究竟如何？

依据联邦教育部于 2005 年开展的计划中期评估，"教师的专业地位"这一要素被划分为两个组成部分：教师对其职业的自我认知以及社会对教师职业的认同感。(Department of Education, Science and Training, 2005)[46] 专业地位来自职业内部和外部的认知及其互动。在此，内部的认知是指教师对其职业的热情与信心，外部的认知则指其他社会人士是如何看待教学这一行业的。

依据以上论点，联邦教育部设计了相关研究框架，进而搜集有关的数据与资料来证实澳政府优质教师计划的实施之于"提升公、私立学校教师专业地位"这一目标究竟产生了什么影响。下文将从教师对其职业的自我认知以及社会对教学行业的认可这两个方面，分别论述计划实际产生的影响。

一、教师对职业的自我认知有所提升

从联邦教育部收回的数据来看，通过参与澳政府优质教师计划，教师们对其职业的热情获得显著提升。(Department of Education, Science and Training, 2005)[46-47] 通过参与专业学习活动，教师们认为其自尊、效率、自信、专业知识都有所提升。基于此，联邦教育部认为，在教师自我认知的层面，教师专业地位提升这一目标已经获得实现。

联邦教育部开展的针对学校的电话调查显示，相对于教师社会地位的自我认知而言，计划在教师对其职业热情的提升方面产生了更多积极的影响。

表4-4　澳政府优质教师计划对教师职业热情、社会地位自我认知所产生的影响
(Department of Education, Science and Training, 2005)[47]

问题描述	学校系统	总回应人数	平均分值①
你怎么看待澳政府优质教师计划的专业学习活动对教师的职业热情所产生的影响？	公立	748	4.0
	天主教	193	4.0
	独立	126	4.1
	合计	1 067	4.0
你怎么看待澳政府优质教师计划的专业学习活动对教师社会地位所产生的影响？	公立	650	3.6
	天主教	174	3.7
	独立	106	3.5
	合计	930	3.6

从表4-4可以了解到，计划之于教师的职业热情产生了正面的影响，

---

① 此处的分数范围为：A. 强烈的负面影响；B. 负面影响；C. 没有影响；D. 正面影响；E. 强烈的正面影响。

平均分值为 4.0，而另一方面，计划对教师社会地位所产生影响的平均分值只有 3.6（介于没有影响与正面影响之间），而且不同学校系统分值的差异性也比较显著。以下主要从教师的职业自尊和教师的职业信心两个方面来阐述计划的实施之于教师职业自我认知所实际产生的影响。

（一）教师的职业自尊获得提升

通过计划的活动报告和个案调查结果可以发现，计划在教师的职业自尊（professional self-esteem of teachers）、作为教师来反思其工作、以职业为目的来与同事进行对话等方面都产生了较为积极的影响。大量来自活动报告的评论能够证实，计划对教师职业自尊的提升产生了较其之前任何专业学习体验都更为明显、更为重要的积极影响。

部分教师认为澳政府优质教师计划的项目与活动是他们所参与过的"最为专业的"活动，教师们认为计划本身充满了专业化的意味。参与计划的教师们都认可相关项目与活动使他们在广泛领域的专业学习与课堂教学实践之间建立了明确的联系。

此外，评估的数据也说明，澳政府优质教师计划唤起了教师关于加强专业参与的意识。在参与计划的过程中，绝大多数的教师都保持着"集中"和"积极参与"的状态。评估的资料还揭示，计划给教师们提供了参与专业对话的机会，这为教师们提供了更为广阔的支持与共享平台，教师们的想法面临质疑，也产生了新的问题解决方法。（Department of Education, Science and Training, 2005）[47]

（二）教师的职业信心得以增强

计划的活动报告和个案研究都指出，对于众多资深教师以及新教师或重返教坛的教师而言，他们都认为从澳政府优质教师计划下设的活动和项目中受益并提升了自身的职业信心（Professional Confidence），这些有效的活动一般具有以下几个特点：

① 强烈关注教师的工作环境；

② 依据教师所认为的与其教学环境相关的方式将理论与教师实践工作相结合；

③ 提供与同伴一起进行合作和反思的机会；

④ 结合外部的指导与支持，比如，结合高校、专业协会或者教育管理机构的顾问型支持；

⑤ 以长远的眼光来看待教师专业学习事宜，避免采取一次性的课程活动；

⑥ 通过提升教师的技能和理解力来关注学生的学习成绩，在一系列维度上评估、测量学生的进步，包括个人技能的提升。（Department of Education, Science and Training, 2005）[47-48]

计划开展的行动研究活动一般都具有以上这些特征。评估数据与资料证明，行动研究模式的运用对于教师建立和保持职业信心非常有效。而计划的活动报告也指出，单一的培训课程仅能在活动的尾声给教师提供一点信心。来自专业学习的行动研究模式的数据说明，在很多情况下，教师的信心源自运用了通过专业发展实践而获取的技能与理解力，因为这些技能与理解力与教师工作的情境紧密相系。（Department of Education, Science and Training, 2005）[48]

评估所开展的个案研究指出，参与计划的教师们觉得自己较之前更被学校领导、其他教师和学生所重视了。在某些情况下，部分教师还认为家长也意识到了教师技能得以提升的变化，而家长通常是听自己孩子对教师的评论而获知这一情况。在联邦教育部的个案研究结论中，曾这样记录一位澳大利亚普通教师的声音：

"计划赋予我以更宽广的视角来看待教育问题。我觉得它提升了我的专业水平。我们目前在学校所做的一切获得了相当多的认可。其他学校的教师想来我们这里走访和参观，我们也已经受邀去展现我们在专业学习的会议上都做些什么。"（Department of Education, Science and Training, 2005）[48]

由此可知，通过参与澳政府优质教师计划，教师们提升了专业素质进而增强了对于自身职业的信心。从这个意义上来说，计划对于教师关于其职业的自我认知产生了正面影响。

二、社会对教学行业的认可无显著改变

如上文所述，澳大利亚联邦教育部认为教师的专业地位应该涉及内部的自我认知以及外部的他人观点，然而，关于社会对于教学行业的认

可方面的评估数据却非常有限。事实上，目前澳全国教师专业标准仍在开发制定的过程中，教育行业仍处于专业化的进程中，社会对教学行业的认可程度似乎不太可能随着该计划的开展而迅速获得提升。

在这方面，联邦教育部所开展的评估中唯一掌握的数据就是来源于活动报告、调查和个案研究的关于教师对于社会看法的意见。总的来说，教师们认为，周围的社会人士对于其专业技能与理解力的更新这一现实持乐观的态度。（Department of Education，Science and Training，2005）[48]

此外，外部的观点应该要涉及其他行业的从业人员对于教学这一行业的认可程度。这取决于澳大利亚有关职业的正式机构，如澳大利亚专业协会组织（Professions Australia）①，对于教学行业的认可情况，也取决于该行业是否对专业实践拥有并阐明了高阶标准，以及社会能够对该行业所提供的服务质量作出评判。而服务质量则要考虑该行业通过提升、更新自身的专业技能来满足社会利益的水平。

在澳政府优质教师计划的评估过程中，教师专业标准的制定也是引起联邦教育部关注的问题。而澳大利亚全国教师专业标准方面已做的工作至今并没能够澄清法规标准和高级专业标准之间的差别究竟何在。如果仅仅是从法规的角度出发来开发和应用所谓的教师专业标准，那么，这个过程中显然不会优先考虑到"面向21世纪的教师"计划所要求的高水准的教师技能与理解力。这样的专业标准更可能会被建构成绩效管理中应用到的基准。全国性的教师专业标准亟待被开发、建构与批准，只有这样教师们才能在其职业生涯中担负起开展最优实践的责任。

依据以上澳大利亚联邦教育部对于澳政府优质教师计划关于提升教师专业地位方面的影响力的评估结果，笔者认为，计划的开展对于提升教师群体内部的职业自尊与自信可能产生了一定的作用，但是，放眼整个社会，其他行业与社会大众对于教学行业的认可程度并没有因为计划

---

① 澳大利亚专业协会组织（Professions Australia）是澳大利亚有关专业协会的一个全国性组织。它致力于促进与提升全社会各行各业的专业性，它目前拥有涉及 350 000 个行业共计 32 个成员协会。该机构所开展的工作有：支持、帮助其成员协会；沟通专业性以及职业道德操守的好处；为各行各业提供分享信息、想法和经验的方式；制定和推动职业相关政策与举措；为政府提供可靠、客观的政策建议；支持成员协会的专业性提升。澳大利亚专业协会组织是澳大利亚专业委员会有限公司（Australian Council of Professions Ltd）的企业名称。（Professions Australia，2010）

的开展而发生显著的改变。

第四节 计划目标尚未实现的原因阐释

综上所述，在改善教师群体的专业地位方面，澳政府优质教师计划所产生的影响与预设目标之间存在着些许的差距。这一方面是因为前文所述的澳大利亚中小学教师社会地位偏低已是一个多年的不争事实，这一现象在短时间内很难发生迅速改变；另一方面也是因为澳政府优质教师计划在制订之初就将首要目标指向提升教师专业素质，绝大多数的项目与活动设计都围绕着提升教师的技能与理解力，而鲜有活动直接针对教师专业地位的提升。此外，与教师群体专业地位提升关系较密切的是全国性教师专业标准的制定，该标准的制定历经多年虽已产生一个草案，但仍未有一个能马上投入实施的具体细则，这也使得教学行业缺乏作为一种专门职业而存在的行业规范。笔者认为，正是由于以上这些原因，就教师专业地位提升而论，澳政府优质教师计划的预设目标与实际影响之间存在着偏差，计划没有实现预期的效果。

一、旨在专门提升教师专业地位的实践缺失

在澳政府优质教师计划的制订和实施过程中，提升教师专业地位是仅次于改进教师专业素质的第二大目标。然而，由于计划的总体设计主要围绕着教师专业学习的主题，因此，提升教师专业地位这一目标与计划的直接联系并不是很紧密。由于公、私立学校教育管理机构、专业协会、高校等相关利益主体通过协作共同致力于提升教师的专业素质，相比之下，在计划制订之初，并没有一个专门的集中关注教师专业地位的机构存在。直到 2004 年，全国优质教学与学校领导学会（NIQTSL）成立，这一局面才被打破。

自 2005 年开始，澳教学与学校领导学会（AITSL）成立（该机构的前身即全国优质教学与学校领导学会）。学会的首要职责即在澳大利亚全国范围内提升教学行业的地位。2005—2010 年，机构由澳政府优质教师计划提供经费资助，并由联邦教育部进行管理。为提升全国中小学教师的专业地位，2005—2010 年，澳教学与学校领导学会主要开展了如表 4-5

所示的一系列具体工作，这些活动的类型主要涉及：提升教学行业质量的相关活动；有关于教师专业标准的开发与试验的活动；有关教师和学校领导专业学习的活动；部分研究项目与活动；优质教学和学校领导的鉴定与认可工作。

表4-5　澳教学与学校领导学会开展的具体工作

(The Australian Institute for Teaching and School Leadership, 2010)[27-33]

工作类型	开展的项目/活动
提升教学行业质量的活动	澳大利亚教学网络项目
	同州和地区政府合作，对打算成为澳大利亚中小学教师的技术移民的技能进行评估
教师专业标准的开发与试验	协同一些行业协会共同开发某些科目（如科学、数学等）的教师专业标准
	通过外部试验来考察设置的标准的合宜性与可靠性
	评估教师们对标准的运用情况
	提议设置《全国教师道德准则》
教师和学校领导的专业学习活动	"领导澳大利亚的学校"项目
	提升教师的专业技能并激发其自信与动机使其致力于成为校长的相关项目
	以未来为导向的专业发展举措
	结合实践与研究来推动创新和杰出的课堂教学实践
	支持教师在专业发展方面的合作
	支持校长和骨干教师们的跨国专业发展合作
	为行业协会提供资金赞助来召开关于教学、学习和学校领导力方面的会议
研究项目与活动	确定并总结能使学生获得学业成功的职前教师教育的独有的特色
优质教学和学校领导的鉴定与认可	澳大利亚教学卓越成就奖项
	通过出版发行物和推出系列产品的方式来推动教学行业的发展

应该说，澳教学与学校领导学会所开展的工作还是取得了一定的成绩的，尤其是在开发、制定全国教师专业标准方面，该机构发挥了一定的作用。然而，该机构所做的工作仅在2005—2010年的五年间发挥了作用，除了该机构所开展的工作外，作为一项大型、多维的政策群，澳政府优质教师计划鲜有举措与实践专门针对教师专业地位的提升。相对于

为教师专业素质改进所开展的丰富多彩的项目与活动而言，提升教师专业地位虽为计划第二大目标，却一直处在较受冷落和被忽略的处境。因此，就澳政府优质教师计划这项政策来说，专门针对提升中小学教师专业地位的实践与举措是比较缺失的，这直接导致了计划第二项目标无法预期实现。

综合上文所述，虽然澳政府优质教师计划的第二大目标就是提升教师的专业地位，而澳大利亚中小学教师的地位确实也亟待提升，但是计划下设项目与活动所围绕的重点更多是改善教师的专业素质，而并未将提升教师专业地位置于重要的地位，所以，计划在提升教师专业地位方面所产生的影响与预设目标相比难免存在一定的偏差。正如前文所言，联邦教育部对计划在全国范围内实施影响的评估结果说明，计划在提升教师专业地位，尤其在公众对教学行业的认可方面所取得的影响与成效与预设目标相比，是有一定的差距的。

而换个角度来看，笔者认为，单纯依靠一项政策的实施来使教师的专业地位在短时间内获得整体性提升，这种想法显然也是不太现实的。从事某种职业的成员的群体地位的提升是一较为缓慢的过程，澳政府优质教师计划以及其他教师专业发展举措之于提升澳大利亚中小学教师专业地位的影响有待今后更长时间的观察与验证。

二、全国教师专业标准的开发进程缓慢且繁杂

早在 20 世纪 90 年代的时候，当时任职的基廷政府所开展的一些教师专业发展活动意在促进中小学教师在全国范围内的更好的、无障碍的流动。不同州和地区的教师流动存在很大障碍与不便是澳大利亚当时直至现在很长一段时间内都普遍存在的一个问题。事实上，这一问题的产生主要源于澳大利亚分权制的教师教育管理体制，该国各州和地区都有自己的一套教师评估与管理指标，此外，相关的学科机构和行业组织也都有自己的一套标准，各套标准可谓是"各言其说，互不通用"。而一直以来，澳大利亚都没有全国统一的教师专业标准，这直接影响了澳大利亚中小学教师专业地位的树立，也是社会认为教师这一职业专业性不高的缘由之一。

应该肯定的是，澳大利亚历届联邦政府都为全国教师专业标准的开

发投入了很多的时间与精力，作为教师专业发展的战略性举措——澳政府优质教师计划也对该标准的制定发挥了一定的作用。然而，全国教师专业标准开发的进程总体上来说是缓慢而且繁杂的，至今，澳大利亚联邦政府并没有出台这个标准，而仅颁布了一个相关的草案，草案目前还仍然处于验证阶段，并没有投入推广和使用。而全国教师专业标准是否颁布与推广，直接牵涉澳中小学教师的专业性这一问题，并影响民众眼中教学行业的专业地位建立等一系列相关问题。

（一）联邦政府开发全国教师专业标准的进程

事实上，自20世纪90年代以来，联邦政府便开始对统一的教师专业标准的制定付出较多努力。然而，联邦、州以及各教师教育专业机构和组织间的意见不一，这也导致了目标一直没有能够实现。霍华德政府时期，政府始终将全国教师专业标准的制定视为重要议题，并为之努力。尤其是20世纪90年代末至21世纪之初，澳大利亚教育、就业、培训与青少年事务部部长级理事会（MCEETYA）和澳大利亚教师质量认证与鉴定论坛（AFTRAA）一道就全国教师专业标准的制定作出了重要的努力。进入21世纪以来，澳大利亚全国教师专业标准的制定过程中出现的较有影响力的大事主要如下文所述。

2003年5月，澳大利亚举行了教师标准、质量和专业化的论坛，并发布了《有关教师标准、质量和专业化的教学专业国家声明》（*National Statement from the Teaching Profession on Teacher Standards, Quality and Professionalism*），提出建立统一的教师专业标准不仅应注重教师的实践能力和理论能力，还要重视各学科特有的标准，提高教师职业的专业性，提升教师的社会地位。

2003年7月，在州和地区教育、职业培训与青少年事务部长级理事会上颁布了《教师专业标准的国家框架》（A National Framework for Professional Standards for Teaching）。事实上，这个框架只是提出了一般性标准，即教师的专业标准应由"职业维度"（教师作为一种职业所需的品质）和"专业维度"（教学活动所需要的品质）（祝怀新 等，2005）[27] 所构成，而并没提出具体的全国性的教师专业标准。

2005年3月，一系列经由澳大利亚州和地区教育、职业培训和青少年事务部长会议签署承认的澳大利亚教师质量认证和鉴定论坛颁布的系列文献涉及了教师标准、注册和认证的相关过程，指出澳大利亚联邦政府应当继续致力于进一步发挥教师专业标准在质量认证中的作用，推动全国性的教师教育质量鉴定和认证机制的建立，还要促进各州和地区的教育管理部门的合作。澳大利亚联邦议会下属的教育和职业培训委员会（Committee on Education and Vocational Training of Parliament of Australia）认为：必须建立一个全国性的教师教育体系，而制定全国统一的教师专业标准则是建立全国教师教育体系的第一步，并提出了如图 4-1 所示的全国教师教育质量鉴定体系。

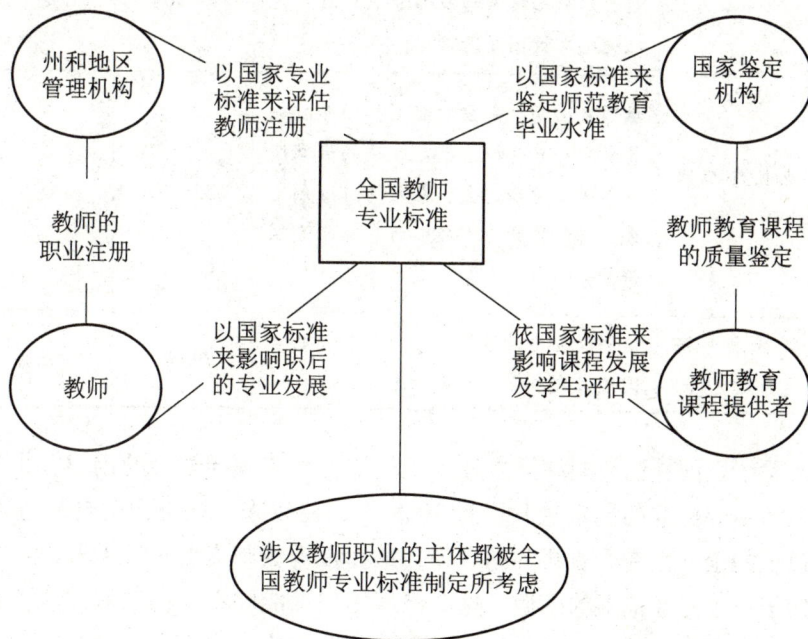

图 4-1　以全国统一的教师专业标准为基础的教师课程与注册鉴定体系的建立

（肖甦，2010）[251]

（二）计划在教师专业标准制定过程中所发挥的作用

2000 年，澳政府优质教师计划出台并实施，作为一项"旗舰型"的教师专业发展举措，计划理所当然地加入全国教师专业标准的制定进程中来。在计划内容的组成部分之一——全国性战略举措中，有三个项目与活动直接针对教师专业标准的开发事宜，这三个项目与活动分别是：教师专业标准专题研讨会、专业教学标准的全国项目以及教师标准参照组的会议，各项活动的简要介绍与经费投入如表4-6所示。

表4-6　全国性战略举措中涉及全国教师专业标准开发的项目与活动

(Department of Education, Science and Training, 2005)[138-142]

项目/活动名称	项目/活动描述	经　费 (单位:澳元)	是否由计划 全额资助
教师专业标准专题研讨会	各教师专业协会的成员参与该专题研讨会，从而探索与教师专业标准制定相关的关键问题有哪些。	49 400	是
专业教学标准的全国项目	该项目由两个部分所组成：由学校领导和教师专业标准制定领域的专家所参与的专题研讨会；在教师标准制定方面有经验的资深教师所参与的专题研讨会。	35 000	是
教师标准参照组的会议	该会议主要讨论与教学行业相关的全国性报告所带来的影响与成效。	39 970	是

除了全国性的战略举措之外，澳教学与学校领导学会的创建也推进了教师专业标准的制定进程。自2005年创建以来，该机构就与超过20个以上的全国性专业协会共同合作，从而推动教师专业标准的开发，并制定了一个专业范围的模型，这个模型提供了能够将不同领域的专业标准进行连接的连贯性框架，该模型由三部分组成：澳大利亚教学行业的宪章，它提供了教师的核心价值和义务的相关说明；一系列的基本能力，主要由教师所应具有的高水平的知识、技能的个别组成部分所建构而成；教学造诣的具体描述，涉及具体学科领域可观察到的成功教学实践的详细描述。(The Australian Institute for Teaching and School Leadership, 2010)[28] 然而，需要注意的是，建构全国教师专业标准绝不是澳政府优质教师计划的独有责任，计划本身至多只能说为标准的开发"添砖加瓦"，全国教师专业标准的开发需要各利益相关主体的参与，需要多项政策予

以推动。

可以说，全国教师专业标准的制定与使用对澳大利亚教师教育课程鉴定体系、教师职业注册体系的建立有着十分重要的意义，对于推动澳教师教育的全国统一规划进程也影响颇深。此外，全国教师专业标准的制定与开发更与澳大利亚全国中小学教师专业地位的树立有着十分重要的直接关联。然而自 20 世纪 90 年代以来，澳大利亚全国教师专业标准的制定过程一直处于缓慢而无定论的状态中，直到 2009 年，全国教师专业标准的草案才得以颁布，可草案至今也还仍处于未被广泛推行的验证、商议阶段。

（三）全国教师专业标准草案的颁布

在澳大利亚联邦政府、各州和地区政府以及相关专业协会等利益相关主体的努力下，2009 年，联邦教育部颁布了全国教师专业标准的草案（National Professional Standards for Teachers-Draft）。该草案涉及三大领域：教师专业知识、专业实践、专业参与，以这三大领域为准来设置相应标准，草案将教师按照水平和层次不同划分为四种类型：新手型教师、熟手型教师、优秀型教师和骨干型教师。

草案所提及的教师专业标准涉及三大领域：教师的专业知识、专业实践与专业参与。

① 专业知识（Professional Knowledge）是指教师应该具有的对处于变化中的教育环境和学生个体需求作出及时反应的相关知识，以及教师应具有的与课程基本理念、教学原则、科目/学科结构、学科内容间的联系相关的知识与理解力；

② 专业实践（Professional Practice）是指教师创造有价值的学习氛围的能力，这种有价值的学习氛围对学生而言应该是安全的、能提升其参与积极性且富有挑战性的，教师应在教学与学习周期的各个阶段都开展有效的工作，包括为学生的学习和评估作规划、制订学习活动规划、教学、评估、为家长或监护人提供关于学生学习和汇报的反馈；

③ 专业参与（Professional Engagement）是指教师持续性地对其专业知识、实践进行反思、评估与改进的能力，教师个人或者与同伴合作从而参与到专业学习活动中，进而增长和提升其知识与技能的能力。

（AEEYSOC National Standards Expert Working Group，2010）[5]

教师的专业知识、专业实践与专业参与相关的具体标准如表4-7所示。

表4-7 澳全国教师专业标准所包括的领域及相关具体标准

（AEEYSOC National Standards Expert Working Group，2010）[4]

领 域	专业知识	专业实践	专业参与
标 准	1. 了解学生以及他们是怎样学习的 2. 了解学科知识及如何向学生教授它们	1. 能对实施有效教学与学习进行规划 2. 创造并保持安全、有支持性的学习情境 3. 评估学生的学习情况并提供关于学生学习的回馈与汇报	1. 参与专业学习与反思 2. 为学校和本行业做贡献

基于以上三项领域及各自的标准，全国教师专业标准将所有教师划分为四种技能水平的类型：新手型教师、熟手型教师、优秀型教师以及骨干型教师。四类水准的教师所具有的特征如下所述：

①新手型教师（Graduate Teachers）是指获得从教资格，并达到成为注册教师所有要求的教师，他们具备知识、技能、价值观和正确的态度以规划和管理成功的学习。他们对作为学习者的自身和他们的学生抱有很高的期望值。

②熟手型教师（Proficeint Teachers）是指具有专业知识，能够展示成功的教学实践和有效的专业参与的教师。他们达到了教学行业所需的基本专业标准。他们是专业型社会的一员，并能有效地与同事、学生、家长或监护人进行沟通。

③优秀型教师（High Accomplished Teachers）是被认可为娴熟和优秀的教师，因为他们能不断地拓展学科内容知识、教学法以及与学生有关的知识，并能运用一些知识最大限度地提升学习质量。他们能创造机会与同事、家长、社会团体进行合作，并能积极促进学生的学习和健康成长，他们能对专业社会产生积极的影响与作用。

④骨干型教师（Lead Teachers）是非常杰出的教师，他们具有精深且最新近的知识内容、教学法以及其他因素从而影响学生的学习，并运用它们来提升教学与学习的质量。他们成功地开展实践从而提升教学和

学习的质量，并对学校和专业社会产生积极的贡献。他们能促进和维持一系列丰富的专业联系。（AEEYSOC National Standards Expert Working Group，2010）[6-7]

　　草案并没有被投入使用，澳大利亚联邦教育部目前仍在对全国教师专业标准草案进行广泛范围的意见征询，该草案也处于一系列复杂的验证过程中。值得肯定的是，草案的出台对于提升澳大利亚全国公、私立学校教师的专业地位具有积极的作用，而其出台也是像澳政府优质教师计划等一系列教师专业发展政策、教师教育政策实施的结果，更是联邦政府、州/地区政府、高校、专业协会等机构共同努力多年的成果。虽然澳大利亚全国教师专业标准的制定过程复杂而且较为缓慢，但至少标准的草案已经颁布，相信随着草案在日后的投入使用与不断调整、修改，它一定会在将来为促进澳大利亚各州和地区的教师流通、提升各地中小学教师的地位等方面产生积极的影响。

　　综上所述，深究计划在提升教师专业地位方面所发挥的影响不及预设目标的原因，笔者发现，澳政府优质教师计划本身为提升教师专业地位而开展的活动远远没有同为提升教师专业素质而开展的活动一般丰富和多样，很多举措都聚焦于提升专业素质而鲜有实践专门针对教师专业地位的改善；此外，全国教师专业标准的建立与出台对于澳大利亚教师专业地位的树立具有重要的影响，而该标准的酝酿与开发进程缓慢而且繁杂，这也导致了教学行业在民众心目中的地位很难得以改善。

　　早在 20 世纪六七十年代，一些发达国家就通过出台政策文本来赋予教师这一职业以专门性职业的定位。半个世纪后的今天，在世界许多国家，民众依旧认为教学行业的专业性不强。在世纪之交，澳大利亚中小学教师的社会地位和经济地位依旧总体偏低，这一现象已经成为令联邦政府担忧的社会问题，并可能引发一系列其他问题，例如中小学师资将面临短缺、主修教育专业的学生人数将减少、学校教育的师资队伍将出现老龄化危机等。

　　作为一项综合性、大型的教师专业发展政策，澳政府优质教师计划将提升该国公、私立学校教师的专业地位作为主要目标之一。而经由联邦教育部的评估，教师们在参加计划开展的活动后感到计划"受用"而或多或少地提升了职业自尊与信心。当然，这只是教师一方的感受。就社会大众而论，并没有相关数据和资料能证实计划的开展促使教师在其心目中的社会地位得以提高。笔者进一步分析了造成这种结果的原因，发现，计划下设活动几乎都针对提升教师专业素质，而鲜有活动旨在提升教师的专业地位。此外，全国教师专业标准一直处在酝酿和开发的过程中而迟迟没有颁布和实施，这也直接导致了教学行业不被公众认可为一项专门性的职业。

当然，就像上文所叙述的那样，澳大利亚中小学教师社会地位低已经是一个多年一直存在着的"老"问题，这个问题不太可能会在短时间内得到迅速改变与解决。教学行业的专业地位的提升是一个缓慢的过程，澳政府优质教师计划以及其他的教师专业发展政策对推动澳中小学教师专业地位提升所产生的后续影响有待进一步的追踪与考察。

第五章

澳政府优质教师计划的功能、
特点与问题探究

　　上文中，笔者对澳大利亚教师专业发展政策的历史演进脉络进行了梳理与分析，就非常能代表澳大利亚近年来教师专业发展举措的"旗舰型"政策——澳政府优质教师计划作了政策层面的剖析，并从"专业化"的视角，选取"教师专业素质"和"教师专业地位"这两个核心分析要素进一步解读了计划。由此发现，计划经由实施基本实现了提升教师专业素质这一目标，深究其内在原因，笔者认为，计划在统领实践的框架、活动实施模式、活动开展渠道以及活动价值倾向等方面所具有的特点促成了预设目标的基本实现。而计划之于教师专业地位的提升而言，所取得的影响与预设目标相比具有一定的差距，其原因则在于旨在专门提升教师专业地位的实践的缺失，以及全国教师专业标准的开发进程缓慢且繁杂。

　　在本章中，笔者想要进一步探究的问题有：基于上文"专业化"视角的解读，联邦政府所出台、实施的教师专业发展的"旗舰型"举措——澳政府优质教师计划功能与特点何在？其所存在的问题又有哪些？

第一节　澳政府优质教师计划的功能分析

由于澳政府优质教师计划的作用与功能直接关系到其存在的价值和未来发展的方向，因而对"计划本身具有哪些功能"这一问题进行思考是非常有必要的。经过对上文观点的总结与提炼，笔者认为，针对教师自身和学校教育而论，计划所具有的最为直接的重要功能如下文所述。

一、为教师提供参与职后专业学习的机会及渠道

作为一项教师专业发展政策，联邦政府所制订、推行的澳政府优质教师计划是面向全国广大基层中小学教师的，其推广与实施的首要功能在于使该国众多教师都实实在在地得到了在职专业学习的机会。

在20世纪80年代中期以前，澳大利亚教师所参加的在职教育实践多为以学历提升为目的的在职进修和由学校开展的与课堂教学相关的非文凭授予型的在职培训活动。在对相关文献资料进行搜集和阅读后，笔者认为，这两种形式的在职培训活动的发起与组织者主要是中小学校、高校和教师本人，政府在其中发挥的作用微乎其微。这些培训活动的开展方式主要是短期课程、研讨会、会议等传统形式。这种"拿文凭"和"只重课堂教学"的教师在职培训活动并不可能从真正意义上满足教师工作开展和专业发展的需求，在较为传统和封闭的年代，教师可以获得的能满足其专业学习需要的培训机会和渠道非常有限。

而自20世纪80年代末联邦政府开始介入教师在职培训以来，其所推行的面向全国教师的中长期举措切实为各州和地区的中小学教师提供了专业学习的机会。就澳政府优质教师计划来说，在该计划的推动和帮助下，2000—2003年，大约有一半的澳大利亚公、私立学校教师都通过各种方式参与到该计划所开展的活动中，参与教师总数约达16万8千人。（Department of Education, Science and Training, 2003）[1] 在计划开展的第一阶段，即2000—2003年，昆士兰州大约有3万名公立学校教师参加了读写、计算、科学和职业教育等科目的专业学习活动。（Department of Education, Science and Training, 2003）[2] 笔者查阅了澳大利亚联邦教育部近年来所颁布的数份年度教育总结报告（Annual Report），发现在澳政

府优质教师计划的作用下，澳大利亚每年都有数以万计的中小学教师获得了职后专业学习的机会。如表 5-1 所示。

表 5-1 澳政府优质教师计划为中小学教师提供的专业学习机会

（Department of Education，Science and Training，2004；Department of Education，Science and Training，2005；Department of Education，Science and Training，2006；Department of Education，Science and Training，2007）

年　　份	2002 年	2003 年	2004 年	2005 年	2006 年
参与专业学习的教师人数（单位：人）	76 384	68 004	60 019	54 829	44 803

澳政府优质教师计划这样的教师专业发展举措并不拘泥于传统的教师在职培训形式，而是注重将行动研究、行动学习、同事间合作与发展、专业发展档案袋等实践模式纳为主要的活动开展形式，这就为广大教师提供了他们所乐于接受的活动参与方式与渠道。正如笔者在上文中所提及的，澳大利亚的教师们普遍认为，传统的短期培训课程只会在即将结课时为他们建立稍许的自信，而行动研究模式的运用使得教师们真正通过实践掌握了与其工作情境紧密联系的技能与理解力，他们的自信心不断被树立并强化。

由此可见，澳政府优质教师计划这一教师专业发展举措所拥有的功能之一在于其切实提供了广大教师所乐于接受的专业学习机会与渠道。

二、有效促进教师专业知识与技能的积累与提升

通过上文的叙述便可知，澳大利亚联邦政府将增长与提升学生知识、技能与理解力作为该国在 21 世纪的学校教育战略目标，为了实现这一核心的国家教育目标，必然先需提升中小学教师的专业素质。当前欧美各国关于教师专业发展的热点研究在于探讨"教师专业发展—学生学习"的关联。即便二者关系的作用机制至今仍未建构，但澳大利亚联邦政府依旧深信教师专业知识与技能的积累与提升能够直接促进学生学习成绩的提高，所以，改善教师的专业素质势在必行。

这样的目的和意图使得迄今为止联邦政府所出台的最为重要的一项教师专业发展举措都围绕着提升教师专业素质这个重心，澳政府优质教

师计划下设的活动与项目几乎都旨在实现这一目标。计划的首要组成部分——州和地区的专业学习项目，其所有的活动和实践都在优先发展领域的框架下展开，而框架本身所涉及的内容就是核心课程以及特殊的学习与教学领域，也就是说州和地区专业学习项目的主旨就是为了增长和提升核心课程教师的专业知识与技能以及身处新时期的教师所应具有的其他专业知识与技能。计划的第二项组成部分为全国性战略举措，举措通过研究和交流致力于发现和推广教师专业发展的最佳实践与成功经验，教师专业素质的提升也是全国性战略举措所针对的焦点和主题。作为计划的最后一项组成内容——澳教学与学校领导学会所开展的工作，其主要目的在于提升教学行业的专业地位，但该机构成立以来所开展的活动中仍有内容涉及教学行业质量的提升，这显然与改进教师专业素质也有关联。

75% 参与联邦教育部所开展调查的教师认为，澳政府优质教师计划下设的活动对其教学实践的变革产生了长期的积极影响。(Department of Education, Science and Training, 2005)[16] 而经由下设众多活动与项目的推动，计划有效促进了读写、算术、数学、科学、技术等核心课程领域教师专业素质的提升，还使得教师关于创设创新学习情境的实践性知识、关于学生如何学习的实践性知识获得积累与增长，使得教师关于课程创新的教学技能、关于教学方法的教学操作技能得以改进。

澳政府优质教师计划能够代表近十年来的澳大利亚教师专业发展政策，通过对它的剖析和解读，笔者认为，该计划关注的重点在于提升教师素质进而确保学生成绩的提升，而其所具有的非常重要的一项功能在于有效促进广大中小学教师专业知识与技能的积累和提升。

三、对教师职业自我认知的提升产生正面影响

笔者认为，教师职业自我认知的提升是其专业知识和技能获得改善之后所产生的连锁效应。如果教师通过参与专业发展举措而切实增长与改进了与其工作情境相关的专业知识与技能，那么，他们的职业自尊、职业信心也会随之获得一定程度的提升。

澳政府优质教师计划的重要目标在于以教师的专业学习需要为准来增长其专业知识、技能和理解力。联邦教育部所开展的评估指出，教师

们通过参与计划感受到了何谓"最为专业的"专业发展实践，他们的参与感和投入程度都很高，他们不断反思自身开展的教学实践、产生了自我质疑并得出了解决问题的办法。各种类型的教师，包括新教师、重返教坛的教师及资深的教师，都明显感觉到能从计划下设的项目与活动中受益，并由此建立了良好的职业自信。（Department of Education，Science and Training，2005）[47] 总的来说，参与澳政府优质教师计划所开展的专业发展项目比起那些传统形式的在职培训，显然更能提升教师的职业自尊和信心。

此外，正如联邦教育部的评估报告所言，部分教师通过参与该计划而提升了其专业水平，他们的同事和邻近学校的教师会受邀来"取经"和交流，这样一来，这些教师的信心自然得到提升，而来自学生家长方面的肯定也增强了参与计划的教师对其所从事职业的信心。（Department of Education，Science and Training，2005）[48] 因此，经由计划的实施，来自周围人对参与计划教师的专业成长的肯定也促使其职业信心与职业自尊得以增强。

由此可见，教师们通过参与联邦政府所开展的澳政府优质教师计划增长了专业知识、技能与理解力，从而使得他们对自身所从事职业的自我认知获得了一定程度的提升。因此，计划功能之一在于在一定程度上对教师关于其所从事职业的自我认知产生了正面的影响。

四、强化现代化教学手段的运用以推动学校教育的现代化进程

澳大利亚联邦教育部非常重视学校教育阶段的两门课程——科学和技术（尤其是信息沟通技术）的建设。而在澳联邦政府所列出的义务教育阶段八大核心课程当中，科学和技术这两门课程知识体系的更新速度显然是最快的，所以，政府尤其注重科学和技术科目任课教师的专业知识和技能的增长与提升。针对技术这门课程，澳大利亚联邦政府不仅注重技术课任课教师的专业知识与技能的拓展，更重视让所有的学校教师都将信息沟通技术整合到各自任教的课程领域中去。由此可见，各科目教师所具备的信息技术运用能力及其所掌握的现代化教学手段，近年来一直是澳大利亚联邦政府制定和推行教师专业发展举措时所重点考察的

因素之一。从澳政府优质教师计划的实施效果来看，该项政策具有帮助教师强化现代化教学手段运用的功能。

澳大利亚联邦政府非常重视推动本国教育的现代化进程。依据澳政府优质教师计划所提及的要在教师教学过程中加大运用计算机网络技术的原则，新南威尔士州政府制订了相关的活动计划，对该州土著学生的教学过程强化使用多媒体技术，这种多媒体技术的运用包括让学生学习如何使用网页，在观赏数字电影后让学生"讲述故事"等。（俞婷婕等，2007）[16] 教师在运用多媒体技术进行教学的同时，其现代化教学手段得以不断强化，而这种微观领域的课堂教学的变化无疑将有助于推动宏观层面的学校教育现代化进程的加速发展。

基于此，笔者认为，联邦政府所制订、实施的澳政府优质教师计划除了具有前述三项功能之外，还拥有强化现代化教学手段的运用从而推动学校教育现代化进程的功能。

综上所述，基于本研究对澳政府优质教师计划的政策剖析与"专业化"视角的解读，笔者认为计划主要具有的几项功能有：为广大教师提供参与职后专业学习的机会及渠道；有效促进教师专业知识与技能的积累与提升；一定程度上对教师职业自我认知的提升产生正面影响；强化现代化教学手段的运用从而推动学校教育的现代化进程。

第二节　澳政府优质教师计划的特点归纳

上文中，笔者对澳大利亚联邦教育部所推行的澳政府优质教师计划的功能进行了探析与归纳，而对其特点的判断与总结则是另一个值得思索的问题。笔者试图从价值取向、理念及内容、实施方式这三个角度来分析计划的主要特点。

一、价值取向：重视教育公平，维护非主流群体的利益

推动实现学校教育领域的公正与平等一直是澳大利亚联邦政府所秉承的基本价值取向。可以说，历届的联邦政府一直强调要为全国各州和地区的孩子提供能满足其需求的教育资源。正如前文所述，要从全国范围内实现整体上的教育公平，就要求政府必须着重考虑在教育资源占有

方面处于劣势地位的地区和学校。

笔者在此所述的"非主流群体"是相对澳大利亚社会的"主流群体"而论的,"主流群体"往往生活在澳洲东部沿海的几大都市(尤其是悉尼、墨尔本和布里斯班等城市),他们构建并支撑着澳大利亚社会的主流政治、经济及文化体系。而笔者所谓的"非主流群体"则是指主要生活在澳大利亚北部以及塔斯马尼亚州的土著居民、居住在托雷斯海峡一带的岛民以及身处农村和偏远地区的居民。非主流群体往往在教育资源占有方面处于较为劣势或不利的地位,所以,联邦政府尤为注重维护他们的利益。

如果追溯历史,便可以发现,在20世纪80年代,当时任职的霍克政府便十分强调"要为少数人提供更多的服务"(doing more for less)(Lingard, 1993),也就是说,要为政府眼中的弱势群体提供更多的教育服务。在此之后,澳大利亚的历届联邦政府都秉承了这种价值取向与理念,并将其渗透到教师专业发展政策的制定与实施中去。

霍华德政府以及后来的陆克文和吉拉德政府都将土著学生、教授这些学生的教师及处于农村和偏远地区的学校的需求列为其优先考虑的范畴,并将其纳入"旗舰型"教师专业发展举措——澳政府优质教师计划的优先发展框架中去。如前文所言,计划下设众多项目与活动都针对土著学校、农村及偏远地区学校的教师,旨在通过这些活动的开展而提升这部分教师的专业化水平。从中可见政府十分重视维护澳洲社会非主流群体的利益,着力为这部分群体提供有针对性的支持和补偿性的照顾。

由此,笔者认为,就政策本身的基本价值取向而论,澳政府优质教师计划的主要特点是重教育公平的实现,重非主流群体利益的维护。

二、理念及内容:关注热点研究,重以"研究"促"发展"

澳大利亚联邦政府非常关注欧美国家关于"教师专业发展"的热点研究,并常在其所颁布的政策文本中做关于教师专业发展的热点研究综述。澳政府优质教师计划出台的重要背景之一就是联邦教育部回顾了一系列关于"教师专业发展—学生学习成绩"之间关系的研究,并认可两者之间存在着重要联系。由此可见,相关领域的研究成果已经对澳联邦政府制定教师专业发展政策起到了战略性的作用。

而在澳政府优质教师计划的开展过程中，联邦教育部更是秉持着"边推广实践，边开展研究"的理念，也就是说不是一味地鼓励和帮助基层教师参与专业学习项目，而是在推行州和地区的专业学习项目的同时，注重经由全国性的战略举措对实践作进一步的总结与研究，此举的目的在于寻求最佳的教师专业发展实践模式，从而用于基层推广。通过上文对计划的解读可以发现，计划广泛采纳了行动研究、行动学习等专业发展的有效实践模式，而这一现象的背后则是联邦教育部、州级政府、私立教育机构、教师专业协会和高校等利益相关主体对于以往有关专业发展实践模式研究成果的总结、认可与达成共识。

从以上方面足见，"研究"在澳政府优质教师计划的制订和实施过程中发挥着重要的作用。因此笔者认为，该项政策在理念及内容层面所具有的最为鲜明的特点在于：重视西方国家关于教师专业发展的热点研究，注重通过开展研究来促成教师专业性的提升。

三、实施方式：推崇以各利益相关主体协作的方式落实政策

澳大利亚实行的是分权制的教育行政管理体制，各级政府之间的权责划分非常清晰，依照 1901 年生效的联邦宪法，各类教育的立法权归州和地区一级的政府，他们对本州或地区的教师教育事业和服务事宜负主要责任，州一级政府对该地区的基础教育事业担负主要责任。而总的来说，联邦政府对于全国教育事业要担负的职责包括：① 统筹规划教育事业以实现全国教育发展的一致性、连续性；② 为公、私立学校提供补充性教育经费；③ 对全国高等教育事业负主要责任；④ 统筹考虑移民、土著居民的教育问题；⑤ 处理国际教育的相关问题。（冯大鸣，2004；俞婷婕，2007）

澳大利亚"分权制"的教育行政管理体制特点从澳政府优质教师计划的制订与实施过程中就可以了解和观察到，联邦政府负责制定这项政策并提供全部的经费，而计划下设的三项内容又有各自不同的实施和管理方式，各利益相关主体所发挥的作用也不一样。通过对澳政府优质教师计划这项政策的剖析，笔者认为，计划倾向于以各利益相关主体合作的方式来实现具体项目的落实，这也是联邦政府比较推崇的政策落实

方式。

就澳政府优质教师计划来说，州和地区的专业学习项目是该计划最为重要的构成内容。为了实现资源的最佳分配和利用，最大化地降低活动开展的重复率与损耗，联邦教育部强烈建议各州和地区建立"跨部门委员会"。这个由州政府、天主教学校管理部门、独立学校管理机构、教师专业协会和高校教育学院院长等各方代表们所组成的跨部门委员会在州和地区项目的申请和实施过程中起到最为关键的组织、协调作用，它不仅负责帮助联邦教育部来监控与审核项目的申请与批准，还致力于推动和完善计划的市场和评估工作。此外，它还负责与参与计划的各利益相关者进行沟通与交流，从而分享计划的成功经验，促进计划在未来的调整与发展。这个机构本身就是各利益相关主体间协作的产物，而这种相互间合作的工作方式对于计划的有效落实与成功推广而言，具有至关紧要的作用。

此外，公立学校系统、天主教学校系统和独立学校系统在申请、参与计划的过程中也真正打破了彼此之间的"壁垒"，而实现了共同申请、共同开展一些项目与活动，并共享活动经验。此举无疑有助于公、私立中小学的师资水平获得整体性提升。正是这种合作的政策落实方式的运用，才使得澳政府优质教师计划能在各个学校系统都发挥积极的作用，并获得了广大公、私立中小学教师非常积极的参与和较为一致的好评。

总而言之，澳政府优质教师计划之所以能对基层教师的专业提升发挥正面影响，这与联邦政府、州政府、私立学校管理机构、中小学校、教师专业协会、大学教育学院等各利益相关者之间所达成的良好的合作开展工作的理念与关系，具有密不可分的重要联系。基于此，笔者认为就计划的实施方式而论，联邦政府推崇以各利益相关主体相互协作的方式来完成该项政策的落实。

综合以上三个方面，笔者总结出，联邦政府所制订、实施的澳政府优质教师计划具有以下这些特点：在价值取向上，重视教师公平的实现，注重维护非主流群体的利益；在理念及内容方面，关注热点研究，重视以研究来促发展；在实施方式上，则推崇以各利益相关主体协作的方式来落实政策。

第三节 澳政府优质教师计划的问题探析

尽管澳政府优质教师计划发挥了以上所述的功能，并具有值得其他国家推崇和借鉴的特点，但通过对计划的深入解读，笔者认为，其仍然存在以下所述的问题。

一、未能较好地服务于广大教师的切身利益

教师专业发展政策直接针对的对象就是教师这一群体，因此，笔者认为，政策的制定与实施过程必然要考虑到这个群体的需求和利益。而这里所指的需求和利益不仅仅是指狭义层面的教师专业学习的需要，而是指与教师工作乃至其生存所息息相关的所有需求与利益。

通过上文的解读可以了解到，澳大利亚中小学教师的社会地位和经济地位都处于偏低的水平，联邦政府显然意识到了这个问题的严重性并试图推出旨在提升教师专业地位的专业发展举措。而通过澳政府优质教师计划的评估数据及资料可以发现，计划的实施之于改善公众眼中教学行业的专业地位而言，并没有太大的影响。通过上文的解读，笔者认为造成这种现象的原因在于计划本身的内容与活动设计就忽略了提升教师专业地位的重要性，此外，澳大利亚全国教师专业标准的开发过程非常地缓慢且繁杂。

笔者认为，让教师参与专业发展实践，通过改进其专业素质因而提升其职业自我认知，当然是教师专业发展举措的重要功能之一。然而，从更广阔的视角来看教师的需要和利益，就知道澳政府优质教师计划所做的还不够，中小学教师参与职后专业发展活动的积极性还有待于进一步调动，他们在公众眼中的专业地位也没有树立起来。

由此可见，澳政府优质教师计划太着眼于教师素质的提升而忽略了提升其地位的重要性。有效的教师专业发展政策实施与推广的前提应该是真正了解到广大基层教师迫切渴望得到解决的基本问题有哪些，只有这样，才能让政策更好地服务于教师的切身利益，并通过激励的作用让教师们积极地参与到政策实施中来。

因此，总的来说，澳联邦政府推行的这项教师专业发展举措还未能

较好地服务于澳大利亚广大中小学教师的切身利益。

二、缺乏适应时代发展需求的更广泛的社会功能

通过上文对澳政府优质教师计划的解读与剖析可以明显感觉到，这项由澳联邦政府所推行的教师专业发展举措的最终目的只有一个：提升学生的学业成绩，教师专业素质的提升只是实现这一最终目的的"中间一步"。

20世纪90年代中期以前，那时联邦政府推行的教师专业发展举措远不如近年来的这些政策这么完善、系统，而当时政府提出的教师专业发展的目的则包括了"适应社会发展需求"、"满足社会成员广泛领域的不同兴趣与需要"等较为宏观的目标。这些目标之于当时那个年代，尤其是那些举措而言，显得较为空洞且泛泛而谈。

然而，笔者认为，处在当今这个一切皆瞬息万变的信息化、全球化时代，教师专业发展政策的功能不应仅局限于学校内部，而应具有更为广泛的社会功能，应充分地与学校之外的世界相连接。而这一理念，在澳政府优质教师计划的制订、实施和评估过程中都是缺失的。

教师专业性的提升，在不同的年代被赋予了不同的内容与使命。笔者认为，教师专业发展政策的制定与落实需要更多的来自校外的声音，其功能要满足当今时代发展的需求，而不要仅着眼于教师和学生这两个群体。从这个意义上来说，联邦政府所推行的澳政府优质教师计划较为缺乏广泛领域的社会功能。

因此，笔者认为澳政府优质教师计划所存在的主要问题有：未能较好地服务于广大中小学教师的切身利益；缺乏适应时代发展需求的更广泛的社会功能。

从20世纪80年代末首次出台、实施至今，澳大利亚教师专业发展政策已历经20年的发展历史，这些政策对于规划全国中小学教师专业水准的整体性发展具有积极且重要的影响和作用。

通过上文对澳大利亚教师专业发展政策的描述与分析，尤其是对"旗舰"政策——澳政府优质教师计划的政策剖析与"专业化"视角的解读，笔者认为计划所具有的最为重要的功能在于：为广大教师提供参与在职专业学习的机会和路径；有效地促进了教师专业素质的积累和提

升；一定程度上对教师职业自我认知的提升产生正面的、积极的影响；强化了教师对现代化教学手段的运用，从而推动学校教育的现代化进程。

澳政府优质教师计划在价值取向、理念及内容、实施方式等层面上所拥有的最为明显的特征在于：重视教育公平的实现，注重维护非主流群体的利益；关注热点研究，重视以研究来进一步促进教师专业性的提升；推崇以各利益相关主体协作的方式来完成具体政策的落实。

而联邦政府推行的这项教师专业发展举措所存在的主要问题则是：政策本身未能较好地服务于广大教师的切身利益，此外，这项政策总体而言缺乏适应时代发展需要的更为广泛的社会功能。

第六章

本研究的主要结论与相关思考

如上文所述，选取澳政府优质教师计划作为本文的主要研究对象，是因为笔者想通过对这项"旗舰型"政策进行分析与阐释，进而深入、透彻地了解澳大利亚联邦政府所出台、推行的教师专业发展政策的基本现状。如前文所言，在 2009 年前，联邦政府所实施的最重要、系统和全面的教师专业发展政策就是澳政府优质教师计划。2000—2009 年，联邦政府出台的几乎所有的教师专业发展举措都是该计划下设的，因此，从一定意义上来说，对该计划进行描述与分析就等于了解和掌握了近年来（尤其是近十年来）澳大利亚教师专业发展政策的基本发展情况。

通过本研究对澳政府优质教师计划相关问题的解读与探究，笔者认为澳大利亚联邦政府在制定与实施教师专业发展政策方面拥有很多值得别国学习与借鉴的宝贵经验，当然，政策本身所存在的某些突出问题也不容我们忽视。

第一节　研究的主要结论

以政策运行的视角来剖析澳政府优质教师计划，笔者认为，首先，制定、推动一项有效、成功的教师专业发展政策需要充足的经费作为基本的保障，澳大利亚联邦政府在制订计划之时，就拨专项经费并出台专门的资助分配办法与具体的使用限制说明，从而有效推动了该计划的落实。

其次，在政策的组成结构及实施方面，澳联邦教育部依据目标的设定而将计划内容作了结构性的划分，每一项内容都有其专属的针对性与特有的实施方式：州和地区的专业学习项目在于让基层教师参与提升其专业素质的活动与实践，全国性的战略举措旨在通过"研究"与"交流"来推动全国师资水平的总体性提升；澳教学与学校领导学会所开展的工作主要在于推动全国教师专业标准的开发进程，提升全国公、私立学校教师的专业地位。因此，笔者认为，澳政府优质教师计划在制订与实施层面值得他国借鉴的经验是：将政策的结构与内容作合理的规划与安排是有效推行一项教师专业发展举措所必经的步骤与过程。

通过对澳政府优质教师计划的"专业化"视角的解读，本研究基本认为，该计划在提升教师专业素质方面取得了显著的成效，较好地实现了这方面的目标，而在提升教师专业地位方面，计划尚未实现预设的目标。

该计划之所以在教师专业素质提升方面取得了较好的收效，主要是由于计划在统领实践的框架设计、广泛采纳的实践模式、积极运用的活动渠道以及实践的价值取向等方面具有独树一帜的特点。而计划在提升教师专业地位上尚未实现目标，一方面是由于上文所述的旨在专门提升教师专业地位的实践的缺失，以及全国教师专业标准开发进程缓慢且繁杂，另一方面是由于来自社会的各种复杂因素的作用。如上文所述，教师这一群体的地位的提升，是一个非常缓慢的过程，它不仅受教师本身素质提升这一因素的影响，还受到外界的、社会的各种因素的交织作用与影响。

在笔者看来，虽然教师素质的提升和教师地位的提升都是澳政府优质教师计划的重要目标，但澳联邦政府显然是倾向于将提升教师专业素质作为计划首要目标，并旨在通过改善师资队伍的素质进而提升其专业地位，这种思路与理念也直接影响了计划实际取得的收效。

通过对澳政府优质教师计划的政策剖析以及"专业化"视角的解读，笔者认为，该计划的首要功能在于为广大中小学教师提供参与职后专业学习的机会与渠道，从而有效地促进其专业知识，尤其是核心科目专业知识的增长。而计划在价值取向、理念及内容、实施方式等方面所具有的主要特点则直接支持了其功能的实现。当然，作为一项教师专业发展举措，澳政府优质教师计划还应关注教师"得以安身立命的条件保证"（陈向明，2003）[105]，计划在维护及服务教师的切身利益方面做得显然不够，就这一点来说，计划在未来的开展有进一步改善与提升的空间。

第二节 对澳教师专业发展政策的思考

自20世纪80年代中期以来，澳大利亚联邦政府就非常重视教师职后专业发展，并认为相对于教师的职前培养而论，职后的专业发展更具有优先发展权。（Quality of Education Review Committee，1985）[125] 从联邦政府于20世纪80年代末为教师参与职后培训所提供的简单、不定期的资助到今天所推行的澳政府优质教师计划、教师素质全国合作计划等中长期举措，澳教师专业发展政策已历经20多年的发展，其目标设置、经费分配、内容与结构、实施方式、活动开展模式以及评估活动等方面都发生了较大的变化并日趋成熟与完善。

而通过对"旗舰型"政策——澳政府优质教师计划的政策剖析与"专业化"视角的解读，可以发现，联邦政府所关注的焦点在于经由教师专业发展政策的落实来切实增长与提升本国中小学教师的专业知识与技能，从而实现提高学生学业成绩这一国家学校教育战略目标。在这一核心主旨的作用下，澳教师专业发展政策下设的一切活动与实践设计都围绕着"如何才能增长教师的知识、技能与理解力"这一问题而展开。在澳大利亚这个人口较为稀少的国家，政府仍斥巨资用于提高本国教师的专业水平，从中可见该国政府对于教师职后专业发展的重视程度，而在"巨资"的保障与作用下，众多的教师（尤其是土著学生的教师、农村或偏远地区的教师）获得了参与职后专业学习的机会与渠道。

通过对澳政府优质教师计划及其他相关政策的了解与分析，笔者最大的感触是澳大利亚联邦政府确实将大量的经费投入新型的、有效的专业发展实践上，比如行动研究、行动学习、同事间合作与发展、专业发展档案袋等。这些实践模式的运用切实惠及了广大中小学教师，并或多或少地满足了其教学实践改善和专业水平拓展的需求。

澳联邦教育部对于教师专业发展领域热点研究的重视程度之高也引起了笔者的关注。该国政府在制定、实施和评估教师专业发展政策的一系列过程中，都将相关热点研究置于非常重要且关键的地位，并将某些公认的研究结果作为引领实践开展的指南，这为包括我国在内的其他国家提供了颇具建设性的启发。

此外，联邦政府是推崇以各利益相关主体间合作的方式来推动政策的落实的，在笔者看来，这一做法不仅颇具澳大利亚特色，更存在实际的作用与价值。事实上，澳大利亚素来有通过各方合作从而推动教师教育发展的传统。就职前教师教育的开展来说，澳大利亚政府历来重视加强高校与中小学的合作，并逐渐将高校与中小学合作培养师资的方式变为本国师范生培养的一项特色。在职后专业发展领域，澳大利亚政府更是注重通过联邦政府、州和地区政府、私立教育机构、中小学校、教师专业协会、大学等各方的合作，从而落实具体的专业学习政策，此举不仅有利于合理、有效地利用资源，有效地促进教师专业发展领域知识体系的建构与实践模式的更新，更能促进澳大利亚各公、私立学校系统的师资水平得到整体性的提升。因此，这种"合作"的观念与政策落实方式非常值得推崇与借鉴。

澳大利亚教师专业发展政策所存在的突出问题同样发人深省。在笔者看来，虽然澳联邦政府所推行的教师专业发展政策的主要功能在于增长与提升该国教师的专业知识与技能，但是此类政策的局限之处恰恰在于其过于将目标聚焦于教师专业素质这一因素上而忽略了其他因素的重要性。如上文所述，澳大利亚中小学教师的专业地位之低已成为一个较为严峻的社会问题，联邦政府显然应该开展一些专门的、有针对性的项目来提升教师的专业地位，更应该加快开发全国教师专业标准并尽早将其在全国范围内迅速推广、使用。而由于以上方面一直没能得以较好地落实，使得如澳政府优质教师计划这样的大型举措在提升教师专业地位方面所发挥的作用远不如预期。此外，由于政策本身过于局限于学校内部而忽略了学校之外的世界，致使澳教师专业发展政策缺乏广泛的社会功能。笔者认为，以上所述正是澳教师专业发展政策所存在的突出问题，值得引起重视。

　　最后，值得注意的是，通过实施教师专业发展政策来提升教师的专业素质和地位，是一个长期而且缓慢的过程。这个过程不仅需要各级政府、相关教育权威机构、高校、中小学及教师培训机构等利益相关主体的参与，更需要全社会的关注和投入。澳政府优质教师计划所产生的影响、其对相关政策和后续政策的影响，以及这些政策对提升中小学教师素质和地位的影响等一系列问题，仍有待进一步探讨和研究。

参考文献

一、中文文献

[1] 艾伦. 1991. 教师在职培训：一项温和建议［M］//瞿保奎. 教育学文集·教师. 北京：人民教育出版社.

[2] 蔡华. 2008. 教师专业化视角下我国小学教师职前教育的发展和改革策略［D］. 长沙：湖南师范大学.

[3] 曹海科. 1990. 澳大利亚霍克政府的经济改革述评［J］. 世界经济研究（4）：13-18.

[4] 陈琦，刘儒德. 2005. 教育心理学［M］. 北京：高等教育出版社.

[5] 陈向明. 2003. 实践性知识：教师专业发展的知识基础［J］. 北京大学教育评论（1）：104-112.

[6] 陈永明. 1999. 国际师范教育改革比较研究［M］. 北京：人民教育出版社.

[7] 陈振明. 2003. 公共政策分析［M］. 北京：中国人民大学出版社.

[8] 邓恩. 2002. 公共政策分析导论［M］. 谢明，等，译. 2版. 北京：中国人民大学出版社.

[9] 邓金，教育与科普研究所. 1989. 塔格曼国际教师百科全书［Z］. 北京：学苑出版社.

[10] 冯大鸣. 2004. 美、英、澳教育管理前沿图景［M］. 北京：教育科学出版社.

[11] 冯大鸣. 2008. 美国、英国、澳大利亚教师专业发展研究新进展［J］. 教育研究（5）：93-99.

[12] 福勒. 2007. 教育政策学导论［M］. 许庆豫，译. 南京：江苏教育出版社.

[13] 高小平，林震. 2005. 澳大利亚公共服务发展与改革［J］. 中国行政管理（3）：69-72.

[14] 古立新. 2004. 教师专业发展的生态学思考［J］. 教师教育（11）：43-47.

[15] 谷贤林. 2001. 九十年代澳大利亚师范教育的变革［J］. 首都师范大学学报：

社会科学版（2）：100-103.

[16] 顾明远，檀传宝. 2004. 2004：中国教育发展报告——变革中的教师与教师教育 [M]. 北京：北京师范大学出版社.

[17] 顾明远. 2004. 教师的职业特点与教师专业化 [J]. 教师教育研究（6）：3-6.

[18] 顾明远. 2006. 我国教师教育改革的反思 [J]. 教师教育研究（6）：3-6.

[19] 顾明远. 2008. 谈谈我国教师教育的改革和走向 [J]. 求是（7）：53-55.

[20] 国家教育督导团. 国家教育督导办对河北等10省（自治区、直辖市）实施"中小学继续教育工程"督导检查情况的公报 [EB/OL]. 2002-08-04. [2011-01-10]. http：//fagui. eol. cn/html/200909/1847. shtml.

[21] 国家教育督导团. 国家教育督导团对北京等11省（直辖市）实施"中小学教师继续教育工程"督导检查情况的公报 [EB/OL]. 2003-04-09 [2010-12-28]. http：//www. eol. cn/20041126/3122438. shtml.

[22] 哈蒙. 2006. 美国教师专业发展学校 [M]. 王晓华，向于峰，钱丽欣，译. 北京：中国轻工业出版社.

[23] 贺武华. 2010. 新自由主义主导下的学校重建研究 [M]. 北京：光明日报出版社.

[24] 胡森. 1990. 国际教育百科全书：第九卷 [M]. 贵阳：贵州教育出版社.

[25] 惠迪，鲍尔，哈尔平. 2003. 教育中的放权与择校：学校、政府和市场 [M]. 马忠虎，译. 北京：教育科学出版社.

[26] 季飞. 2009. 中美基础教育政策价值取向之比较 [J]. 现代教育管理（11）：102-105.

[27] 姜勇，洪秀敏，庞丽娟. 2009. 教师自主发展及其内在机制 [M]. 北京：北京师范大学出版社.

[28] 姜勇. 2005. 论教师专业发展的后现代转向 [J]. 比较教育研究（11）：52-55.

[29] 蒋竞莹. 2004. 教师专业化及教师专业发展综述 [J]. 教育探索（4）：104-105.

[30] 教育部师范教育司. 2003. 教师专业化的理论与实践 [M]. 北京：人民教育出版社.

[31] 教育部外资贷款办公室. 2004. 澳大利亚的教师教育与管理 [J]. 基础教育参考（1-2）：6-10.

[32] 拉韦勒. 2006. 社会民主党转向新自由主义的根本原因——澳大利亚工党的个案研究 [J]. 朱昔群，摘译. 国外理论动态（3）：28-31.

[33] 李进. 2009. 教师教育概论 [M]. 北京：北京大学出版社.

[34] 李琼. 2009. 教师专业发展的知识基础——教学专长研究 [M]. 北京：北京师范大学出版社.

［35］连榕. 2007. 教师专业发展［M］. 北京：高等教育出版社.

［36］梁忠义，罗正华. 2000. 世界教育大系·教师教育［M］. 长春：吉林教育出版社.

［37］林瑞钦. 1990. 师范生任教职志之理应与实证研究［M］. 高雄：复文图书出版社.

［38］林永波，张世贤. 1995. 公共政策［M］. 台北：五南图书出版公司.

［39］林樟杰. 2009. 教师教育体制机制问题研究［M］. 北京：中国人民大学出版社.

［40］凌朝霞. 2007. 澳大利亚"教育专业标准运动"研究［D］. 广州：华南师范大学出版社.

［41］刘红. 2004. 澳大利亚教师专业发展述评［J］. 外国中小学教育（2）：22-26.

［42］刘辉. 2004. 澳大利亚中小学教师专业发展机制述评——以新南威尔士州为例［J］. 外国教育研究（10）：56-59.

［43］刘家顺，王永青. 2002. 政策科学研究：第二卷［M］. 北京：人民出版社.

［44］刘静. 2009. 20世纪美国教师教育思想的历史分析［M］. 北京：北京师范大学出版社.

［45］刘六生. 2005. 教师专业发展的价值取向问题初探［D］. 昆明：云南师范大学出版社.

［46］刘清华. 2004. 教师知识的模型建构研究［M］. 北京：中国社会科学出版社.

［47］卢乃桂，钟亚妮. 2006. 国际视野中的教师专业发展［J］. 比较教育研究（2）：71-76.

［48］罗树华，李洪珍. 1997. 教师能力学［M］. 济南：山东教育出版社.

［49］马金森. 2007. 现代澳大利亚教育史——1960年以来的政府、经济与公民［M］. 沈雅雯，周心红，蒋欣，译. 杭州：浙江大学出版社.

［50］麦克布莱德. 2009. 教师教育政策：来自研究和实践的反思［M］. 洪成文，等，译. 北京：北京师范大学出版社.

［51］默里. 1991. 师范教育改革的目标：关于霍姆斯小组报告的执行总结［M］//瞿保奎. 教育学文集·教师. 北京：人民教育出版社.

［52］牛道生. 2004. 澳大利亚基础教育［M］. 广州：广东教育出版社.

［53］潘海燕. 2006. 教师的教育科研与专业发展［M］. 北京：中国轻工业出版社.

［54］潘锦堂. 1991. 劳动与职业社会学［M］. 北京：红旗出版社.

［55］潘顺恩. 2005. 澳大利亚新公共管理运动的概况及启示［J］. 宏观经济研究（3）：60-63.

［56］饶见维. 1996. 教师专业发展：理论与实务［M］. 台北：五南图书出版公司.

［57］日本筑波大学教育学研究会. 1986. 现代教育学基础［M］. 钟启泉，译. 上海：上海教育出版社.

［58］邵瑞珍. 1983. 教育心理学——学与教的原理［M］. 上海：上海教育出版社.

［59］申继亮，辛涛. 1996. 论教师素质的构成［J］. 中小学管理（11）：4-7.

［60］沈剑平，译. 1987. 美国本科毕业生的实习教师能力评定条目［J］. 外国教育动态（5）：39-40.

［61］施丽红. 2007. 对教育公平理论和实践的认识［J］. 教育与职业（24）：20-22.

［62］时伟. 2003. 专业化视野下教师继续教育的理论与实践——高师院校的职能定位与应答［D］. 上海：华东师范大学.

［63］苏红，邵吉友. 2009. 教师专业地位：专业之辩与自觉之醒［J］. 当代教育科学（11）：35-36.

［64］孙光. 1988. 政策科学［M］. 杭州：浙江教育出版社.

［65］台湾"教育部". 2010. "第八次全国教育会议中心议题七"："师资培训与专业发展"［EB/OL］. 2010-04-16［2010-06-05］. http://www.edu.tw/files/people_join_classify/EDU01/%E4%B8%AD%E5%BF%83%E8%AD%B0%E9%A1%8C%E6%9F%92%E3%80%81%E5%B8%AB%E8%B3%87%E5%9F%B9%E8%82%B2%E8%88%87%E5%B0%88%E6%A5%AD%E7%99%BC%E5%B1%95.pdf.

［66］台湾师范教育学会. 1992. 教师专业［M］. 台北：台湾师大书苑.

［67］唐松林，徐厚道. 2000. 教师素质的实然分析与应然探讨［J］. 高等师范教育研究（6）：34-39.

［68］王斌华. 1992. 澳大利亚师范教育和教师职业地位［J］. 外国教育资料（3）：1-6.

［69］王斌华. 1996. 澳大利亚教育［M］. 上海：华东师范大学出版社.

［70］王长纯. 2009. "和而不同"：比较教育研究的哲学与方法（论纲）［J］. 比较教育研究（4）：1-7.

［71］王凌凌. 2007. 教育政策的人文性价值取向问题研究［D］. 大连：辽宁师范大学.

［72］王炜，黄黎囡. 2008. 澳大利亚昆士兰州教师专业标准的实施［J］. 外国教育研究（2）：32-35.

［73］王卓，杨建云. 2004. 教师专业素质内涵新诠释［J］. 教育科学（5）：51-53.

［74］肖甦. 2010. 比较教师教育［M］. 南京：江苏教育出版社.

［75］熊建辉. 2008. 澳大利亚维多利亚州科学教师专业标准述评［J］. 世界教育信息（10）：46-50.

［76］杨翠蓉. 2009. 教师专业发展：专长的视野［M］. 北京：教育科学出版社.

[77] 杨天平，王宪平. 2009. 国际教师教育改革发展的特征和趋势述要 [J]. 当代教师教育 (1)：68-73.

[78] 姚念章. 2000. 教师职业素质结构与高师课程改革 [J]. 河北师范大学学报：教育科学版 (3)：63-66.

[79] 叶澜. 1998. 新世纪教师专业素养初探 [J]. 教育研究与实验 (1)：41-46.

[80] 叶澜. 2001. 教师角色与教师发展初探 [M]. 北京：教育科学出版社.

[81] 于家太. 1998. 澳大利亚中小学教师地位的现状分析 [J]. 外国教育资料 (2)：11-17.

[82] 余洁鸥. 2010. 简析新自由主义的缘起与勃兴 [J]. 经济研究导刊 (34)：251-252.

[83] 俞婷婕，肖甦. 2007. 推动中小学教师专业发展的一项新举措——评述澳大利亚政府优秀教师计划及其进展 [J]. 外国中小学教育 (9)：13-17.

[84] 袁贵仁. 2001. 大力推进中小学教师继续教育工程，不断开创继续教育工作新局面——在全国进一步推进中小学教师继续教育工程暨继续教育实验区成果交流会议上的讲话 [EB/OL]. 2001-10-31 [2010-10-31]. http://www. moe. gov. cn/publicfiles/business/htmlfiles/moe/moe_290/200408/1241. html.

[85] 苑茜，周冰，沈士仓，等. 2000. 现代劳动关系词典 [Z] 北京：中国劳动社会保障出版社.

[86] 曾晓东，曾娅琴. 2009. 中国教育改革 30 年 [M]. 北京：北京师范大学出版社.

[87] 曾晓东. 2005. 中小学教师管理的制度分析 [M]. 北京：北京师范大学出版社.

[88] 张民选. 1992. 对"行动研究"的研究 [J]. 华东师范大学学报：教育科学版 (1)：34-37.

[89] 张淑芳，张熙君，2009. 教师专业化与教师专业发展：反思与实践 [J]. 教育实践与研究 (A) (3)：4-6.

[90] 中华人民共和国教育部. 中华人民共和国教师法. 1993. [EB/OL]. 1993-10-31 [2010-11-10]. http://www. moe. gov. cn/publicfiles/business/htmlfiles/moe/moe_619/200407/1314. html.

[91] 中华人民共和国教育部. 中小学教师继续教育工程方案. 2000. [EB/OL]. 2000-03-06 [2010-10-20]. http://www. moe. gov. cn/publicfiles/business/html-files/moe/moe_290/200408/2550. html.

[92] 钟连发. 2005. 冷战后澳大利亚工党和新西兰工党的新变化 [J]. 当代世界与社会主义 (6)：14-16.

[93] 朱旭东，周钧. 2007. 教师专业发展研究述评 [J]. 中国教育学刊 (1)：68-73.

［94］朱旭东. 2009. 论我国教师教育体系的重建［J］. 教师教育研究（6）：1-9.

［95］朱益明，田宏忠. 2002. "中小学教师继续教育工程"的当前进展［J］. 中小学
　　　教师培训（3）：3-7.

［96］祝怀新，李玉静. 2005. 澳大利亚以质量为本的教师教育政策［J］. 外国教育
　　　研究，2005（8）：25-28.

二、英文文献

［1］A. R. T. 1997. Redesigning Teacher Education［M］. Albany, N. Y.：State uni-
　　　versity of New York Press.

［2］AEEYSOC National Standards Expert Working Group. 2010. National Professional
　　　Standards for Teachers-Draft［R］. Canberra：Australian Government Publishing
　　　Service.

［3］Angus M. 1995. Devolution of School Governance in an Australian State School
　　　System：Third Time Lucky?［M］//S. G. D, M. H. O' Neil. Case Studies in Ed-
　　　ucational Change：An International Perspective. London：Falmer Press：6-27.

［4］Aspland Tania. 2006. Changing Patterns of Teachers Education in Australia.［J］.
　　　Education Research and Perspectives（2）：140-170.

［5］Australian College of Education. 2001. Teachers in Australian Schools：A Report from
　　　the 1999 National Survey［R］. Canberra：Department of Education, Training and
　　　Youth Affairs.

［6］Australian Education Union. 1997. A Class Act-Report on the Status of Teaching Pro-
　　　fession［R］. Canberra：Australian Government Publishing Service.

［7］Bell B, Gillbrert J. 1996. Teacher Development：A Model from Science Education
　　　［M］. London：Falmer Press.

［8］Berliner D C. 1992. The Nature of Expertise in Teaching［M］// F. K. O, A. D,
　　　et al. Effective and Responsible Teaching：The New Synthesis. San Francisco：
　　　Jossey-Bass Publishers. 227-248.

［9］Borko H, Putnam R T. 1995. Expanding a Teacher's Knowledge Base：A Cognitive
　　　Psychological Perspective on Professional Development［M］//Guskey T T,
　　　Huberman M. Professional Development in Education：New Paradigms and Practices.
　　　New York：Teachers College Press：35-65.

［10］Britzman D. 1991. Practice Makes Practice：A Critical Study of Learning to Teach
　　　　［M］. New York：State University of New York Press.

［11］Carl J. Friedrich. 1963. Man and His Government［M］. New York：McGraw-Hill.

[12] Carmichael L. 1992. The Australian Vocational Certificate Training System [R]. Canberra BEET.

[13] Chadbourne R. 1997. Teacher Education in Australia: What Difference Does a New Government Make? [J]. Journal of Education for Teaching (3): 7-27.

[14] Cohen D K, Hill H C. 2000. Instructional Policy and Classroom Performance: The Mathematics Reform in California [J]. Teacher College Record (2): 294-343.

[15] Committee for the Review of Teaching and Teacher Education. 2003. Review of Teaching and Teacher Education. Interim Report: Attracting and Retaining Teachers of Science, Teachnology and Mathematics [R]. Canberra: The Commonwealth Government's Commitment to Innovation.

[16] Committee for the Review of Teaching and Teacher Education. 2003. Australia's Teachers. Australia's Future—Advancing Innovation, Science, Technology and Mathematics—Background and Analysis [R]. Canberra: Commonwealth of Australia.

[17] Committee of Inquiry into Education and Training (Williams). 1979. Report of the Committee of Inquiry into Education and Training [R]. Canberra: Australian Government Publishing Service.

[18] Committee on Education and Vocational Training of Parliament of Australia. 2007. Inquiry into Teacher Education [R]. Canberra: Commonwealth of Australia.

[19] Commonwealth Department of Education, Science and Training. 2000. Australian Government Quality Teacher Program [R]. Canberra: Commonwealth of Australia.

[20] Corcoran T B. 1995. Helping Teachers Teach Well: Transforming Professional Development. Policy Briefs [J]. Consortium for Policy Research in Education (6): 69-79.

[21] Darling-Hammond Linda. 1997. Doing What Matters Most: Investing in Quality Teaching [J]. National Commission on Teaching and America's Future (11): 44-47.

[22] Darling-Hammond Linda. 1999. Teacher Quality and Student Achievement: A Review of State Policy Evidence [J]. Education Policy Analysis Archives (8): 1-50.

[23] David McRae, Geoff Ainsworth, Robin Groves, Mike Rowland, Vic Zbar. 2001. PD 2000: A National Mapping of School Teacher Professional Development [R]. Canberra: National Curriculum Services.

[24] Dawkins J S. 1987. The Challenge for Higher Education in Australia [M]. Canberra: Australian Government Publishing Service.

[25] Dawkins J S. 1988. Strengthening Australia's Schools [M]. Canberra: Australian Government Publishing Service.

[26] Day C. 2000. The Life and Work of Teachers: International Perspective in Changing

Times [M]. London: Felmer Press.

[27] Department of Education and Training of Victoria. 2006. Activities in the Australian Government Quality Teacher Program (AGQTP) 2006-2009 Victorian Cross Sectoral Strategic Plan [R]. Melbourne: Department of Education and Training of Victoria.

[28] Department of Education, Employment and Workplace Relations. 2008. Digital Strategy for Teachers and School Leaders [R]. Canberra: Department of Education, Employment and Workplace Relations.

[29] Department of Education, Employment and Workplace Relations. 2008. Smarter Schools [R]. Canberra: Department of Education, Employment and Workplace Relations.

[30] Department of Education, Employment and Workplace Relations. 2010. Funding Recipient Guidelines 2011 – 2013 [R]. Canberra: Department of Education, Employment and Workplace Relations.

[31] Department of Education, Employment and Workplace Relations. 2010. ICT Strategic Planning Guide for Australian Schools [R]. Canberra: Department of Education, Employment and Workplace Relations.

[32] Department of Education, Employment and Workplace Relations. 2010. National Professional Standards for Teachers [R]. Canberra: Department of Education, Employment and Workplace Relations.

[33] Department of Education, Science and Training. 1999. Teachers for the 21st Century: Making the Difference [R]. Canberra: Department of Education, Science and Training.

[34] Department of Education, Science and Training. 2002. An Ethic of Care: Effective Program for Beginning Teacher [R]. Canberra: Department of Education, Science and Training.

[35] Department of Education, Science and Training. 2003. AGQTP News — No. 3 [R]. Canberra: AGQTP News Editor. Australian Curriculum Studies Association.

[36] Department of Education, Science and Training. 2003. AGQTP News — No. 4 [R]. Canberra: AGQTP News Editor. Australian Curriculum Studies Association.

[37] Department of Education, Science and Training. 2004. Annual Report 2003-2004 [R]. Canberra: Department of Education, Science and Training.

[38] Department of Education, Science and Training. 2005. An Evaluation of the Australian Government Quality Teacher Programme 1999 to 2004 [R]. Canberra: Department of Education, Science and Training.

［39］Department of Education, Science and Training. 2005. Annual Report 2004－2005 ［R］. Canberra: Department of Education, Science and Training.

［40］Department of Education, Science and Training. 2006. Annual Report 2005－2006 ［R］. Canberra: Department of Education, Science and Training.

［41］Department of Education, Science and Training. 2006. Australian Government Quality Teacher Program: Client Guidelines 2005 to 2009 ［R］. Canberra: Department of Education, Science and Training.

［42］Department of Education, Science and Training. 2007. Australian Government Quality Teacher Program: Performance Reporting Framework Implementation Manual ［R］. Canberra: Department of Education, Science and Training.

［43］Department of Education, Science and Training. 2007. Annual Report 2006－2007 ［R］. Canberra: Department of Education, Science and Training.

［44］Dyson M. 2005. Australian Teacher Education: Although Reviewed to the Eyeballs is There Evidence of Significant Change and Where to Now? ［J］. Australian Journal of Teacher Education (2): 37-54.

［45］Ebbeck F. 1990. Teacher Education in Australia ［R］. Canberra: Australian Government Publishing Service.

［46］Elmore R F, Burney D. 1997. Investing in Teacher Learning: Staff Development and Instructional Improvement in Community School District#2 ［M］. New York: National Commission on Teaching and America's Future and the Consortium for Policy Research in Education.

［47］Ewing R, Smith D, Anderson M, et al. 2004. Australian Government Quality Teacher Program-Action Learning for School Teams Project: Evaluation Report ［R］. Sydney: the University of Sydney.

［48］Ewing R, Smith G S, Mpckler N, et al. 2009. Meta Analysis of Quality Teaching Action Learning Project ［R］. Sydney: the University of Sydney.

［49］Finn B. 1991. Young People's Participation Post-Compulsory Education and Training: Report of the Australian Education Review Committee ［R］. Canberra: Australian Government Publishing Service.

［50］Fullan M. 1987. Implementing the Implementation Plan ［M］. Wideen M, Andrews I. Staff Development for School Improvement. New York: Falmer Press. 213-222.

［51］Fuller F, Bown O. 1975. Becoming a Teacher ［C］// Ryan K. Teacher Education (The 74th Yearbook of the Study of Education). Chicago: University of Chicago Press. 25-52.

［52］Gagne E D. 1993. How do Characterize Expert Teachers? ［M］//Gagne E D. The Cognitive Psychology of School Learning. Glenview: Harper Collins College Publishers. 451-475.

［53］Glatthorn A. 1995. Teacher Development ［M］//Anderson L. International Encyclopedia of Teaching and Teacher Education. London: Pergamon Press. 41.

［54］Grossman P L. 1994. Teachers' Knowledge ［M］//Husen T, Postlethwaite N T. The International Encyclopedia of Education. New York: Pergamon Press.

［55］Gusky T R, Sparks D. 2002. Linking Professional Development to Improvements in Student Learning ［C］. Paper Presented at the Annual Meeting of the America Educational Research Association.

［56］Hargreaves A, Fullan M. 1992. Understanding Teacher Development ［M］. London: Cassell & Teacher College Press.

［57］Hawley W D, Valli L. 1999. The Essentials of Effective Professional Development ［M］// Darling-Hammond L, Sykes G. Teaching as the Learning Profession: Handbook of Policy and Practice. San Francisco: Jossey-Bass. 127-150.

［58］Hill J, Pettit J, Dawson G. 1995. Schools as Learning Communities: A Discussion Paper ［R］. Sydney: NSW Department of School Education.

［59］Hill P W. 1993. A Study of School and Teacher Effectiveness: Result from the First Phase of the Victorian Quality Schools Project ［J］. IARTV Seminar Series (27): 16-31.

［60］Hoyle E, John P D. 1995. Professional Knowledge and Professional Practice ［M］. London: Cassell.

［61］Hyams B K. 1979. Teacher Preparation in Australia: A History of its Development from 1850 to 1950 ［M］. Hawthorn: Australia Council for Educational Research, Hawthorn.

［62］Ingvarson L, Meiers M, Beavis A. 2003. Evaluating the Quality and Impact of Professional Development Programs ［R］. Canberra: Australian Council for Education Research.

［63］Ingvarson L, Meiers M, Beavis A. 2005. Factors Affecting the Impact of Professional Development Programs on Teachers' Knowledge, Practice, Student Outcomes & Efficacy ［R］. Canberra: Australian Council for Educational Research.

［64］Ingvarson L, Meiers M, Beavis A. 2003. Professional Development for Teachers and School Leaders: Evaluating the Quality and Impact of Professional Development Programs ［R］. Canberra: Australian Council for Educational Research.

[65] Inservice Teacher Education Project Steering Committee. 1988. Teachers Learning: Improving Australian Schools through Inservice Teacher Training and Development, the Report of the Inservice Teacher Education Project [R]. Canberra: Australian Government Publishing Service.

[66] Karmel P. 1985. Quality of Education in Australia [R]. Canberra: Quality of Education Review Committee.

[67] Kelchtermans G, Vandenberghe R. 1994. Teachers' Professional Development: A Biographical Perspective [J]. Jounals of Curriculum Studies (1): 45-62.

[68] Knight J, Lingard B, Bartlett L. 1994. Reforming Teacher Education Policy under Labor Governments in Australia 1983-1993 [J]. British Journal of Sociology of Education (15): 451-466.

[69] Lasswell D H, Kaplan A. 1970. Power and Society [M]. New Haven: Yale University Press.

[70] Leithwood K A. 1992. The Principal's Role in Teachers' Development [M] // Fullan M, Hargreaves A. Teacher Development and Educational Change. London: Falmer Press. 86-103.

[71] Ling L M, Mackenzie N. 2001. The Professional of Teachers in Australia [J]. European Journal of Teacher (2): 87-98.

[72] Lingard R, Knight J., Porter P. 1993. Schooling Reform in Hard Times. [M]. London: Falmer Press.

[73] Lingard R, Knight J, Porter P. 1998. School Reforms in Hard Times [M]. Washington D C: Falmer Press.

[74] Little J W. 1992. Teacher Development and Educational Policy [M] // Fullan M; Hargreaves A. Teacher Development and Educational Change. London: Falmer Press. 170-193.

[75] Louden W. 1994. What Counts as Best Practice? [R]. Perth: Cross-sectoral NPDP Consortium.

[76] Louden W. 2000. Standards for Standards: The Development of Australian Professional Standards for Teaching [J]. Australia Journal of Education (2): 184-134.

[77] Marginson S. 1993. Education and Public Policy in Australia [M]. Cambridge: Cambridge University Press.

[78] Mayer E. 1992. Putting General Education to Work: The Key Competencies Report [R]. Canberra: Australian Government Publishing Service.

[79] MCEETYA. 2003. The National Framework for Professional Standards for Teaching

[R]. Canberra: Curriculum Corporation.

[80] MCEETYA. 2003. The National Framework for Professional Standards for Schooling [R]. Canberra: Department of Education, Science and Training.

[81] Meiers M, Ingvarson L. 2005. Investigating the Links between Teacher Professional Development and Student Learning Outcomes [R]. Canberra: Australian Council for Educational Research.

[82] Minister for Employment, Education and Training. 1990. The Shape of Teacher Education: Some Proposals [R]. Canberra: Parliament House.

[83] Ministerial Council on Education, Employment, Training and Youth Affairs. 1999. The Adelaide Declaration on National Goals for Schooling in the Twenty-First Century [R]. Canberra: Australian Government Publishing Service.

[84] Ministerial Council on Education, Employment, Training and Youth Affairs. 1999. The Adelaide Declaration on National Goals for Schooling in the Twenty-First Century [R]. Canberra: Australian Government Publishing Service.

[85] Ministerial Council on Education, Employment, Training and Youth Affairs. 2003. Demand and Supply of Primary and Secondary School Teachers in Australia [R]. Canberra: Australian Government Publishing Service.

[86] National Board of Employment, Education and Training. 1988. Commonwealth Schools Commission Report [R]. Canberra: Australian Government Publishing Service.

[87] National Education Goals Panel. 2000. Bring all Students to High Standards [R]. Washington, D C: NEGP Monthly.

[88] O'Donohue A T, Dimmock A J C. 1998. School Restructuring: International Perspective [M]. London: Stirling Press.

[89] OECD. Centre for Educational Research and Innovation. 1998. Staying Ahead-In-Service Training and Teacher Professional Development [M]. Paris: OECD Publishing.

[90] Olson, Krisrin A, Desimone, Laura M, et al. 2002. Asking About Teachers' Professional Development: How We Know What Teachers Know? [C]. Paper Presented at the Annual Meeting of the America Educational Research Association (April).

[91] Phelps R, Kean B. 1996. The Interactive Artefact: "Middle Years" and the Innovative Links Project, and International Links Using Information Technology [C] // Bossomaeier T, Chubb L. AUUG 96 & Asia Pacific World Wide Web 2nd Joint Conference & Exhibition: Networking, Internet & the World Congress Centre. Melbourne. 329-337.

[92] Postlethwaite N T, Hunsen T. 1994. The International Encuclopedia of Education [M]. New York: Pergamon Press.

[93] Prestion B. 2000. Teacher Supply and Demand to 2005: Projetions and Context [R]. Canberra: Australian Council of Deans of Education.

[94] Rodrigues S. 2004. A Model of Teacher Professional Development—The Partnership in the Primary Science Project [M]. New York: Nova Science Publisher, Inc.

[95] Sachs J. 1997. Renewing Teacher Professionalism through Innovative Links [J]. Educational Action Research (3): 449-462.

[96] Sachs J. 2000. Rethinking the Practice of Teacher Professionalism [M] // Day C, Fernandez A, Hauge T E, et al. The Life and Work of Teachers: International Perspectives in Changing Times. London: Falmer Press. 76-89.

[97] Schools Council. 1989. Teacher Quality: An Issues Paper [R]. Canberra: Australian Government Publishing Service.

[98] Schools Council. 1990. Australia's Teachers: An Agenda for the Next Decade [R]. Canberra: Australian Government Publishing Service.

[99] Sparks D. 2002. Designing Powerful Professional Development for Teachers and Principals [M]. Oxford: National Staff Development Council.

[100] Speedy G. 1989. Discipline Review of Teacher Education in Mathematics and Science [R]. Canberra: Australian Government Publishing Service.

[101] Steffy B. 1989. Career Stages of Classroom Teachers [M]. Lancaster: Technomic Publishing Company, Inc.

[102] Supovitz J. 2001. Translating Teaching Practice into Improved Student Achievement [C] // Fuhrman S. From the Capitol to the Classroom. Standards-based Reforms in the States. The One Hundredth Yearbook of the National Society for the Study of Education, Part Two. Chicago: University of Chicago Press. 81-98.

[103] Sykes G. 1999. Teacher and Student Learning: Strengthening Their Connection [M] // Darling-Hammond L, Sykes G. Teaching as the Learning Profession: Handbook of Policy and Practice. San Francisco: Jossey-Bass.

[104] The Australian Institute for Teaching and School Leadership. Teaching Australia. 2010. Annual Report. 09/10. Melbourne: AITSL. Melbourne Office.

[105] Thompson C L. 2003. Improving Student Performance through Professional Development for Teachers [C]. NC Education Research Council, April.

[106] Turney C. 1964. A History of Education in New South Wales: A Study of the Origins and Development of the Colony's Infant, Primary and Secondary Education,

with Special Reference to the Influence of European Educational Theories and Practices [M]. Sydney: University of Sydney.

[107] Van Driel J H, et al. 1998. "Developing Science Teachers" Pedagogical Content Knowledge [J]. Journal of Research in Science Teaching (6): 673-695.

[108] Vick M. 2003. Building Professionalism and Character in the Single-purpose Teachers' College [J]. Australian Journal of Teacher Education (28): 40-50.

[109] Villegas-Reimers E. 2003. Teacher Professional Development: An International Review of the Literature [R]. New York: UNESCO, International Institute for Educational Planning.

[110] Vrasidas C, Glass G V. 2004. Current Perspectives in Applied Information Technologies: Online Professional Development for Teachers [M]. Greenwich: Information Age Publishing Inc.

[111] Webster, Wooden, Marks. 2006. Reforming the Labour Market for Australian Teachers [J]. Australia Journal of Education (50).

[112] Wenglinsky H. 2000. How Teaching Matters: Bring the Classroom Back into Discussion of Teacher Quality [J/OL]. 2010-10-01 [2010-10-15]. http://www.ets.org/Media/Research/pdf/PICTEAMAT.pdf.

附录 1

全文图表目录

（以页码先后为顺序）

附录 2

20 世纪 80 年代末以来澳教师
专业发展的主要政策目录
（以年代先后为顺序）

[1] Quality of Education Review Committee. 1985. Quality of Education in Australia, P.
KARMEL, Chair (Canberra, AGPS).

[2] Inservice Teacher Education Project Steering Committee. 1988. Teachers Learning：
Improving Australian Schools through In-service Teacher Training and Development,
the Report of the In-service Teacher Education Project. Canberra：Australian Govern-
ment Publishing Service.

[3] National Board of Employment, Education and Training. 1988. Commonwealth Schools Com-
mission Report. Canberra：Australian Government Publishing Service.

[4] Dr. G Speedy, Department of Employment, Education and Training. 1989. Discipline
Review of Teacher Education in Mathematics and Science. Canberra：Australian Gov-
ernment Publishing Service.

[5] Schools Council. 1989. Teacher Quality：An Issues Paper. Canberra：Australian
Government Publishing Service.

[6] Dr. F Ebbeck. 1990. Teacher Education in Australia. Canberra：Australian Govern-
ment Publishing Service.

[7] Minister for Employment, Education and Training. 1990. The Shape of Teacher Edu-
cation：Some Proposals. Canberra：Parliament House.

[8] Schools Council. 1990. Australia's Teachers：An Agenda for the Next Decade. Can-
berra：Australian Government Publishing Service.

[9] Renata Phelps, Brian Kean. 1996. The Interactive Artefact："Middle Years" and the

Innovative Links Project. AUUG 96& Asia Pacific World Wide Web 2nd Joint Conference Proceedings. Melbourne.

[10] Australian Education Union. 1997. A Class Act-Report on the Status of Teaching Profession. Canberra：Australian Government Publishing Service.

[11] Department of Education, Science and Training. 1999. Teachers for the 21st Century：Making the Difference. Canberra：Department of Education, Science and Training.

[12] Commonwealth Department of Education, Science and Training. 2000. Australian Government Quality Teacher Program. Canberra：Commonwealth of Australia.

[13] Prestion, B. 2000. Teacher Supply and Demand to 2005：Projections and Context. Canberra：Australian Council of Deans of Education.

[14] David McRae, Geoff Ainsworth, Robin Groves, Mike Rowland, Vic Zbar. 2001. PD 2000：A National Mapping of School Teacher Professional Development. Canberra：Commonwealth of Australia.

[15] Department of Education, Science and Training. 2002. An Ethic of Care：Effective Program for Beginning Teacher. Canberra：Department of Education, Science and Training.

[16] Committee for the Review of Teaching and Teacher Education. 2003. Australia's Teachers. Australia's Future—Advancing Innovation, Science, Technology and Mathematics—Background and Analysis. Canberra, Commonwealth of Australia.

[17] Committee for the Review of Teaching and Teacher Education. 2003. Review of Teaching and Teacher Education. Interim Report：Attracting and Retaining Teachers of Science, Technology and Mathematics. Canberra：The Commonwealth Government's Commitment to Innovation.

[18] Ingvarson Lawrence, Meiers Marion, Beavis Adrian. 2003. Evaluating the Quality and Impact of Professional Development Programs. Australian Council for Education Research.

[19] Ministerial Council on Education, Employment, Training and Youth Affairs. 2003. Demand and Supply of Primary and Secondary School Teachers in Australia. Canberra：Australian Government Publishing Service.

[20] MCEETYA. 2003. The National Framework for Professional Standards for Teaching. Canberra：Curriculum Corporation.

[21] Department of Education, Science and Training. 2005. An Evaluation of the Australian Government Quality Teacher Programme 1999 to 2004. Canberra：Department of

Education, Science and Training.

[22] Ingvarson Lawrence, Meiers Marion, Beavis Adrian. 2005. Factors Affecting the Impact of Professional Development Programs on Teachers' Knowledge, Practice, Student Outcomes & Efficacy. Australian Council for Educational Research.

[23] Meiers Marion, Ingvarson Lawrence. 2005. Investigating the Links Between Teacher Professional Development and Student Learning Outcomes. Australian Council for Educational Research, 2005.

[24] Department of Education, Science and Training. 2006. Australian Government Quality Teacher Program: Client Guidelines 2005 to 2009. Canberra: Department of Education, Science and Training.

[25] Committee on Education and Vocational Training of Parliament of Australia. 2007. Inquiry into Teacher Education. Canberra: Commonwealth of Australia.

[26] Department of Education, Science and Training. 2007. Australian Government Quality Teacher Program: Performance Reporting Framework Implementation Manual. Canberra: Department of Education, Science and Training.

[27] Department of Education, Employment and Workplace Relations. 2008. Digital Strategy for Teachers and School Leaders. Canberra: Commonwealth of Australia.

[28] Department of Education, Employment and Workplace Relations. 2008. Improving Teacher Quality. Canberra: Commonwealth of Australia.

[29] Department of Education, Employment and Workplace Relations. 2009. Australian Government Quality Teacher Program: Client Guidelines 2010. Canberra: Department of Education, Employment and Workplace Relations.

[30] AEEYSOC National Standards Expert Working Group. 2010. National Professional Standards for Teachers-Draft. Canberra: Australian Government Publishing Service.

[31] Department of Education, Employment and Workplace Relations. 2010. Australian Government Quality Teacher Program: Client Guidelines 2011 to 2013. Canberra: Department of Education, Employment and Workplace Relations.

[32] Department of Education, Employment and Workplace Relations. 2010. National Professional Standards for Teachers. Canberra: Commonwealth of Australia.

[33] The Australian Institute for Teaching and School Leadership. Teaching Australia. 2010. Annual Report. 09/10. Melbourne: AITSL. Melbourne Office.

后　记

　　本书是在我的博士论文基础上进一步修改、补充和完善的成果。之所以选取澳大利亚教师专业发展政策作为自己攻读博士学位阶段的研究对象，不仅仅源自教师专业发展问题之于当今时代与形势发展的重大理论及现实意义，更是我个人的研究旨趣使然。自硕士阶段开始，我一直关注与澳大利亚教育相关的各类问题，硕士学位论文以及硕博在学期间参与的几乎所有课题皆以澳大利亚为研究对象国。毋庸置疑，对于澳大利亚教育制度及相关教育政策的知识积淀，有助于我从宏观上来把握本研究的总体思路与逻辑体系。

　　行文至此本意味着著书已近尾声，然而，我胸中涌动的并非纾解满足之快，而是无限的深思与自省。我又一次深刻地意识到：本研究的开展与完成是一个边学习边反思的过程，这一过程对我从事教育研究工作所产生的影响绝不会因为终稿而消散。

　　北京师范大学——我的母校，以她独有的厚重历史文化底蕴和新鲜的时代潮流气韵抚育了一代又一代的学子。在这座学风踏实纯朴的百年名校学习与生活，乃吾之幸；在此认识并结交有着各自精彩人生的人们，乃吾之幸；于此体味过青春和成长的酸楚并喜悦，吾之幸也。趁着本书出版之际，我真心诚意地向那些给予过我帮助的人道一声谢谢。

　　我要向自己硕、博阶段一直跟随的导师——肖甦教授道一声感谢！肖老师不仅是克己敬业、值得青年人学习的工作榜样，更是如母亲般给予学生无微不至照顾的精神楷模。在独自身处异乡的那些个日子里，每当我在学业上感到彷徨无措时，老师总是耐心地启发我走向解决问题的道通；每当我在生活中遭遇失意沮丧时，老师都会慈爱地开导我明天终会有希望。肖老师认真、专注、严谨的治学态度将影响我的工作与学习，她善良、正直、低调的做人准则更将引导我如何为人及处世。能成为肖老师的弟子，是我此生莫大的幸福。

感谢北京师范大学国际与比较教育研究院的诸位老师们。顾明远教授、王英杰教授、曲恒昌教授、刘宝存教授、王晓辉教授、高益民教授、马健生教授等诸位老师都曾给予我悉心指导和热心帮助，我不胜感激。也感谢老师们让我能够充分领略到比较教育这一学科的广阔视野、独有魅力与光明未来。

北京师范大学吴式颖教授、王义高教授，中国人民大学项贤明教授，华东师范大学阎光才教授，人民教育出版社诸惠芳编审，首都师范大学王长纯教授等老师，都曾在我就读期间为我学位论文的设计和写作提供许多细致、宝贵的意见与建议，在此，一并感谢。

我要满怀感激之情地向父母亲说一句谢谢。一直以来，我的父母总是不求任何回报地对我倾注了他们全部的爱与包容。倘若没有父母的全力支持与不断鼓励，我的求学之路不会如此顺畅。

最后我要感谢本书主编、浙江师范大学教科院院长眭依凡教授。眭老师对于为学的无止境热爱及对求真的无止境坚持，值得吾等后生晚辈钦佩、敬重和学习！

浙江师范大学教科院

俞婷婕

2011 年 12 月

出 版 人　所广一
责任编辑　欧阳国焰
版式设计　沈晓萌
责任校对　贾静芳
责任印制　曲凤玲

图书在版编目（CIP）数据

澳大利亚政府优质教师计划研究／俞婷婕著. —北京：
教育科学出版社，2013.3
（国际教师教育研究书系）
ISBN 978-7-5041-7305-8

Ⅰ.①澳… Ⅱ.①俞… Ⅲ.①师资培养—研究—澳大利亚
Ⅳ.①G451.2

中国版本图书馆 CIP 数据核字（2013）第 014526 号

国际教师教育研究书系
澳大利亚政府优质教师计划研究
AODALIYA ZHENGFU YOUZHI JIAOSHI JIHUA YANJIU

出版发行	**教育科学出版社**				
社　　址	北京·朝阳区安慧北里安园甲9号	市场部电话	010-64989009
邮　　编	100101	编辑部电话	010-64989527
传　　真	010-64891796	网　　址	http://www.esph.com.cn
经　　销	各地新华书店		
制　　作	北京大有图文信息有限公司		
印　　刷	保定市中画美凯印刷有限公司		
开　　本	169毫米×239毫米 16开	版　　次	2013年3月第1版
印　　张	14.5	印　　次	2013年3月第1次印刷
字　　数	214千	定　　价	30.00元